국경을 넘은 사람들

국경을 넘은 사람들

국경없는의사회 구호 활동가 11인의 현장 이야기

김용민 김영휘 문소연 박선영 박지혜 송경아 신경수 유한나 임희정 정상훈 홍기배

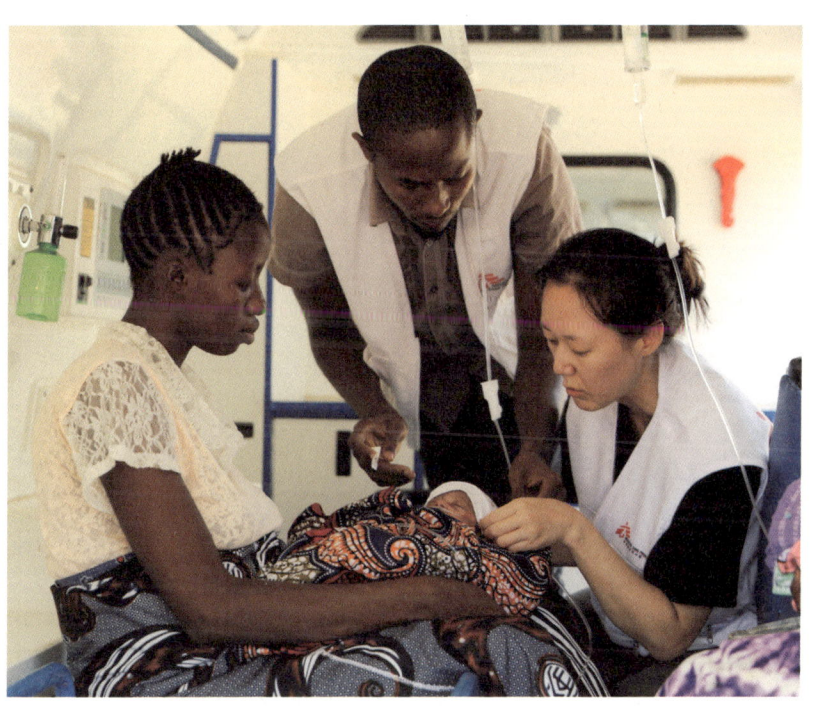

메디치

일러두기

1. 본문에 등장하는 환자, 자원봉사자, 지역사회 보건인력의 이름은 보안을 위하여 모두 가명을 사용했음을 밝힙니다.
2. 꼭 원어가 필요하다 싶은 지명, 병명, 약품/약제명, 의료용어, 직책명 등 고유명사는 괄호 없이 원어를 병기했습니다.
3. 단체나 국제기구의 이름은 한글 표기를 원칙으로 하되, 우리 사회에서 널리 알려진 기구는 이니셜로, 잘 알려지지 않은 단체의 이름은 정확한 이름 전체를 병기하였습니다. 예) 세계보건기구WHO, 노르웨이 난민위원회 Norwegian Refugee Council

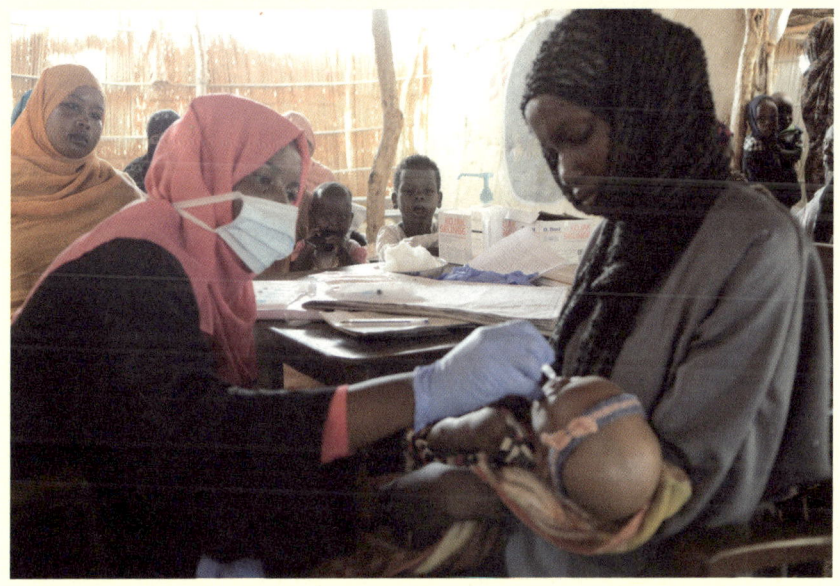

(위) 수단 옴두르만 프로젝트. 담장 안쪽 대기실을 겸하는 공간은 말 그대로 발 디딜 틈이 없을 정도로 붐볐다.

(아래) 수단 옴두르만 프로젝트. 빈곤이 있는 곳에는 어린이 영양실조가 있다. 영양실조에 걸린 아이를 목격하는 고통, 그것은 전혀 익숙해지지 않았다.

(위) 미얀마와 국경을 맞댄 방글라데시 콕스바자르의 로힝야 난민 캠프 전경. 1백만 명이 거주하는 세계 최대 규모의 캠프가 펼쳐져 있다.

(아래) 방글라데시 콕스바자르 난민 캠프의 고얄마라 병원. 겹겹의 위기 속 생명을 살리는 일은 멈추지 않는다.

라이베리아 몬로비아에서 운영 중인 어린이병원 약국. 활동지에서 약국은 엄밀히 말하면 약품 창고에 가깝다. 문소연 활동가.

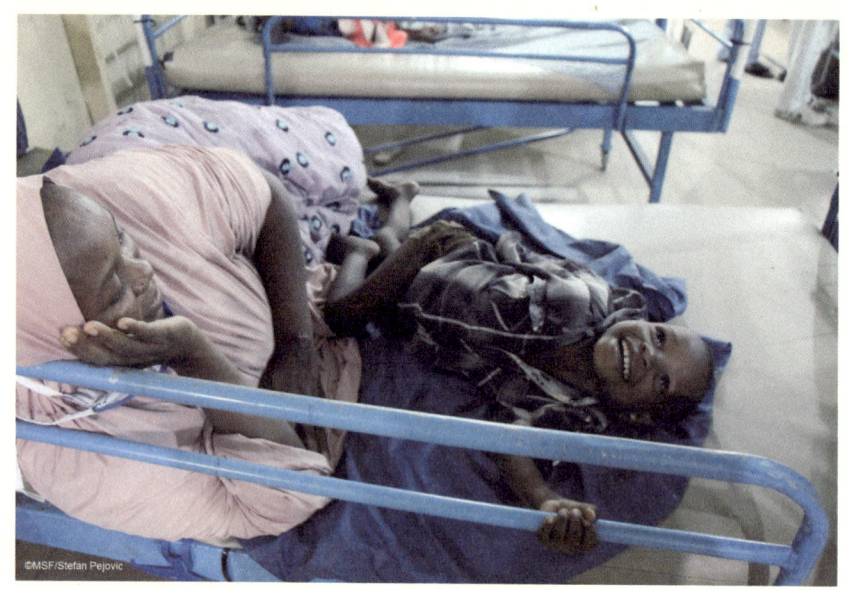

(위) 국경없는의사회 그완게 어린이병원은 국내실향민의 보건의료 지원을 위하여 만들어진 병원이었으나 현재는 모든 현지 주민에게 제한 없이 보건의료를 제공한다.

(아래) 나이지리아 마이두구리 그완게 병원의 하우사 빼뚜레, 신경수 활동가와 동료들.

(위) HIV와 자궁경부암을 동시에 갖고 있는 환자는 치료나 수술 후 관리가 어려운 케이스가 된다. 이를 케어하기 위해 말라위 치아줄루 자궁경부암 프로젝트가 시작되었다.

(아래) 말라위 십 대 HIV 환아를 위해 매주 토요일 운영되는 원스톱 케어 프로그램인 틴클럽. 환아들이 편한 만큼 스태프들은 바쁘게 움직여야 한다.

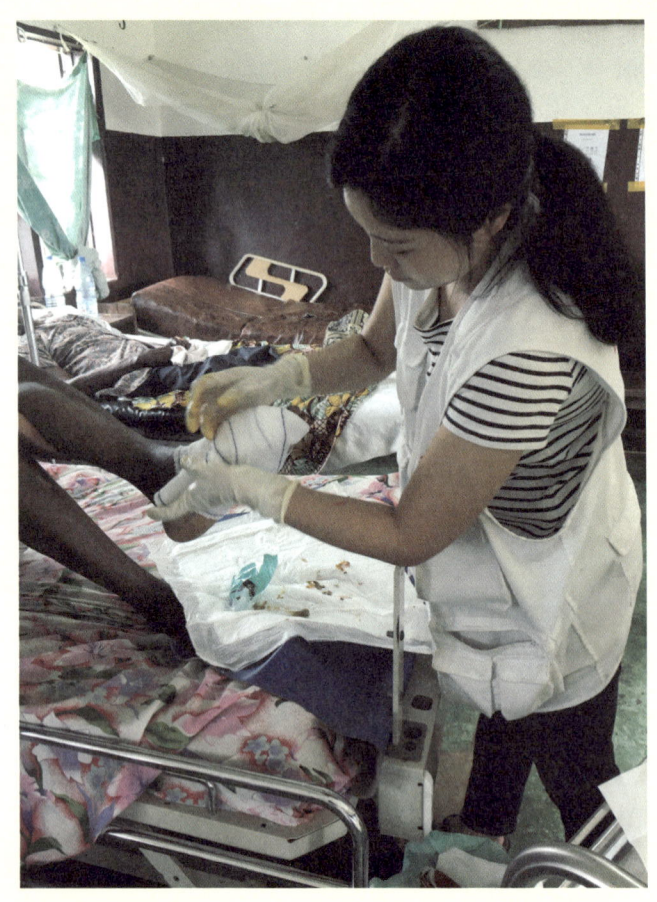

총성과 공포를 현실로 살아가는 곳에서 생명을 돌보는 박지혜 활동가.

수단 마이고마 보육원에서 아이를 돌보는 홍기배 활동가와 동료들.

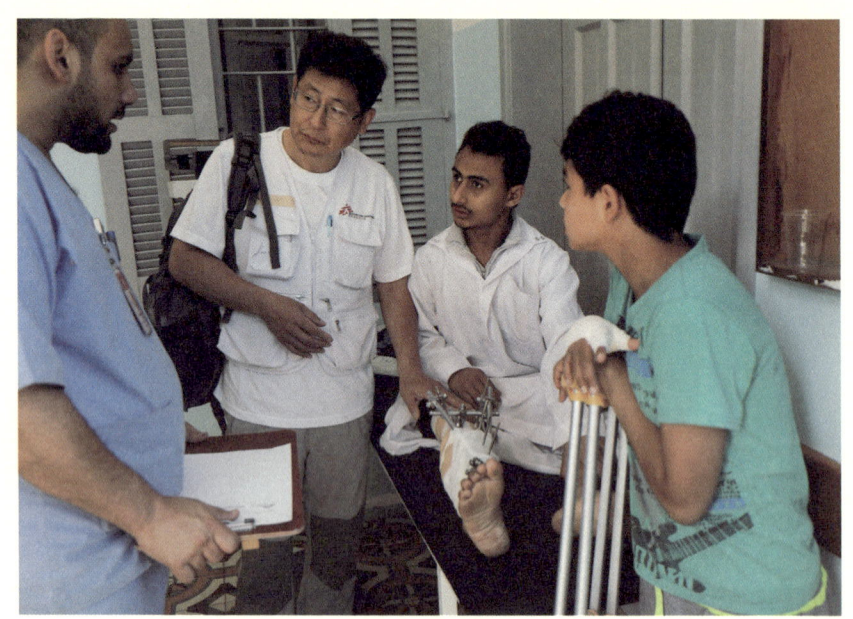

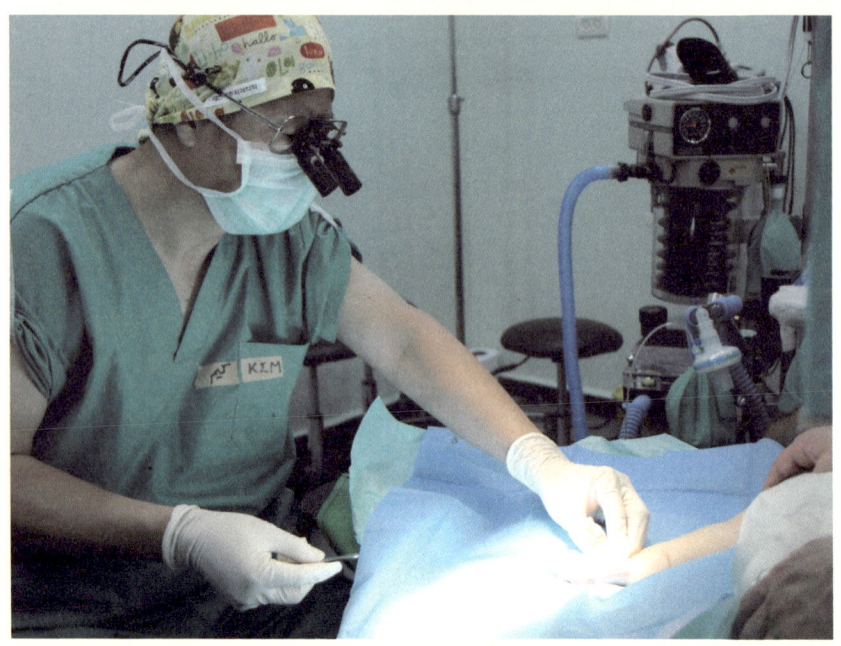

(위) 세계의 화약고, 팔레스타인 가자 지구에서 총상 입은 젊은이를 돌보는 김용민 활동가.
(아래) 당시 팔레스타인 가자 지구에서는 매주 금요일 오후 시위에서 총상 환자가 발생하곤 했다. 환자를 치료하는 일이 긴급 파견의 목적이었다.

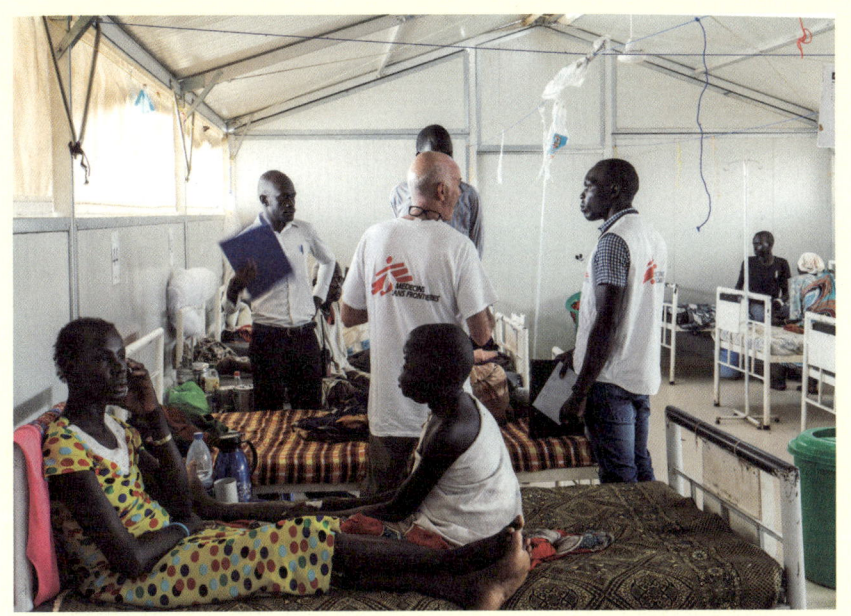

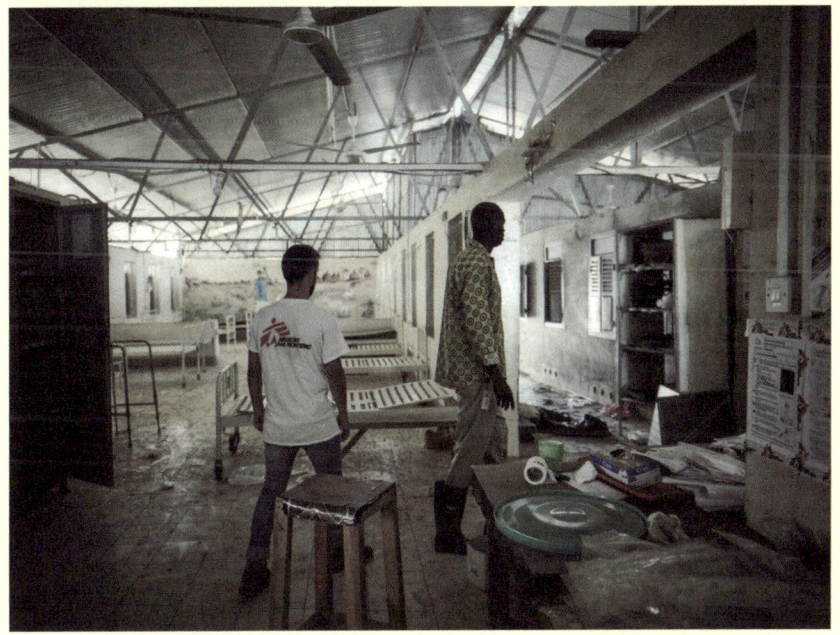

(위) 독립한 지 십여 년밖에 안 된 신생국가, 남수단. 이태식 신부님과 반기문 사무총장으로 인연이 깊은 나라. 그곳의 의료 공백을 메우고자 국경없는의사회가 아곡에 병원을 열었다.

(아래) 2022년 2월 집단 무력 충돌이 발생하여 활동을 중단한 남수단 아곡병원. 당시 자택에서 공격당해 숨진 간호사 데이비드 뎅 알루의 평안을 빈다.

(위) 미얀마의 산골 마을에 이동 진료팀은 현지인들의 도움으로 그곳 주민들의 건강을 돌본다.
(아래) 산 넘고 물 건너 찾아간 미얀마의 산골 마을.

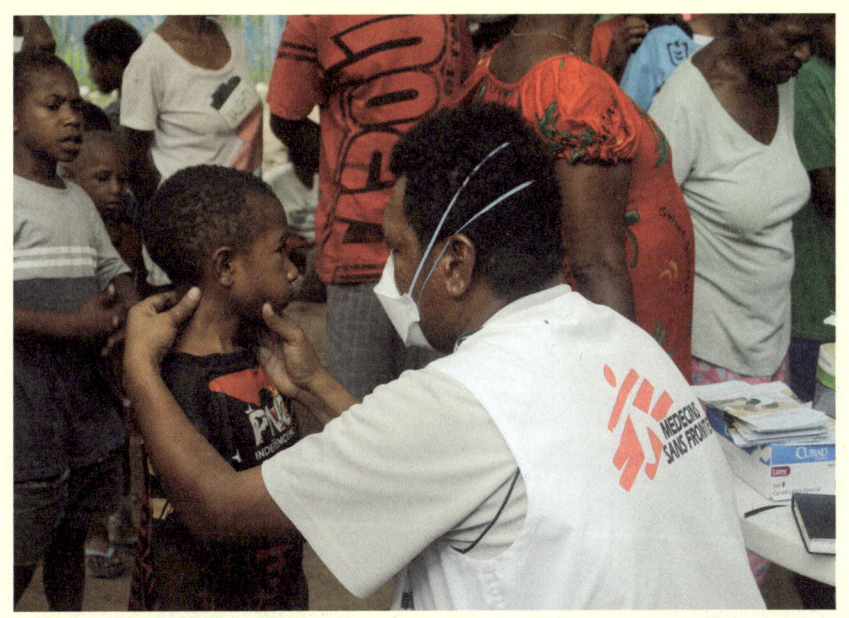

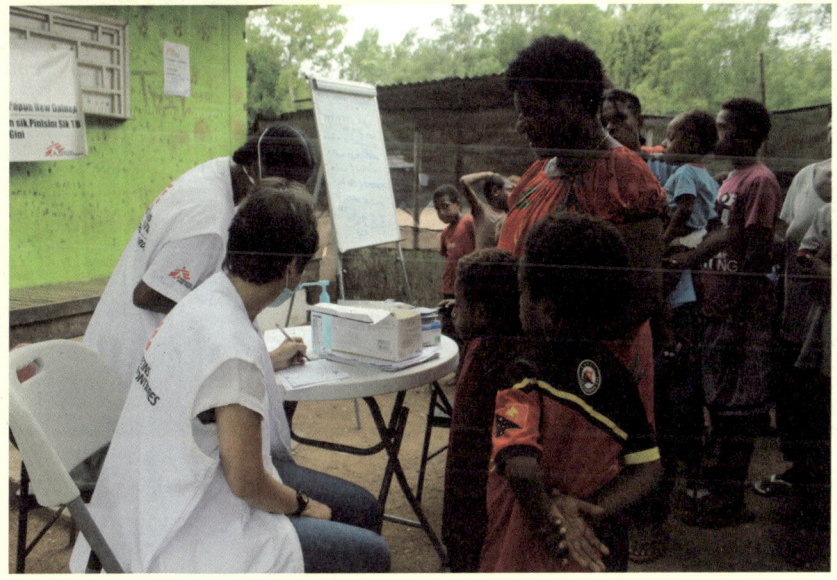

(위) 파푸아뉴기니에서 결핵 퇴치를 위해 노력하는 이들.
(아래) 파푸아뉴기니의 결핵 진료소 앞. 많은 아동과 어른들이 결핵 검사를 받기 위해 줄을 서서 기다리고 있다.

의료시설의 유리창을 관통한 총알 자국. 의료시설은 분쟁이 있더라도 공격의 대상이 되어선 안 된다. 하지만 현실에서는 안전을 보장받지 못하고 있다.

책을 펴내며

가장 어두운 곳에도 빛이 존재한다

국경없는의사회Médecins Sans Frontières는 하나의 신념으로 움직입니다. 성별, 인종, 종교, 신념, 정치적 입장과 관계없이 모든 사람이 의료서비스에 접근할 수 있어야 한다는 것입니다. 지난 50여년 동안 국경없는의사회는 이 원칙을 굳건히 지키며, 무력 분쟁, 자연재해, 전염병의 영향을 받거나 의료서비스로부터 소외된 이들에게 인도적·의료적 지원을 제공해 왔습니다.

현재 국경없는의사회는 전 세계 70여 개국에서 활동하고 있습니다. 활동 현장에서는 해당 국가 출신의 활동가뿐 아니라 한국을 포함해 각국에서 모인 국제 활동가가 함께 일하고 있습니다. 국경없는의사회 구호 활동가는 오늘도 인도적 위기의 최전선에서 우리가 아니라면 달리 치료받을 길이 없는 환자와 함께하며, 이들이 마땅히 받아야 할 의료를 제공하고 있습니다.

이 책은 이러한 사명을 실현하기 위해 헌신한 한국인 동료의 이야기를 담고 있습니다. 국경없는의사회 활동의 진정한 의미는 무엇인지, 그 진면목을 엿볼 수 있는 창이기도 합니다. 그것은 단순한 의료서비스 제공을 넘어 연대하고, 현실을 증언하며, 희망을 나누고, 함께 성장하는 일입니다. 세계 각지에서 모인 활동가는 분쟁의 한가운데에서, 전염병이 확산하는 곳에서, 난민 캠프에서, 우리를 필요로 하는 이들과 함께 서서 공감과 전문성, 존중의 마음으로 일하고 있습니다.

여러분이 이 책에서 만나게 될 각각의 이야기는 국경없는의사회 활동의 본질을 기억하게 합니다. 도움이 가장 절실한 곳에서 환자를 치료하고, 세상의 관심에서 멀어진 사람들의 고통에 주목하며 이를 세상에 알리는 것. 이 이야기는 단순한 활동 보고가 아닌, 살아 숨 쉬는 경험입니다. 회복력과 취약함, 어려움과 희망이 공존하는 이야기입니다. 무엇보다 모든 사람이 필요한 의료서비스를 받을 권리가 있다는 흔들림 없는 신념을 일깨워 줍니다.

국경없는의사회 활동을 통해 우리가 얻는 인상적인 교훈 중 하나는 가장 어두운 곳에도 빛이 존재한다는 사실입니다. 환자들의 용기 속에, 지역사회와 동료의 강인함과 리더십 속에, 행동에 나서는 이들의 연대 속에 그 빛이 있습니다. 한국의 동료 역시 이러한 소중한 순간들을 가슴 깊이 간직한 채 현장에서 돌아옵니다. 이제 이 책을 통해 그 순간들을 여러분과 함께 나누고자 합니다.

이 책이 단순히 정보를 전달하는 데 그치지 않고 여러분의 마음을 울리고 움직이기를 바랍니다. 세상에 대한 호기심을 잃지 않고 깊이 공감하며 세상의 수많은 소외된 목소리에 귀 기울이는 힘이 되어 주시기를 바랍니다. 세계 곳곳에서 일어나는 일은 결코 우리와 먼 이야기가 아닙니다. 우리는 모두 같은 '사람'으로 함께 존재합니다.

   한국의 독자 여러분께 깊은 감사의 인사를 전합니다. 여러분의 신뢰와 나눔, 국경없는의사회의 사명에 공감해 주시는 마음이 있기에 저희가 이 일을 지속할 수 있습니다. 여러분이 직접 현장에 가시지 않더라도, 여러분의 지원은 국경을 넘어 환자에게 닿고 있습니다.

   이 길을 기꺼이 함께 걸어 주셔서 감사드립니다.

2025년 6월

국경없는의사회 한국 사무총장

엠마 캠벨 Emma Campbell

차례

책을 펴내며 가장 어두운 곳에도 빛이 존재한다   17
국경없는의사회 활동가 현장   22

1부 국경을 넘어, 구호 현장으로

어느 때보다 뜨거운 여름이 올 거야 | 수단, 정상훈   24

겹겹의 위기 속 난민 캠프에서
생명을 살리는 일 | 방글라데시, 송경아   61

따뜻한 마음은 따뜻한 마음을 낳고 | 라이베리아, 문소연   85

잊지 못할 첫 파견,
열대열 말라리아와의 전쟁 | 나이지리아, 신경수   107

질병과 싸울 새로운 진지를 함께 지으며 | 말라위, 임희정   130

2부 분쟁의 현장에서 생명을 돌보는 일

총성과 공포를 현실로 살아가는 곳에서
생명을 돌보는 일 | 카메룬, 박지혜   154

그곳이 어디든, 도움이 필요한 곳에
의료의 손길을 | 수단, 홍기배   181

세계의 화약고 한가운데서 총상을 돌보다 | 팔레스타인, 김용민   207
지난한 분쟁 안에서 희망을 꿈꾸는 사람들 | 남수단, 김영휘   226
병원과 사람을 잇는 다리, 보건증진팀 | 유한나   248

3부   구호 현장에서도 삶은 계속된다

도전해 보세요, 국경없는의사회 | 박선영   274
조금씩 익숙해지기 위하여 | 임희전   286
아곡 파라다이스의 일상 | 김영휘   294
카멜레온 활동가의 설거지, 맥주 그리고 라면 | 김용민   302
내 선택의 무게, 두려움의 순간 | 송경아   312

부록

부록 1 국경없는의사회   324
부록 2 국경없는의사회 활동에 참여하는 방법   325

국경없는의사회 활동가 헌장

국경없는의사회MSF는 국제민간단체로서 주로 의사 및 의료업 종사자들로 구성되어 있으나, 단체의 목적에 기여할 수 있는 모든 분야의 전문가들에게도 열려 있다. 단체의 모든 구성원은 다음의 원칙을 지키는 데 동의한다.

- 국경없는의사회는 고난에 처하거나, 자연재해, 인재 혹은 무력 분쟁으로 고통받는 사람들을 인종, 종교, 혹은 정치적 신념에 관계없이 돕는다.

- 국경없는의사회는 보편적인 의료 윤리를 따르며, 누구나 인도주의적 구호를 받을 권리가 있으므로 중립성과 공정성을 준수하고, 활동을 수행하는 데 아무런 제약을 받지 않는 완전한 자유를 가져야 한다.

- 구성원들은 직업 윤리를 지켜야 하며, 어떠한 정치적, 경제적, 종교적 영향력으로부터 철저한 독립을 유지한다.

- 구성원들은 자발적으로 참여한 사람으로서 수행하는 임무의 위험성과 부담을 인지하고, 단체가 제공할 수 있는 것 외에 어떠한 보상도 요구하지 않는다.

1부
국경을 넘어, 구호 현장으로

어느 때보다
뜨거운 여름이 올 거야

정상훈 | 일반의

태양 아래에는 모래 또 모래

"휘익!"

소년이 움켜쥔 PVC 파이프가 제법 위협적인 소리를 내며 당나귀의 등을 때렸다. 아담한 몸에 비해 우스꽝스러우리만큼 큰 머리, 크고 아름다운 눈에 긴 속눈썹을 가진 당나귀는 제자리에서 꼼짝도 하지 않았다. 당황해서 얼굴이 달아오른 소년은 거의 울기 직전이었다. 언제부터였을까? 수레를 끌던 당나귀는 소년의 명령을 무시하고 있었다. 소년의 매질이 아프지 않아서였을까? 담장 그늘에 머리를 두고 잠시 쉬고 싶어서였을까? 겨우 열 살이 갓 넘었을 소년은 작심한 듯 파이프를 더 높이 들어 올렸다. "휘이익~!" 당나귀가 더는 맞지 않기를, 소년도 이 곤란에서 벗어나기를 나는 바랐다. 당나귀가 마침내 다리를 뗴었다. 어찌나 무심하던지 마치 걸음을 멈추는 것처럼 보였다. 한시름 놓은 소년은 고삐를 바삐 채었다. 그는 지하수 저장고에 가서 물통을 가득 채운 뒤 다시 그 물을 팔아야 하리라.

당나귀 수레는 옴두르만Omdurman 변두리에서 흔히 볼 수 있는 운송 수단이다. 짐을 싣거나 교통수단 노릇을 할 때도 있지만, 소년의 수레처럼 물통을 나르는 데 자주 쓰인다. 이곳은 물이 귀하다. 당나귀 수레는 거의 언제나 십 대 초반, 학교에 갈 나이의 소년들이 몬다. 옴두르만에서 말을 본 적도 있는데, 위압감을 느낄 만큼 크고 힘도 세 보였다. 그에 비하면 당나귀는 훨씬 작고 약해 보인다. 하지만 말보다 느릴 뿐 힘은 절대 약하지 않다고 한다. 더구나 끈기가 좋고 생활력도 강하다. 이곳 누비아Nubia 사막 지대가 원산이라서 그럴까. 사막에서 사는 사람들에게는 훌륭한 운송 수단인 셈이다.

나는 국경없는의사회가 옴두르만 변두리 움바다Umbada에서 운영하는 1차 진료소Clinic를 처음 찾아가는 길이었다. 앞으로 6개월 동안 네 곳의 진료소에서 환자를 진료하게 될 터였다. 수단 최대의 도시 옴두르만은 나일강을 사이에 두고 수도인 카르툼Khartoum과 마주 보고 있다. 청나일강Blue Nile과 백나일강White Nile은 각각 수단의 동남쪽과 서남쪽에서 흘러와서는 카르툼에서 만나 드넓은 나일강이 된다. 이 강 덕분에 수단인의 90%는 농업에 종사하고 있다.

하지만 생명력이 넘치고 파릇한 풍경은 옴두르만에서 차를 타고 삼십 분만 달려도 온데간데없이 사라진다. 태양 아래에는 모래 또 모래뿐이었다. 도로는 비포장으로 바뀌어 모래 먼지를 날리고 흙벽돌로 지은 단층집들이 듬성듬성 나타날 뿐이었다. 40도가 넘는 열기와 건조한 모래바람은 노란 흙벽돌과 모래땅의 경계마저 지워버렸다. 풍경은 나에게 참으로 비현실적이었다. 저 멀리 세 아이를 데리고 걷고 있는 여인조차 말을 걸어도 대답하지 않을 그림 속 인물처럼 느껴졌다. 시차 때문일지도 몰랐다.

차가 잠시 멈춰 서자 차창으로 바람 대신 열기가 훅 밀려 들어왔다. 당나귀 수레를 본 것은 그때였다. 갑자기 몽롱하던 풍경이 현실이 되어 깨어났다. 당나귀를 때려서라도 움직여야 하는 소년의 절박한 동기가, 그늘에서 근육과 힘줄을 쉬고 싶은 동물의 욕망이 펄떡였다. 그리고 한 여인의 기억이 살아났다.

며칠 전 난 브리핑을 받기 위해 국경없는의사회 수단 사무소가 있는 카르툼으로 갔다. 도시 안에는 차가 많아 곳곳에서 체증을 빚고 있었다. 그리고 차가 멈춰 서는 곳이면 어김없이 물건을 파는 사람들이 있었다. 아니, '사람 반 차 반'일 정도로 교차로 위에는 사람이 많았다. 그들 대부분은 어린이였다. 그들은 귤 같은 과일이나 휴지, 장난감처럼 값싼 물건을 팔았다. 특유의 곱슬머리에 모래 먼지를 노랗게 뒤집어쓴 아이들은 차창을 두드려 시선을 끈 다음 끈질기게 물건을 들이밀었다.

그 가운데 나는 한 여인과 눈이 마주쳤다. 몇 살이나 되었을까? 난 아직 수단인의 나이를 가늠하기 힘들었다. 하지만 그녀의 거친 피부와 얼굴에 깊게 팬 주름은 그녀를 더 나이 들어 보이게 했다. 나는 보았다. 그녀는 모든 표정 근육을 동원해 얼굴을 찌푸리고는 오른손을 모아 나에게 내밀었다. '가장 불쌍하게 보이고 싶은' 그녀의 간절한 욕망. 나는 차마 똑바로 바라볼 수가 없다. 신호등이 빨리 초록빛으로 바뀌기만을 바랐다. 2022년 유엔세계식량계획WFP의 발표에 따르면, 4천만 명의 수단 인구 가운데 약 1천5백만 명이 식량 위기를 겪고 있다. 경제 위기와 정치적 불안정, 기후 변화, 흉작 때문이었다.

그렇게 현실과 비현실을 오가느라 머릿속이 어지럽던 차에 움바다 진료소에 도착했다. 그곳은 대나무를 엮어서 만든 간이 건물이었다. 담장 안쪽 대기실을 겸하는 공간에는 말 그대로 발 디딜 틈이 없을 정도로 많은 어린이와 엄마들로 붐볐다. 국경없는의사회가 움바다에서 운영하는 네 곳의 진료소 중 세 곳에서는 15세 미만 어린이만 받았다. 경제 위기와 식량 위기로 가장 고통받는 사람은 바로 어린이이기 때문이다.

이방인 남성이 나타나자 수단 여성들은 서둘러 히잡을 고쳐 둘렀다. 간호사, 약사 보조원, 접수원, 안내원, 조산사, 보건증진 활동가 등 현지 직원들은 굳이 인사를 건네기가 미안할 만큼 바빴다. 두 명의 수단인 의사와 인사를 나누고 한동안 그들의 진료를 관찰했다. 나는 팽팽한 긴장을 느꼈다. 며칠 후면 나도 환자를 직접 진료해야 한다. 환자는 많은데 의사가 늘 부족했다.

옆방에서 진료하던 수단인 의사가 다급하게 나를 찾았다. 한 환자를 보여주고 싶단다. 며칠째 열에 시달렸다는 여덟 살 여자아이는 체온이 40도였고 눈 안쪽 결막은 창백했다. 숨도 가쁘게 쉬었다. 의사는 재빨리 말라리아 신속 진단키트에 환자의 피를 떨어뜨렸다. 양성, 말라리아였다. 의사는 빈혈검사도 했다. 놀랍게도 헤모글로빈이 2.5g/dl(여덟 살 어린이의 정상 헤모글로빈 농도는 11.5g/dl 이상이다)였다! 보통 6.0g/dl 미만이면 수혈을 고려하니 엄청나게 낮은 수치였다. 말라리아 기생충이 적혈구를 파괴해서 중증 빈혈을 일으켰다. 아이는 빨리 수혈을 받지 않으면 죽을 수도 있었다. 의사는 다급하게 간호팀장을 불러 구급차를 대기시켜 달라고 요청했다.

하지만 아이는 바로 병원에 갈 수 없었다. 진료소에서 옴두르만에 있는 병원까지는 한 시간이나 걸렸다. 또 병원에 간들 바로 치료가 이뤄진다고 장담할 수 없었다. 그래서 위중한 말라리아 환자는 이송 전에 정맥으로 말라리아약을 투여해야만 한다. 우리는 열이 끓는 아이를 처치실에 눕혔다. 간호사가 주삿바늘로 손등을 찔렀다. 야속하게도 혈관은 자꾸만 도망갔다. 다행일까? 잠에 빠진 아이는 통증을 거의 느끼지 못했다. 지켜보는 내가 조급해졌다. 그렇게 십여 분이 지나고서야 약을 주사할 수 있었다.

그러던 중에 다른 의사의 진료실에서 또 응급 환자가 생겼단다. 폐렴에 걸린 아기가 호흡곤란이 심했다. 진료소에는 구급차가 한 대뿐이었다. 옴두르만까지는 왕복 두 시간 거리. 어쩔 수 없었다. 말라리아에 걸린 소녀는 아기가 이송 준비를 끝낼 때까지 더 기다려야 했다. 무자비한 수단의 태양이 대나무 살 사이를 비집고 처치실까지 쏟아져 들어왔다. 진료소 어디에도 태양을 완전히 피할 곳은 없었다. 열에 들뜬 몸을 그늘에 눕힐 수 없는 소녀. 그 아이를 바라보다 문득 소년의 명령을 거부하던 당나귀를 떠올렸다. '우리는 운명에서 벗어날 수 있는가?'

소녀는 다시 한 시간을 더 기다려야만 했다. 그새 응급 환자가 한 명 더 생겼기 때문이었다. 다행히 해열제를 먹고 한숨 잔 덕분인지 소녀는 혼자 걸어서 구급차에 올라탔다. 첫 방문을 마치고 사무소로 돌아가는 차 안에서 한 동료가 나에게 물었다.

"수단, 첫인상이 어때요?"

나는 말끝을 흐리며 대답을 피했다. 사실 솔직하게 답하고 싶지 않았다. '뜨거운 태양 아래 모래'. 대신 내가 물었다.

"아직 우기라고 들었는데, 비 오는 것을 한 번도 못 봤어요."

"점점 비가 적게 내려요. 그래서 건기가 더욱더 길고 뜨거워지고 있어요."

자동차는 바싹 마른 길에 모래 먼지를 일으키며 달렸다. 그것을 행인들은 그대로 뒤집어썼다. 하지만 그들은 무심히 가던 길을 갔다. 무엇이 올지 다 아는 것처럼.

그녀는 아무 말도 하지 않았다

결국, 난 수단의 우기 마지막 몇 주 동안 비 한 방울 내리는 것을 보지 못했다. 밤사이 비가 살짝 내려 아침에 군데군데 젖은 흙바닥을 본 것이 전부였다. 마음을 차분하게 가라앉히는 비가 보고 싶었다. 내가 의식하지 못하거나 부정하고 있지만, 그것은 두고 온 가족과 비가 흔한 내 나라, 또는 친숙함에 대한 향수 같은 것인지도 몰랐다. 오늘은 내가 수단에서 처음으로 진료를 하는 날이었다. 기온은 41도까지 오를 예정이었다.

8시에 옴두르만 사무소를 출발한 우리는 9시 10분 전 움바다에 있는 한 진료소에 도착했다. 국경없는의사회 자동차 세 대가 동시에 도착하자 담장 안에서 진료 시작을 기다리던 사람들이 일제히 우리를 바라보았다. 어린이와 엄마들. 이백 명은 충분히 되어 보였다. 여기저기 아이들의 기침 소리가 들렸다. 어떤 아이는 코에 누런 콧물을 매달고 있었다. 한 여인은 간절한 손짓으로 자신의 무릎에 눕힌 아기를 가리키고 있었다. 나는 그녀의 눈빛에 끌려가지 않겠다는 듯 서둘러 진료소 건물 안으로 들어갔다.

진료를 시작하려면 준비할 일이 많았다. 이 진료소는 다행히 벽돌로 지은 건물이었다. 하지만 전기가 들어오지 않았다. 이 지역 어디에도 전기는 없었다. 그러니 약품을 진료소 안에 보관할 수 없었다. 검사 장비도 매일 사무소로 가져가서 충전해야 했다. 안쪽에서 약국과 검사실, 진료실을 차리는 동안, 진료소 입구에서는 중증도에 따라 환자를 분류하기 시작했다. 신생아와 6개월 미만 아기들, 위중한 어린이들에게 우선권이 주어졌다.

내 통역사는 조금은 자신만만한 인상의 오십 대 남성이었다. 중동지역 미국 대사관에서 근무했을 만큼 영어를 유창하게 구사했다. 내가 환자나 보호자에게 영어로 말하면 그가 아랍어로 통역해 주었다. 그런데 그는 의학용어를 잘 알아듣지 못했다. 내가 한 보호자에게 아기가 '폐렴Pneumonia'에 걸린 것 같다고 설명했을 때 통역사는 주저하며 말을 전하지 못했다. 나는 종이에 폐와 허파 꽈리를 그린 다음, '주로 바이러스나 세균에 의해 발생하는 감염병이며 어린이나 노인은 사망할 수도 있는 무서운 병'이라고 설명해 주었다. 통역사는 이제야 알겠다며 영문도 모른 채 우리를 바라보고 있던 엄마에게 내 말을 옮겼다. 통역사가 '충수염 Appendicitis'이라는 단어를 못 알아들으면 나는 종이에 소장과 대장을 그리고 충수가 어디에 있는지 설명해 주어야 했다.

우리의 첫 진료는 그런 식이었다. 그날 수단인 의사 한 명이 오륙십 명의 환자를 진료하는 동안 나는 겨우 열일곱 명을 보았다. 첫 진료가 힘든 이유는 그뿐만이 아니었다. 나는 아직 이 진료소에서 어떤 약을 얼마나 처방해야 하는지, 어떤 검사가 가능한지 외우지 못했다. 진료기록은 일일이 손으로 써야 했다. 전기가 없으니 에어컨은커녕 선풍기도 없었다. 어찌나 더운지 축축해진 바지가 플라스틱 의자에 들러붙었다. 그리고 무엇보다 배가 고팠다.

통역사와 나는 잠시 진료실을 빠져나왔다. 난 뻣뻣해진 무릎을 주물렀다. 진료를 시작하고 나서 네 시간 만에 처음 일어섰으니 그럴 만도 했다. 내 진료는 더디고 기다리는 환자는 많으니 중간에 도저히 쉴 수가 없었다. 진료소에는 따로 식사할 공간이 없었다. 직원들은 돌아가며 한두 명씩 건물 구석에서 간단히 식사를 해결했다. 나와 통역사는 국경없는의사회 자동차 안에서 먹기로 했다. 숙소 요리사가 싸 준 점심은 빵과 삶은 달걀 두 개씩이었다.

나는 뭐든 잘 먹는 사람이다. 하지만 그런 나에게도 빵과 삶은 달걀이라는 조합은 쉽지 않았다. 빵 따로 달걀 따로 먹는 나를 물끄러미 바라보던 통역사가 한 가지 비법을 가르쳐 주겠단다. 빵 옆을 조금 찢은 다음 손가락을 넣어 공간을 만든다. 그 안에 달걀을 넣은 다음 빵을 주물러서 골고루 으깬다. 그의 설명대로 만들어 먹으니 훨씬 맛있었다. 요리사는 왜 이런 방법을 일러 주지 않았을까? 난 통역사가 마음에 들었다. 기분이 좋아진 나는 움바다 진료소를 처음 방문한 날 있었던 일을 그에게 들려주었다.

말라리아에 걸린 소녀가 맹렬한 태양을 피할 길 없었던 그날, 더위를 먹기는 나도 마찬가지였다. 나는 종일 물을 마시지 못했다. 이 지역에는 전기뿐만 아니라 수도도 없다. 그래서 직원들은 커다란 물통을 하나씩 가지고 다녔다. 나는 그런 사정을 몰랐다. 충분히 예상할 수 있는 일이었지만, 난 그러지 못했다. 또 아무도 나에게 물통을 챙기라고 일러 주지 않았다. 점심도 마찬가지였다. 진료소에 관해 브리핑을 받았지만, 점심시간에 대해서는 듣지 못했다. 국경없는의사회 안에서도 더 나은 소통은 언제나 숙제였다. 12시가 넘어가자 슬슬 배가 고파지기 시작했다. 난 기다렸다. '점심시간이 1시부터인가 보다' 짐작만 했다. 환자는 많았고 직원들은 모두 바빴다. 1시 그리고 2시가 지나도 점심시간은 없었다. 40도가 넘는 날씨에 먹지도 마시지도 못한 나는 기진맥진이었다. 그날은 다행히 진료소가 오후 3시에 일찍 문을 닫았다. 돌아오는 차 안에서 동료에게 물었다.

"여기는 점심시간이 몇 시인가요?"

"진료소에서는 점심시간이 따로 없어요. 사실 수단인들은 점심을 먹지 않아요. 아침과 저녁만 먹는답니다."

수단인들은 오전 10시에서 12시 사이에 빵과 차로 간단한 아침을 먹는다. 그다음 날부터 난 도시락과 물병을 챙기기 시작했다.

통역사의 이름은 압둘라힘이었다. 그는 오후 1시에 '아침'을 먹고 있었지만, 내 어설픈 고생담을 들으며 다정한 웃음을 지어 보였다. 그리고 조심스럽게 덧붙였다.

"루크, 그런데 말이에요. 이, 삼십 년 전 그러니까 수단이 지금보다 더 잘 살던 시절에는 우리도 하루에 세 끼를 먹었답니다. 경제가 어려워지면서 두 끼만 먹게 되었고, 지금은 관습이 된 것이지요."

압둘라힘과 나는 삼십 분 전과는 달라졌다. 각자의 모국어가 아니라 제3의 언어로 대화하고 있다는 사실을 잊은 것처럼 편해졌다. 우리는 진료실로 돌아갔다. 아직 우리를 기다리는 환자가 많았다.

중증도를 분류하던 간호사가 내 진료실에 급히 들어와 진료 카드를 내밀었다. 응급 환자를 먼저 봐 달라는 뜻이었다. 난 내 눈을 의심했다. 위팔 둘레Middle Upper Arm Circumference(5세 미만 어린이의 영양실조를 측정하는 데 쓰인다. 115~125mm 사이면 중등도 영양실조, 115mm 미만이면 중증 영양실조다)가 77mm였다. 7개월인 아기의 몸무게는 겨우 3.6킬로그램이었다. 진료 카드를 보며 내가 그 비현실적인 수치에 놀라 있을 때 젊은 여성이 아기를 안고 들어왔다.

순간 난 가슴에서 통증을 느꼈다. 이보다 더 참혹한 모습을 본 적이 있었던가. 듬성듬성 남은 머리카락, 움푹 들어가 퀭한 눈, 튀어나온 광대뼈, 종잇장처럼 얇고 거친 피부에 잡힌 주름들, 내 손가락 두 개 굵기도 안 될 것 같은 앙상한 팔과 다리, 안으면 부서질 것 같은 갈비뼈. '아기'로 사랑받을 요소를 모두 박탈당한 존재. 이 아기에겐 무슨 일이 벌어진 것일까?

"아이가 한 달 동안 설사를 했어요."

그 말을 하는 엄마의 표정은 뜻밖에 담담했다. 나는 당황했다. 선뜻 이해가 잘 안 되었기 때문이었다. 국경없는의사회가 이 구역에 무료 진료소를 연 지도 벌써 이 년이 넘었다. 그런데 어떻게 아기가 한 달이나 설사하도록 둘 수 있단 말인가? 보호자는 흔히 아이의 증상을 과장한다. 난 정말 한 달 동안 거의 매일 설사했는지 따져 물었다. 그녀는 확실하다고 했다.

"왜 좀 더 일찍 아이를 데려오지 않았나요?"

나는 이 질문이 아무 의미 없다는 것을 잘 알았다. 하지만 참을 수가 없었다. 하지만 책망 섞인 내 질문도 그녀의 얼굴에 동요의 흔적을 남기지는 못했다. 그녀는 나에게 호소하지도 애원하지도 않았다. 다만 아기를 바라보며 아무 말도 하지 않았다. 때때로 나는 타인의 머릿속을 들여다보고 싶다는 충동을 느낀다. 하지만 그럴 수가 없다. 나는 안다. 내가 이해할 수 없다는 이유로 얼마나 많은 타인을 괴물로 만들어 왔는가를. 순간 화가 치밀어 올랐다가 제풀에 지쳐 꺼졌다. 내버려둘 작정이었다면 그녀는 아기를 진료소에 데려오지 않았을 것이다. 수단 여성이 낯선 남성에게 감정과 가족의 사정을 드러내는 것이 무엇을 뜻하는지 나는 모른다. 빈곤이 있는 곳에는 어린이 영양실조가 있다. 지금 시급한 것은 아이의 영양실조와 설사를 치료하는 일이다. 이것만이 내 앞에 있는 확고한 진실이었다.

잠시 답변을 기다리던 나는 다시 아기를 바삐 살폈다. 다행히 아기에게 쇼크의 징후는 없었다. 하지만 아기는 늘어졌고 젖을 잘 빨지 못했다. 만성 설사 때문에 생긴 심한 탈수와 영양실조였다. 나는 진료실 밖으로 나가 구급차를 불렀다. 아기는 입원 치료가 필요했다. 소통과 공감은 늘 어렵다. 때로는 행동이 그것을 시작하는 유일한 길이다.

나는 이방인이었다

드물게 비를 뿌리던 우기와 이어지는 뜨거운 건기, 지금 수단은 가을이다(이슬람 국가인 수단은 순태음력을 사용한다. 그래서 태양력이나 태음태양력을 사용하는 다른 나라와 절기가 몇 달씩 차이가 난다). 하지만 수단의 가을에는 우리가 상상하는 낭만이나 쓸쓸함이 들어설 자리가 없었다. 어제 낮 최고기온이 41도였다면 오늘은 42도. 기온은 매일 올라가고 있었다. 낮에 건물 밖으로 나가면 태양 빛이 내리누르는 힘 때문인지 똑바로 서 있기 힘들 정도였다.

나는 진료소 근무에 빠르게 적응하고 있었다. 어느덧 보름이 지났고, 이제 하루 평균 사십 명쯤 진료한다. 통역을 거치는 진료이니 나쁘지 않았다. 근무 첫날 열일곱 명 진료한 이야기를 하며 압둘라힘과 난 가끔 웃었다. 그는 성실한 사람이었다. 사무소에서 진료소까지 차로 사, 오십 분쯤 걸리는데, 그는 늘 의학용어를 암기했다. 그가 질문하면 나는 대답해 주었다. 압둘라힘은 내 어눌한 아랍어 발음을 바로잡아 주기도 했다. 성대를 조여서 소리를 내는 아랍어 문자 'ع'을 발음할 때면 온몸을 배배 꼴 정도로 힘을 주었다. 그는 웃음을 참으면서도 못마땅하다는 듯 눈 사이를 찌푸렸다. "루크, 몸이 아니라 성대에 힘을 주세요!" 그는 엄격한 선생님이기도 했다.

진료소에서 만나는 어린이들은 나를 '중국 아저씨'라고 불렀다. 하긴, 수단에서 나 같은 동아시아인은 대개 '니하오你好'라는 인사를 받았다. '한국 아이들도 이렇게 잘 울었던가?' 꾀가 나는 나이의 수단 아이들은 나를 보자마자 엄마에게 매달리며 참으로 열심히 울었다. "움미!" '움미'는 아랍어로 '나의 엄마'라는 뜻이다. 그런데 그 발음이 우리말 '엄마'와 무척 비슷하게 들렸다. 그뿐만 아니다. 아랍어로 '나의 아빠'는 '아비'다. 아이는 의사이자 낯선 외모의 이방인이 무서워서 엄마 아빠를 부르며 우는데, 내 입꼬리에서는 웃음이 새어 나왔다.

하지만 아이가 계속 울어서는 진찰을 할 수가 없다. 특히, 기침하는 어린이는 진정시킨 다음 호흡수도 재고 청진기로 호흡음도 들어야 한다. 엄마가 안아 주거나 젖을 줘서 달랜 다음 몰래 등 뒤에서 진찰하기도 한다. 하지만 일단 두려움에 울음을 터뜨리면 좀처럼 진정이 되지 않는 아이도 많았다. 낯선 외모의 이방인. 그것은 이곳 진료소에서 내 핸디캡이었다.

나는 사탕을 샀다. 이왕이면 눈에 띄게 알록달록 예쁜 사탕으로. 진료실에 아이가 들어오면 사탕 하나를 꺼내 흔들었다. 아이들은 사탕을 참으로 좋아했다. 눈앞에 내밀면 마치 수리가 먹이를 그러듯 아이는 바로 사탕을 낚아채 갔다. 사탕은 확실히 효과가 좋았다. 진료실에 들어오자마자 우는 아이가 줄었다. 물론 사탕만 냉큼 받고는 끝까지 우는 아이도 여전히 있었지만.

압둘라힘의 통역도 나날이 발전했다. 내가 '감기'라고 한마디만 하면 그가 이어서 설명했다. "감기는 바이러스로 인한 질환이고 해열제 이외 다른 약은 필요 없어요. 만약 열이나 기침을 계속하면 진료소에 다시 데려오세요." 그동안 나는 진료 카드에 기록할 수 있었다. 드디어 하루에 환자 오십 명, 그러니까 수단인 의사와 비슷한 수의 환자를 진료하는 날도 생겼다.

진료소에서 가장 흔한 질병은 감기와 같은 상기도염 그리고 설사병 순서였다. 기침하는 어린이 가운데 중이염, 세균성 인두염, 후두개염, 모세기관지염, 폐렴처럼 생명이 위독할 수도 있는 병이 숨어 있다. 감기나 이 병들이나 걸리면 비슷하게 열이나 기침이 나서 구별하기가 쉽지 않다. 의사의 역할은 기침하는 어린이에게 약을 주는 것이 아니다. 감기 환자들 사이에 숨어 있는 중증 환자를 찾아내어 치료하는 것이다.

그런데 내가 움바다 진료소를 방문했을 때 눈에 들어오는 사실이 있었다. 의사들은 기침하고 설사하는 어린이들에게 항생제를 너무 자주 처방했다. 나는 틈틈이 시간을 내어 의사들의 진료 기록을 분석했다. 그들은 환자 열 명 중 다섯 명에게 항생제를 처방하고 있었다. 이것은 무척 높은 수치다. 세계보건기구WHO는 1차 의료기관에서 항생제 처방률을 30% 미만으로 권고한다.

나는 비슷한 경험이 떠올랐다. 2013년 레바논 트리폴리 1차 진료소에서 근무할 때에도 현지 의사들은 항생제를 너무 많이 썼다. 난 진료기록을 분석해서 그들에게 제시했다. 레바논인 의사 대부분은 내 권고를 받아들였지만, 한 의사는 저항했다. "루크, 난 이곳 사람들을 잘 알아요." 그는 내가 레바논 환자들을 잘 모른다고 항변했었다. 결국, 그 의사에게 '행정 경고'라는 최후의 수단까지 동원해야 했다. 수단에서는 똑같은 갈등을 반복하고 싶지 않았다. 좀 더 느긋하게 때를 기다리기로 했다.

어느 날 상관 데모지와 차를 타고 옴두르만 시내의 한 병원으로 가고 있었다. 그날은 국경없는의사회 진료소가 모두 문을 닫았다. 옴두르만과 카르툼에 큰 시위가 예고되었기 때문이다. 이런 날이면 카르툼에서 옴두르만으로 이어지는 다리가 모두 차단된다. 때로는 인터넷이나 전화가 끊기기도 한다. 2019년 4월, 25년 넘게 집권하던 알 바시르 대통령이 군부에 의해 축출되고 과도 정부가 들어섰다. 민간인과 군인으로 구성된 과도 정부는 '민간 민주 정부'를 약속했고, 수단인은 민주주의라는 꿈에 부풀었다. 그러나 2021년 10월, 군부는 쿠데타를 일으켜 과도 정부 내 민간인 위원을 구금하고 비상사태를 선포했다. 군부는 쿠데타에 저항하는 시위대에 총격을 가해 사망자가 발생했다.

평소와 달리 거리에는 자동차도 사람도 거의 보이지 않았다. 저쪽 편에서는 검은 연기가 솟아올랐다. 내가 불안한 표정으로 쳐다보자 데모지가 설명해 주었다. "시위대가 도로를 통제하기 위해 타이어에 불을 붙인 겁니다." 지난 6월에는 2023년 들어 가장 큰 규모의 시위가 벌어졌다. 최소 아홉 명이 사망했고 수백여 명이 다쳤다. 갑자기 많은 환자가 들이닥치면 응급실은 마비되고 살릴 수 있는 환자가 죽을 수도 있다. 병원들이 그런 상황에 대비하도록 교육하고 지원하는 일 역시 국경없는의사회의 역할이었다.

"앗, 저런!" 운전사가 탄식을 지르며 브레이크를 밟았다. 휘청하며 멈춰 서는 자동차의 앞을 열 살도 채 안 된 듯한 소년들이 가로막았다. 그들은 자신의 몸통만큼이나 큰 돌덩어리 서너 개를 재빨리 자동차 앞에 내려놓았다. 길이 막혔다. 운전사는 다급히 차를 돌렸다. 차는 반대편으로 난 골목길로 빠져나가기 위해 속도를 높였다. "끼익!" 자동차는 다시 급히 멈췄다. 언제 나타났는지 아까 그 소년들이 우리 차를 막아섰기 때문이었다. 그새 다른 소년들이 큼지막한 돌덩이들로 골목길을 막았다. 그렇게 소년들은 도로를 막아 차량이 빠져나가지 못하게 했다.

둘러보니 도로 가운데 십 대 중반으로 보이는 소년이 손가락으로 여기저기 가리키며 더 어린 소년들을 지휘하고 있었다. 그가 리더였다. 운전사는 몇 번이나 더 그 도로에서 빠져나가려고 차를 돌렸지만, 번번이 소년들보다 한발 늦었다. 데모지가 조급함이 담긴 목소리로 운전사에게 말했다. "저 소년에게 가서 설득해 봅시다. 우리는 시위대를 치료해 주기 위해 병원에 가는 길이라고 설명해 봐요." 운전사는 리더 소년 옆에 차를 바짝 대고 아랍어로 말을 걸었다. 소년의 표정과 말투는 무척이나 단호했다. 대의를 위해 주어진 소임을 다하겠다는 결기는 소년을 나이보다 성숙해 보이게 했다. 그 곁에 모여든 어린 소년들은 리더를 더욱 돋보이게 만들었다. 나는 그 대화를 알아들을 수 없었지만, 협상이 실패라는 사실은 눈치챌 수 있었다.

리더 소년과 대화하던 운전사가 갑자기 낯빛을 바꾸더니 차를 돌려 반대편으로 빠르게 몰았다. 방심하다 당한 리더 소년은 다급히 어린 소년들에게 소리쳤다. 하지만 그들은 아까 보였던 일사불란함을 잃고 허둥댔다. 소년들이 달려왔지만, 우리 차는 이미 골목으로 빠져나간 뒤였다. 데모지에게 여유가 느껴지자 난 궁금증을 풀고 싶었다.

"그런데 저 소년들은 자동차를 왜 가두려는 거죠?"

"시위대는 차량을 시위에 이용하고 있어요. 경찰과 군대가 발포하니 시위대는 차량으로 맞서는 거죠."

우리는 미로 같은 골목길을 돌고 돌아 병원에 도착했다. 시위에서 다친 사람을 무료로 치료해 주는 병원이었다. 우리는 병원 관계자와 인사하고 물품을 전달했다. 응급실에는 네 명의 국경없는의사회 의사와 간호사가 기다리고 있었다. 그들은 위험한 이 일에 자원했다. 응급실의 공기와 동료들의 얼굴에는 침묵만큼이나 메마른 긴장감이 흐르고 있었다.

사실 데모지는 전날 나에게도 뜻을 물었다. "루크도 내일 응급실에서 근무해 볼래요?" 나는 선뜻 답할 수 없었다. 지난 6월 시위 때 군대와 경찰은 응급실에도 들이닥쳐 다친 시위대를 체포해 갔다. 또 몇몇 다친 경찰들이 응급실에서 무장해제를 거부하기도 했다. 이 사건들은 당시 응급실 근무를 자원했던 국경없는의사회 직원들에게 불안감을 주었다. 더구나 이곳에서 난 눈에 띄는 동아시아인이었다. 주저하는 나를 데모지가 안심시켰다.

"루크는 수단에서 근무한 지 아직 한 달도 안 되었으니까 이번에는 지켜만 보는 것으로 해요."

데모지와 나는 길을 한참 돈 다음에야 사무실로 되돌아왔다. 그다음 할 수 있는 일은 기다리는 것뿐이었다. 그날 시위로 옴두르만에서만 오십여 명이 다쳤고 한 명이 사망했다. 수단 군부는 쿠데타에 반대하는 시위대를 향해 다시 총을 발사했다. 멀리서 요란한 폭발음이 들렸고 나는 묘한 감정에 떨었다. 우리나라에서도 고작 사십여 년 전에 비슷한 일이 벌어졌기 때문이다. 나는 거리에서 만난 그 소년들에게 어떤 동질감을 느꼈다. 하지만 난 그 거리에도 응급실에도 머물 수 없었다. 나는 이방인이었다.

낯선 세계와 닿다

끝 모르고 올라가던 기온은 11월이 지나자 조금씩 겸손해졌다. 아침저녁으로는 선선한 바람도 불었다. 비록 모래를 잔뜩 머금은 바람은 머리카락을 뻣뻣하게 만들고 빵을 서걱거리게 했지만, 기꺼이 즐길 만했다. 뜨거운 가을이 끝나가서가 아니라 어느덧 내가 수단에 스며들었던 때문일지도 몰랐다. 하지만 나에게 선선함이 누군가에겐 추위가 되기도 한다.

움바다 진료소에는 기침하는 어린이가 넘쳐났다. 덩달아 천식, 모세기관지염이나 폐렴처럼 심각한 병이나 그 합병증으로 숨을 잘 쉬지 못하는 호흡부전(혈액 내 산소 수치가 너무 낮거나 이산화탄소 수치가 너무 높은 상태) 환자를 더 자주 만났다. 입술이 파랗고 산소포화도(적혈구 내 헤모글로빈과 결합해 있는 산소의 양. 정상은 95% 이상이다)가 90%도 되지 않는 아기라든지, 숨을 쉴 때마다 갈비뼈 사이 살이 움푹움푹 들어가는 아기를 하루에도 대여섯 명씩 구급차에 실어 병원으로 보냈다.

11월은 직원들 연차 철이기도 하다. 진료소 의사들도 돌아가면서 휴가를 떠났다. 나는 그들의 빈자리를 채워야 했다. 진료 중에 전화를 받기도 하고, 진료 끝나고 텅빈 사무소로 돌아와 밀린 서류 작업을 해야 했다. 여러 사람의 업무를 맡다 보니 저녁이나 밤에 전화를 받는 일도 흔했다. 매일 아침 기침하는 아이들과 그들의 보호자 이백여 명 사이를 지날 때면 압박감을 느꼈다. 나를 밀어부치는 그 시간을 아끼기 위해 아침과 저녁은 혼자 빠르게 먹었다. 그런데 음식이 입에 맞지 않아서인지 체중도 줄었다. 난 가끔 짜증을 내는 자신을 발견했다.

그날도 점심을 먹으러 몇 시간 만에 처음 다리를 펴고 진료소를 빠져나왔다. 압둘라힘은 서둘러 '아침'을 먹고 기도를 드리기 위해 손과 발, 얼굴을 씻은 후 진료소 건물 뒤편으로 갔다. 혼자가 된 나는 잠시 날카로워진 신경을 진정시키며 멍하니 차 안에 앉아 있었다. 그런데 어디서 나타났는지 서너 살쯤 된 남자아이가 나를 바라보았다. 둘러보아도 보호자는 보이지 않았다. '환자인가? 이 동네 사나?' 난 손을 흔들며 서툰 아랍어로 인사했다. "쌀람 알레쿰." '중국 아저씨'가 인사하면 수단 아이들은 대개 어색해하며 쭈뼛쭈뼛하거나 기어드는 목소리로 겨우 답하기 마련이다.

그런데 소년은 성큼성큼 자동차 쪽으로 걸어오더니 차 문 앞에 와서 턱 섰다. 이제 어색해진 쪽은 나였다. '너 어쩌려고 그러니? 설마.' 아이의 옷은 한눈에 봐도 오래되어서 군데군데 헤졌다. 땟물 자국을 보아하니 세탁한 지도 꽤 되었다. 검은 곱슬머리와 짙은 피부에는 빵가루를 뿌린 것처럼 모래 먼지가 덮였다. 아이는 다른 움바다 아이들처럼 맨발이었다. 그는 주저하지 않고 자동차에 기어오르기 시작했다. 나는 당황했다. 도움을 청하려 했지만, 주변에 운전사가 없었다. 아이의 짧은 팔과 다리로 오르기엔 자동차가 너무 높았다. 주저할 틈이 없었다. 난 아이를 번쩍 들어 차에 태워 주었다.

아이는 아빠에게 그러듯 익숙하게 내 다리 사이에 와서 앉았다. 그리고 아무 말 없이 내 가방과 물통을 이리저리 만졌다. 우린 말이 통하지 않았다. 하지만 어색함은 개구장이처럼 차 안을 한 바퀴 돈 뒤 사라졌다. 나는 실실 웃음이 났다. 내 첫 번째 아프리카 근무지는 에볼라가 창궐하던 시에라리온이었다. 에볼라는 치사율이 90%, 그러니까 '걸리면 죽는 병'이었다. 그곳에서 근무하는 동안 환자는 물론이고 모든 사람과 접촉 금지였다. 수단 움바다 진료소 역시 바이러스나 세균, 기생충, 곰팡이 등이 일으키는 감염병이 가장 흔했다. 진료소에서는 늘 마스크를 끼고 환자를 진찰할 때마다 소독제로 손을 닦았다. 나에게 접촉이란 공포의 또 다른 이름이었다. 그런데 낯선 아이가 불쑥 나에게 와서 닿았다. 아이는 역시나 내 스마트폰에 관심을 보였다. 우리는 함께 동영상을 찍었다. 얼마 후 예닐곱 살쯤 된 소년이 나타나 제법 엄한 표정으로 아이를 데려갔다. 호기심 많은 그 아이는 우리 진료소에 온 환자였다.

한국인 의사인 나에게 수단 움바다에서 만난 가장 낯선 질병은 역시 '낫적혈구장애'였다. 이 병은 말라리아가 흔한 더운 지방 사람들에게 드물지 않은 유전병이다. 이 병에 걸리면 적혈구가 유연한 원판 모양 대신 딱딱한 낫 모양으로 변한다. 어느 날, 아홉 살짜리 여자아이가 엄마의 부축을 받으며 힘겹게 진료소에 왔다. 샛노랗게 황달이 낀 아이의 커다란 눈이 도드라졌다. 낫 모양 적혈구는 몸 안에서 쉽게 파괴되어 황달을 일으킨다. 엄마는 아이의 병이 무엇인지 잘 알았다. 소녀는 수년 전부터 병원에 입원하고 퇴원하기를 반복했기 때문이다. 엄마의 얼굴엔 걱정과 피로가 뒤섞여 땀처럼 흘렀다.

낫적혈구장애 어린이들은 생후 6개월부터 조금씩 증상을 겪기 시작한다. 처음엔 손가락이 통통 붓고 아파한다. 낫 모양 적혈구가 손가락으로 가는 혈관을 막아서 생기는 증상이다. 아이가 성장하면서 병세도 점점 나빠진다. 적혈구가 어떤 혈관을 막는가에 따라 뼈나 폐 심지어 뇌가 썩기도 한다. 환자의 수명을 연장하기 위해 골수이식을 포함한 여러 가지 치료법이 쓰인다. 덕분에 미국에서는 낫적혈구장애 환자가 평균 마흔 살을 넘게 산다.

하지만 아프리카에서는 환자 대부분 성인이 되기 전에 죽는다.

아이는 숨을 헐떡이고 있었다. 검사를 해 보니 헤모글로빈은 6.0g/dl였다. 물론 낮았지만, 다른 낫적혈구장애 환자들과 비교하면 심각하게 낮은 수치는 아니었다. 아이에겐 38.5도 고열이 났다. 호흡수는 54회로 빨랐고 호흡음도 거칠었다. 폐렴이었다. 면역력이 떨어지는 낫적혈구장애 환자를 괴롭히는 합병증 중 하나가 바로 폐렴과 같은 감염병이다. 아이는 또다시 병원에 입원해야 했다. 나에겐 낯선 병이 무고한 누군가에겐 지긋지긋하게 되풀이 내려지는 형벌이었다.

처음에는 수단인들의 얼굴을 알아보기가 쉽지 않았다. 더구나 히잡으로 머리카락을 가리는 성인 여성은 구별하기가 더 어려웠다. 하지만 시간이 축복하면 우리는 차이에 익숙해진다. 그래서 오히려 예민해질 수 있다. 그녀의 얼굴을 기억하게 된 것은 다른 엄마들보다 훨씬 앳돼 보였기 때문이었다. 스무 살이나 되었을까? 그녀는 두 살배기 아이를 진료소에 데려왔다. "아이가 흙을 먹어요." 먹을 것과 먹지 못하는 것을 제대로 구별하지 못하는 두 살 미만 아이들에게는 드물지 않게 일어나는 일이다.

하지만 움바다에서는 이야기가 다르다. 헤모글로빈 검사를 해 보면 열에 아홉은 빈혈이 나왔다. 아이의 헤모글로빈 역시 8.6g/dl, 상당히 낮았다(두 살 아이는 11.0g/dl 이상이어야 정상이다). 아이가 열에 시달리지 않았으니 말라리아는 가능성이 적었다. 그녀는 아이가 부쩍 잘 못 먹는다고 했다. 나는 우선 철 결핍성 빈혈로 치료해 보기로 했다. 기생충 약과 철분제를 처방하고 2주

후에 다시 방문해 달라고 그녀에게 부탁했다.

어느 아침, 진료소 마당의 그 북새통을 지나다가 그녀의 얼굴을 알아보았다. 고작 두 번째 만남이었지만, 오래전부터 알고 지낸 사이처럼 우리는 눈인사를 주고받았다. 몇 시간을 기다린 후에야 그 모자는 내 진료실로 들어왔다. 그녀의 아이 역시 나에게 아는 체를 하고 내 청진기를 가지고 놀았다. 그녀는 정확히 2주를 지켰고 약도 잘 먹였다. 나는 아이를 간단히 진찰한 다음 헤모글로빈 검사를 받고 오라고 그녀에게 부탁했다. 결과가 나왔다. 나는 깜짝 놀랐다. 헤모글로빈 6.4g/dl. 철분제를 잘 복용했는데도 더 떨어졌다. 나는 번뜩 낫적혈구장애가 떠올랐다. 난감했다. 국경없는의사회 옴두르만 프로젝트는 급성 질환만 지원하기 때문이었다.

하나의 프로젝트가 모든 병을 지원하는 것은 불가능하다. 낫적혈구장애는 치명적인 병이지만, 동시에 만성 질환이다. 국경없는의사회는 수혈이 필요한 중증 빈혈이나 극심한 통증, 감염처럼 응급 상황에 빠진 낫적혈구장애 환자만 도울 수 있었다. '죽을 만큼 아픈 사람만 돕겠다'는 이 말을 그녀는 받아들일 수 있을까? 불안과 궁금증 사이에서 방황하며 설명을 기다리던 그녀를 나는 힘겹게 바라보았다. 그녀의 얼굴을 알아볼 수 없었다면 덜 고통스러웠을까.

"아무래도 낫적혈구장애가 의심스럽습니다. 그런데 죄송하게도 국경없는의사회에서는 그 검사를 지원하지 않아요. 아이를 병원에 데리고 가서 검사를 받을 수 있을까요?" 압둘라힘이 내 말을 전했다. 고개를 숙여 아이를 바라보던 그녀가 답할 차례였다. 아니, 우리는 그녀의 대답을 기다릴 필요가 없었다. 고개를 들었을 때 그녀의 얼굴에는 눈물이 흐르고 있었다.

굳게 마음을 먹은 듯 그녀는 우리의 짧은 인연에 호소하는 눈빛으로 나에게 말했다. 나는 그녀의 말을 이해할 수 없었지만 모두 알아들었다. 나에겐 도망갈 곳이 없었다. 나는 용기를 내어 아직 앳된 티를 벗지 못한 그녀와 눈을 맞췄다. 그녀는 몇 마디 말을 더했지만, 압둘라힘은 옮기지 않았다. 나도 묻지 않았다. 잠시 우리의 침묵을 견디던 그녀는 아이를 데리고 떨어지지 않는 다리를 끌어 진료실을 나갔다. 그러자 압둘라힘이 조용히 내게 말했다. "병원에 갈 형편이 안 된답니다. 얼마 전에 이혼했대요." 그것이 그녀와 마지막 만남이었다.

수단에서는 여전히 조혼이 흔했다. 그녀는 어린 나이에 결혼하고 아이를 낳고 이혼했다. 이곳에서 여성은 사회적 지위가 낮고 경제활동에 참여하는 비율도 낮다. 마르고 빈곤한 움바다에서 '남편이 없는' 그녀가 아픈 아들과 함께 어떻게 살아갈 수 있을까? 나는 차마 더 상상하지 않았다. 나는 낯선 세계와 닿았지만 미끄러졌다.

수단의 겨울

스스한 기운에 놀라 잠에서 깼다. 내 손발은 차가웠고 침실의 공기는 서늘했다. 아직 새벽 3시. 나는 요즘 겨우 버티고 있었고 잠이 더 필요했다. 침대 구석에 둘둘 말아두었던 홑이불을 펴서 덮었다. 수단에 겨울이 왔다. 한낮에는 여전히 30도가 넘었지만, 이른 아침과 밤에는 10도까지 떨어졌다. 가뜩이나 건조한 움바다에는 모래바람이 휘몰아쳤다. 손 소독제 때문인지 내 손바닥은 살갗이 벗겨지고 아팠다. 보습제를 발라도 그때뿐이었다. 진료소에는 기침하는 어린이들이 넘쳤고 직원들은 입에서 단내가 나도록 일했다. 더구나 연말연시를 맞아 휴가 중인 직원들도 많아서 진료소가 늦게 끝날 때도 자주 있었다. 그러나 수단의 겨울은 그 누구보다 아픈 아이들에게 혹독했다.

"루크, 이 환자 좀 봐 주세요." 의사 무함마드가 다급하게 나를 찾았다. 그는 휴가 떠난 의사를 대체하기 위해 온 젊은 의사였다. "중증 영양실조 환자인데 병원에 보내야 할지…." 그는 확신이 없어 보였다. 세 살 남자아이인데 체중은 겨우 7킬로그램, 위팔 둘레는 90mm였다. 하지만 모든 중증 영양실조 환자에게 입원 치료가 필요하지는 않다. "다른 증상이나 징후는 없나요?" 내가 묻자 무함마드는 고개를 갸우뚱하며 답을 피했다. 내가 그의 진료실에 들어섰을 때 가련한 아이는 엄마에게 안겨 있었다. 피부 밑 살점이라고는 조금도 남지 않은 아이의 가냘픈 팔과 다리. 주름지고 일그러진 그의 얼굴에는 퀭한 눈이 꺼져가는 빛을 내고 있었다. 영양실조에 걸린 아이를 목격하는 고통, 그것은 전혀 익숙해지지 않았다.

2020년 국경없는의사회가 움바다에 진료소를 처음 열었을 때, 찾아오는 어린이 다섯 명 중 하나는 영양실조였다. 프로젝트 덕분에 영양실조 환자는 조금씩 줄었다. 그러나 여전히 어린이 환자 열 명 중 하나는 영양실조였다. 우리는 돕고 치료한다. 그러나 빈곤은 끊임없이 어린이 영양실조를 만들어냈다.

나는 엄마에게 아이를 진찰대에 눕혀 달라고 부탁했다. 엄마 품을 벗어난 아이는 진찰대에 내려놓기가 안쓰러울 만큼 앙상했다. 난 아이의 웃옷을 벗겼다. 그러자 부러질 듯한 갈비뼈가 고스란히 드러났다. 아이는 숨을 가쁘게 쉬고 있었다. 그때마다 아이의 얇은 피부가 갈비뼈 사이로 빨려 들어갔다. 아이의 몸이 뜨거웠다. 난 엄마에게 아이가 기침을 하느냐고 물었다. 그렇단다. 진료 카드를 보니 아이에게는 열이 있었다. 호흡부전이 있는 폐렴이었다. 우리는 아이에게 산소마스크를 씌우고 혈관에 수액을 연결한 다음 옴두르만에 있는 병원으로 서둘러 보냈다. 너무 늦지 않았기를 나는 바랐다.

그날 오후 아이와 함께 병원에 다녀온 간호사로부터 난 놀라운 이야기를 들었다. 그 아이는 지난주에 이미 우리 진료소를 방문했고 중증 폐렴이 의심되어 병원에 입원했다. 그런데 며칠 후 병원에서 아이가 사라져 버렸다. 이송 담당 간호사는 아이의 부모에게 연락했지만 닿지 않았다. 간혹 입원비가 걱정돼서 병원에서 도망치는 환자가 있었다. 그런데 움바다 진료소에서 이송된 환자는 돈을 낼 필요가 없었다. 모든 치료비를 국경없는의사회에서 내기 때문이다. 보호자에게 아무리 설명해도 이런 사고는 생겼다. 우리는 그렇게만 생각했다.

그렇게 사라졌던 아이가 지난주보다 더 심각한 상태로 진료소에 다시 나타난 것이다. 옴두르만 병원으로 가는 구급차 안에서 간호사는 아이 엄마에게 물었다. "지난번엔 왜 말도 없이 병원에서 아이를 데려갔나요?" 엄마는 말이 없었다. "혹시 돈 걱정 때문이라면…." 엄마는 잠시 망설이다가 입을 열었다. "사람들이 그랬어요. 산소가 아이에게 해롭다고요." 그다음 날 아이는 숨을 거두었다. 아이는 살 수도 있었지만, 때를 놓치고 말았다. 무지는 빈곤만큼이나 버겁다. 2018년 세계은행 발표에 따르면, 수단 여성의 문해율은 56%, 남성은 65%였다. 여전히 수단 여성 거의 절반은 글을 읽지 못한다. 한 아이 엄마는 '빈혈'이 무슨 말인지 몰라 나에게 되묻기도 했다.

오래 넋을 놓거나 슬퍼할 틈이 없었다. 폐렴이나 패혈증에 걸리는 아이들이 너무 많았다. 옴두르만 병원에서는 한 달에 네다섯 명씩 움바다 아이들이 사망했다. 국경없는의사회에서는 조만간 이 지역에 직접 어린이병원을 운영할 계획이었다. 그전까지는 옴두르만 병원에 믿고 맡기는 수밖에 없었다. 하지만 그 믿음은 허탈한 무력감으로 돌아오곤 했다. 하루에도 여러 번 병원을 드나들던 이송 담당 간호사가 한 아기의 소식을 전했다.

"며칠 전 폐렴으로 입원시킨 △△△ 아기 있잖아요? 불쌍하게도 어제 죽었대요."

"네? 어쩌다가요?"

나는 그렇게 물었지만, 어쩔 수 없는 죽음이리라 짐작하고 있었다. 그가 혀를 차며 말을 이었을 때 난 내 귀를 의심했다.

"그런데 그 아기 죽은 이유가 기가 차요. 글쎄, 병동에 산소통이 다 떨어졌대요."

 2019년 알 바시르 대통령이 축출되고 4년이 다 되도록 수단에는 정식 정부가 없었다. 공공병원 직원들 월급이 수개월이나 밀려서 파업을 벌이기도 했다. 수단에서 가장 큰 공공병원 중 하나인 옴두르만 병원에 산소통이 바닥났다. 하물며 작은 공공병원이나 진료소, 그들에게 의지하는 가난한 이들의 처지는 말할 것도 없었다. 경제 위기는 공평하지 않다. 겨울이 그렇듯, 가난한 사람들과 어린이들에게 더 가혹하다. 겨울은 가고 봄이 온다. 운명은 어떤가? 수단인도 가난과 무지에서 벗어날 수 있을까?

당신은 운이 좋아요

 언젠가 한 친구가 물었다. "정말 세상을 바꿀 수 있다고 믿어?" 그는 나에게 말할 기회를 주지 않고 몰아붙였다. "네 입으로 말했잖아. 세상은 끊임없이 가난을 만들어낸다고. 가난한 사람은 계속 가난하다고." 이젠 그가 나에게 화를 내고 있다고 느꼈다. 하지만 곧 목소리를 누그러뜨린 그는 연민을 담아 물었다. "무력감을 느끼지 않니?" 난 조금 허탈하게 웃으며 답했다. "무력감은 구호 활동가의 직업병 같은 거야."

 운동선수가 부상을 그러듯 나는 무력감을 달고 산다. 한 달 동안 설사하는 아기를 진료소에 데려오지 못한 엄마, 산소가 해롭다는 믿음 때문에 목숨을 잃은 아이, 돈이 없어 아이 피검사도 못 하는 엄마, 병원에 산소가 떨어져서 죽은 아기. 그들 앞에서 눈꺼풀조차 들기 힘든 무력감에 짓눌렸다. 어디 그뿐일까? 21세기에도 지구 한쪽에서는 영양실조로 많은 어린이가 죽어간다. 이 무거운 사실은 내 의식의 중심에서 시공간을 뒤틀었고 나는 무력감이라는 궤도를 따라 도는 존재가 되었다. 어쩌면 혜성 충돌처럼 우연적 사건을 통해서만 때때로 이 감정에서 이탈하는 것인지도 몰랐다.

엄마가 아기를 감싼 포대기를 풀었을 때 난 차라리 눈을 감고 싶었다. 태어난 지 40일 된 아기였다. 엄마는 가만히 아기를 보여 주었고 나는 잠시 할 말을 잃었다. 아기의 윗입술은 몸 가운데서 만나지 못하고 벌어져 있었다. 인중도 마찬가지였다. 그뿐만 아니었다. 갈라진 윗입술 사이로 윗잇몸과 입천장을 따라 난 깊은 골이 보였다. 입술입천장갈림증(예전에는 구순구개열이라고 불렀다)이었다. 그 순간 날 바닥으로 강하게 잡아끄는 무기력을 느꼈다. 아기에게 무엇이 필요한지 엄마가 무엇을 원하는지 너무나 분명했다. 그러나 그들을 도울 수 없었다. "아기가 젖을 잘 빨지 못해요." 멍하니 있는 나에게 무엇이라도 해 달라는 듯 아기 엄마가 덧붙였다. 난 무거워진 몸을 움직여 아기의 목구멍을 들여다보았다. 윗입술에서 시작된 그 갈라짐은 윗잇몸과 입천장을 거쳐 목구멍까지 길게 이어졌다. 아기의 목젖도 두 개로 갈라져 있었다.

2.7킬로그램. 작은 아기였다. 움바다 엄마들은 아기의 출생체중을 몰랐다. 원래 작게 태어났는지 잘 크지 못한 것인지 파악하기 어려웠다. 아직 젖살이 오르지 못한 아기의 몸을 만져 보고 청진기도 대 보았다. 열이나 탈수, 폐렴의 징후는 없었다. 혈당검사

도 정상이었으니 아기는 힘겹고 느리게나마 엄마의 젖을 빨고 있었다. 이젠 내가 말할 차례였다. 입술은 눈꺼풀보다 더 무겁다.

"아기에겐 선천성 기형 중 하나인 입술입천장갈림증이 있어요. 매우 심한 형태입니다. 너무 죄송하지만, 국경없는의사회에서는 선천성 기형 수술은 지원해 드리지 못해요. 다행히 당장 병원에 입원해야 할 만큼 상태가 나쁘진 않아요. 이 병이 있는 아기는 젖을 잘 빨지 못하거나 감기나 중이염에 잘 걸려요. 아이가 늘어지거나 열이 나면 꼭 진료소에 다시 데려오세요."

'꼭 진료소에 다시 데려오세요.' 난 이 대목에 힘주어 말하며 통역사를 슬쩍 바라보았다. 강조해 달라는 뜻이었다. 내 죄책감을 덮고 싶었기 때문이었으리라. 아기 엄마는 더 따지지도 눈물을 보이지도 않고 아기를 포대기에 다시 싼 다음 조용히 자리에서 일어섰다. 그제야 그녀가 무엇 하나 정확히 요구하지 않았음을, 어떤 감정도 드러내지 않았음을 깨달았다. 지금, 이 순간 지상에서 가장 무거운 마음을 가진 사람은 바로 그녀였다. 이제는 내가 그녀를 붙잡고 싶어졌다. 난 진료실을 나가는 그녀에게 보건증진실에서 모유 수유 교육을 받으라고 부탁했다. 그것이 내가 할 수 있는 전부였다.

휘몰아치는 모래바람은 세상을 누런 안개 속에 가둔 것 같았다. 수단에서는 오직 모래만이 한낮의 태양을 누그러뜨릴 수 있었다. 눈앞이 전혀 보이지 않자 차는 속도를 늦췄다. 나는 진료를 마치고 사무소로 돌아가고 있었다. '아기는 어떻게 살아가게 될까?' 다행히 젖을 잘 먹고 큰다고 해도 발음 장애, 남과 다른 외모, 마음의 상처는 그 아기를 따라다닐 것이다. 움바다 부모들은 장애가 있는 아이를 움바다 진료소에 데려왔다. 머리가 풍선처럼 부푼 수두증이나 팔다리가 마비된 뇌성마비 아이를 만났다. 부모에게 아이의 상태를 설명하고 더 나빠지면 '꼭 진료소에 다시 데려오세요'라고 덧붙이는 것이 내가 할 수 있는 일이었다. 그때마다 내가 그 아이들과 다른 운명을 가지고 태어났다는 사실이 견디기 힘들었다.

거센 바람이 길과 방향을 모두 지워 버린 모래땅 위에서 어디론가 걸어가는 이들이 있었다. 그들은 터번이나 스카프로 눈만 빼고 얼굴 전체를 가렸다. 처음 움바다 진료소를 방문하던 날, 사방을 둘러봐도 같은 모양의 흙벽돌집과 모래뿐인 곳에서 길을 찾아가는 운전사가 무척 신기했었다. 동료들은 자연스럽게 날씨에 관해 이야기했다. 메마른 모래바람은 해가 갈수록 흉포해졌고 이 땅은 점점 더 메말라갔다. 한 동료가 나에게 물었다. "루크는 수단에서 언제까지 일해요?" 나는 '4월 초'라고 답했다.

어느덧 수단에서 일할 수 있는 시간이 두 달 남짓 남았다. 그러자 그는 부러움인지 섭섭함인지 알 수 없는 웃음을 띠며 말했다. "루크 당신은 운이 좋아요. 수단의 진정한 더위를 경험하지 않겠군요." 그렇다. 나는 '운이 좋은 사람'이었다.

채워질 수 없는 빈자리

모든 의사가 휴가에서 돌아왔고 나는 무거운 짐을 벗을 수 있었다. 그리고 마침내 내가 기다리던 때가 왔다. 나는 모든 의사를 한자리에 모아 항생제 처방률 조사 결과를 발표했다. 움바다 진료소 의사들의 평균 항생제 처방률은 45.3%. 물론 의사들의 이름은 익명으로 처리했다. 대신 내 항생제 처방률 18.3%는 공개했다. 의사들은 놀랐다. 자신이 그렇게 자주 항생제를 처방하는지 몰랐다고 했다. 더구나 나는 지난 넉 달 동안 그들과 똑같이 진료했다.

의사 한 명씩 따로 만나 항생제 처방률도 알려 주었다. 그들 대부분 부끄러워하고 고마워했다. 물론 해명하려고 노력하는 의사들도 있었다. 그러나 적어도 레바논의 그 의사처럼, '나는 수단인을 잘 알아요'라고 말하지는 않았다. 앎이 쉽게 행동으로 바뀌지는 않는다. 처방은 의사들의 오랜 습관이기 때문이다. 난 앞으로 한 달 동안 네 번에 걸쳐 '항생제 적정 처방 교육'을 계획하고 있었다. 진료소가 아니라 사무소에서 일하는 날이 많아졌다. 난 무기력에서 벗어나 열정에 불타올랐다.

"루크, 오늘 파뚜르(수단인이 아침 식사를 부르는 말) 같이 먹을래요?" 수단인 의사 에마드가 제안했을 때 난 망설였다. 국제 활동가 숙소에서 혼자 먹는 것이 편했다. 그날따라 웬일인지 난 그를 따라나섰다. 파뚜르는 여럿이 함께 만들어 먹는 음식이다. 재료는 동네 구멍가게에서 사거나 각자 집에서 가지고 온다. 가게에서는 우리의 양푼처럼 생긴 그릇을 연탄불에 달궈 준다. 그 그릇에 수단 특유의 속이 빈 빵을 손으로 찢어서 넣는다. 그리고 치즈와 콩기름, 우리나라 동그랑땡을 닮은 튀김, 날달걀, 양파 같은 재료를 추가하고 손으로 골고루 으깨어 비빈다. 우리 비빔밥보다 좀 더 걸쭉한 상태가 되면 둘러앉아서 먹는다. 식탁은 따로 없다. 가게에서 내어 준 낮은 의자 몇 개를 놓고 길거리에 앉아 먹는다.

에마드와 동료들이 먹어 보라고 했을 때 난 다시 한번 주저했다. 파뚜르는 손가락으로 떠서 먹는다. 예전에 네팔에서 음식을 손가락으로 먹어본 적이 있었다. 하지만 파뚜르는 여러 사람이 하나의 그릇에 손을 넣어 먹는다. '맨손으로 먹는 양푼 비빔밥'이라고 할까? 손가락에 닿은 파뚜르가 쫀득하면서 따뜻했다. 밥보다는 질고 죽보다 되며 건더기가 씹히는 묘한 식감이었다. 그런데 맛있었다! 내가 엄지손가락을 치켜세우자 동료들이 즐거워했다. 둘러앉아 그들과 식구食口가 된 난 참으로 오랜만에 수다를 떨었다.

우리는 후식으로 길거리표 커피도 마셨다. 어느덧 봄이었다. 모래바람도 잦아들고 한낮의 볕도 한가로이 즐길 만했다. 에마드가 말했다. "코로나19가 한창 유행할 때 수단인들이 사회적 거리두기에 관해 뭐라고 불평했는지 알아요? 우리는 코로나19가 아니라 파뚜르를 나누어 먹지 못해 죽을 거야!" 수단인에겐 공동체가 생명보다 소중했다. 그날 에마드와 난 친구가 되었다. 우리는 일주일에 한두 번씩 파뚜르를 함께 먹었다.

'항생제 적정 처방 교육'을 위해 의사들을 네 번씩 모으기란 쉽지 않았다. 진료가 늦게 끝나기라도 하면 교육은 다음 주로 연기되었다. 난 '개별 맞춤형 교육'도 병행했다. 유독 특정 항생제를 자주 처방하는 의사들이 있었다. 정규 의사들뿐만 아니라 대체 의사들도 교육해야 했다. 모든 교육을 마치는 데 예상보다 긴, 두 달이 걸렸다. 이제는 의사들의 항생제 처방률을 다시 조사할 때였다. 의사들은 과연 바뀌었을까? 난 책상 위에 진료기록부를 쌓아두고 의사들의 악필을 다시 해석하기 시작했다.

하루는 에마드가 나에게 파뚜르를 사 주고 싶단다. 단골 가게로 향하는 그의 표정이 어두웠다. 그는 자신의 침묵을 견디지 못하고 멈춰서서 말했다. "루크, 저는 △△△와 갈등이 있어요. 요즘 그 일 때문에 잠도 거의 못 자고 있어요." △△△는 나와 같은 국제 활동가였다. 잠을 못 자서인지 에마드의 눈은 충혈되어 있었다. 국경없는의사회도 사람 사는 곳이다 보니 이런저런 갈등이 있었다. 언제나 그렇듯 갈등은 작은 오해와 전문가들이 흔히 갖는 고집에서 비롯하였다.

둘은 서로를 비난하고 상대방의 무책임을 지적하는 대화와 이메일을 주고받았다. 이는 급기야 국제 활동가와 현지 활동가의 관계 문제까지 건드렸다. 카르툼 사무소에서 이 사건을 조사하기 위해 사람을 파견할 정도였다. 난 까맣게 모르고 있었다. 사무소에서 에마드는 내 왼편에, △△△는 내 오른편에 앉았다. 그제야 난 두 사람이 서로 인사하는 모습을 본 적이 없다는 사실을 깨달았다. 둘 사이에 낀 난 말 한마디도 조심스러웠다. '온 마음을 다해 들어 주기' 그것이 내가 에마드를 위해 할 수 있는 전부였다. 나에게 모두 털어놓은 그의 표정은 한결 홀가분해 보였다. 나는 그의 어깨를 가볍게 두드리며 말했다. "오늘 밤에는 푹 잘 수 있기를 바라요."

일주일 후면 나는 임기를 마치고 출국할 예정이었다. 의사들이 모였고, 나는 두 번째 항생제 처방률 조사 결과를 발표했다. 15.6%. 6개월 전 45.3%에 비해 3분의 1 수준으로 떨어졌다. 의사들은 모두 기뻐했고 나에게 감사를 전했다. 나 또한 기뻤지만 동시에 놀랐다. 습관과 행동을 바꾸기란 절대 쉽지 않기 때문이다. 우리는 그것을 해냈다.

이슬람 최대 절기 중 하나인 라마단이 찾아왔다. 이곳 이슬람교도는 한 달 동안 해가 떠서 질 때까지 금식해야 한다. "라마단 카림!" 물조차 마시지 않는 수단인들은 환한 얼굴로 '자비로운 라마단'이라고 서로 인사말을 건넨다. 에마드가 '라마단 파뚜르'를 함께 하지 않겠냐고 제안했다. '파뚜르'는 아침 식사란 뜻이지만, 라마단에는 해가 진 저녁에 먹었다.

토요일 저녁, 자동차와 물건 파는 아이들로 붐비는 카르툼 거리에서 우리는 만났다. 한 휘황찬란한 식당으로 날 안내한 에마드는 잠깐 어디에 다녀오겠단다. 그리고 얼마 후 네 명의 의사들과 함께 나타났다. 에마드가 나를 위해 준비한 깜짝 송별 파티였다. 그들은 나에게 '자라비아'라고 불리는 수단 전통 옷도 선물해 주었다. 헐렁한 바지 위에 무릎까지 내려오는 긴 웃옷을 걸쳐 입는 시원한 옷이었다. 난 그들과 뜨거운 포옹, 굳은 악수를 나누었다.

수단에서 마지막 일주일, 난 저녁마다 식사에 초대받았다. '라마단 파뚜르'에 지인을 초대하는 것 역시 공동체를 중시하는 수단인들의 오랜 문화였다. 그 자리마다 난 자라비아를 입고 가서 배부르게 많이 먹었다. 한편에서는 동료들이 자리를 깔고 몇 명씩 돌아가며 신께 기도를 드렸다. 여러 종류의 과일 음료수를 마신 후 무척 단 후식까지 먹고서야 라마단 파뚜르는 끝났다.

통역사 압둘라힘 역시 자신의 집으로 날 초대했다. 그날 저녁 난 숨쉬기 힘들 정도로 과식했다. 헤어지며 우리는 오래 꼭 끌어안았다. "당신이 없었다면 난 수단에서 일하지 못했을 거예요." 내 감사에 압둘라힘이 답했다. "루크, 꼭 수단에 다시 오세요. 기다릴게요." 엄한 선생님 같은 그에게 난 학생처럼 고개를 끄떡이며 대답했다. 라마단은 참으로 자비롭고 평화로웠다.

며칠 후 난 한국으로 돌아왔다. 시차 때문인지 밤에 잠을 이루지 못했다. 몸은 한국에 있지만, 마음은 아직 수단에 있기 때문이었을까? 초록빛과 봄비, 고층 건물과 지하철에 적응하지 못한 채 열흘이 흘렀다. 수단의 준군사조직인 신속지원군이 카르툼의 대통령궁과 공항, 철도, 항만에 공습, 포격과 총격을 가하면서 쿠데타를 일으켰다. 정부군과 신속지원군 사이 전투가 카르툼 너머로 번지면서 수단은 내전 상태에 빠졌다.

국경없는의사회는 진료소 문을 닫고 국제 활동가들을 육로로 대피시켰다. 신속지원군은 라마단이 끝나기 바로 며칠 전에 쿠데타를 일으켰다. '라마단 카림'이라는 인사말이 잔향을 남기며 날 다시 바닥으로 잡아당겼다. '수단은 과거로 돌아가고 말 것인가?' 이것이 수단의 운명이란 말인가? 나는 다시 익숙해지길 거부하는 무기력에 시달렸다. 큰 시위 날 옴두르만 거리에서 만난 리더 소년, 움바다 진료소가 아니면 갈 곳이 없는 아픈 아이들과 그 엄마들이 떠올랐다. 그들은 어느 때보다 뜨거운 여름을 견뎌야 한다.

난 수단 동료들이 걱정되어 에마드에게 메시지를 보냈다. 다행히 그들은 모두 무사했다. 에마드는 모든 것이 잘될 거라 했다. "나도 꼭 그러길 바라." 그는 마지막으로 덧붙였다. "당신은 채워질 수 없는 빈자리를 남기고 떠났어요." 그때 나는 깨달았다. 그들이 나에게도 빈자리를 남겼다는 사실을. 채워질 수 없는. 나는 수단에 가기 전의 나로 돌아갈 수 없었다. 무기력이야말로 그 증거였다. 나는 돌아가야 한다. 돌아가서 그곳 아이들에게 '중국 아저씨'가 되어야 한다. 동료들과 파뚜르를 나누며 그들의 식구가 되어야 한다. 그리고 아기 엄마들이 말 없이 바라볼 수 있도록 기꺼이 그 앞에 서야만 한다.

무기력은 어떻게 극복할 수 있는가? 나는 낯선 세계와 만났다. 수단인들 역시 나를 통해 그렇게 했다. 그 만남은 각자의 세계에, 조용하게 반복하는 일상에 흔적을 남겼다. 그것이 비록 작고 희미할지라도. 흔적은 익숙한 세계에 균열, 진동, 흔들림을 일으킨다. 똑같은 것을 더는 똑같이 볼 수 없다. 의심, 고뇌, 무기력의 부정한 기운이 창조, 도전, 열정의 에너지로 상승한다. 마침내 선언한다. 운명을 바꾸기 위해 감히 덤비는 존재, 그것이 인간이라고. 그렇다. 무기력은 나의 힘이다. 내 열정의 다른 이름이다.

겹겹의 위기 속
난민 캠프에서 생명을 살리는 일

송경아 | 간호사

코로나19로 인해 바뀐 것들

내가 방글라데시로 파견 활동을 떠난 날은 2021년 1월, 공교롭게도 내 생일날이었다. 그때는 코로나19가 전 세계에 휘몰아친 후 여전히 여행 자제 권고와 여행 후 격리가 일상이었다. 항공 루트가 정상화되지 않아 카타르 도하Doha까지 날아갔다가 다시 방글라데시로 되돌아와서 목적지에 도착했다. 파견지가 아시아 지역이어서 '여정이 좀 수월하겠지' 하고 기대했는데, 코로나19 때문에 아프리카로 갈 때와 거의 맞먹는 시간이 걸렸다.

한국에서 도하로 가는 비행기는 텅텅 비어 있었다. '이게 웬 횡재인가' 하고 나는 두 다리를 쭉 편 채 숙면을 취하며 도착했는데, 방글라데시 다카Dhaka로 가는 비행기는 사정이 정반대였다.

방글라데시 인구밀도(인구 총 1억, 인구밀도 세계 1위)의 위력을 느끼며 안 그래도 좁은 비행기인데 다닥다닥 붙어서(코로나19 시국에!) 외국인 여자 혼자서 비행기 타고 가는 게 신기한지 마스크라는 방해물을 걷어 젖히고 나에게 이것저것 연신 물어 왔다. 그렇게 비행기 안에서부터 이미 방글라데시에 도착한 듯한 느낌을 받으며 수도 다카에 도착했다.

서둘렀지만 체온 체크를 비롯한 검역으로 인해 예정보다 조금 늦게 공항 밖으로 나왔다. 나오자마자 국경없는의사회 조끼를 입은 운전사를 찾았으나 역시 안 보인다. '그럼 그렇지….' 이번이 다섯 번째 파견인데, 운전사가 제시간에 마중을 나온 적은 첫 파견 때밖에 없었다. 혹시나 내가 놓쳤을까 싶어 사람들을 훑으며 공항 입구를 빠져나오니, 또 역시나 택시 기사님이 "택시!" 하며 다가온다. 기사님에게 "택시 말고, 마중 나오기로 한 사람이 나오지 않았으니, 전화기 좀 빌려 달라"고 하고는 방글라데시 사무소랑 통화한다. 택시 기사님이 감사하게도 자기 일처럼 국경없는의사회 운전사랑 통화를 하여 지금 내가 있는 위치까지 자세히 알려 준다.

그 당시 방글라데시도 해외 여행자에게 입국 시 '2주 격리'가 의무사항이었다. 그런 까닭에 어렵사리 만난 국경없는의사회 운전사가 바로 사무소가 아닌 숙소로 데려다주었고, 2주 동안 연락을 주고받을 수 있는 휴대폰과 방글라데시 프로젝트 정보 및 보안 규칙이 적힌 서류 봉투도 함께 전달해 주었다. 그러고는 곧바로 숙소에서 격리가 시작되었다. 숙소에 들어가 보니, 이미 격리하고 있는 다른 활동가가 꽤 있었다. 이들과 격리 동기로서 여러 가지 정보도 교환하고, 지루한 시간도 같이 보내며 슬기로운 격리 생활을 보내는 데 많은 도움을 받았다. 훗날 이때 쌓은 우정(?)은 콕스바자르에 있는 다른 국경없는의사회 병원과 교류할 때 많은 도움이 되었다.

격리하면서 코로나19로 인해 국경없는의사회 활동도 많은 변화가 있었다는 걸 느꼈다. 일단, 사무소로 가서 브리핑을 받는 게 아니라 격리된 상태(방글라데시에 있었지만)에서 모든 브리핑이 온라인으로 이루어졌다. 이로 인해 사람들과 직접 만나서 인사할 기회가 없었다. 격리 중 건강에 이상이 없는지 점검하는 의사의 전화 한 통, 그리고 격리 방에 마스크를 쓰고 찾아온 내 전임자가 멀찍이 떨어져 앉아 두세 시간 현지 병원 상황에 대해 들려준 것이 인수인계의 전부였다. 이날 전임자가 찾아온 것도 그가 예정된 날짜에 떠나야 했기 때문이었다.

무엇보다 현지 직원들과의 교류가 현격히 줄었다. 병원 특성상 전 직원이 항상 마스크를 쓰고 일하다 보니, 9개월간 매일 보던 현지 직원을 마스크 안 쓴 상태로 병원 밖에서 만났을 때는 알아보기도 힘들 정도였다. 그래도 코로나19 이전에는 병원 밖에서 만나 그들의 문화를 접할 기회가 종종 있었는데, 코로나19 이후에는 그런 기회를 만드는 것조차 조심스러웠다. 해외에서 파견된 국제 구호 활동가International Mobile Staff도 사정은 마찬가지였다. 국제 활동가들은 같은 공간에서 함께 생활하다 보니 자신이 감염되어 혹시나 다른 사람에게 피해를 줄까 싶어 서로서로 외부 활동을 자제하는 분위기였다.

더군다나 2021년 3월에서 5월 사이에 방글라데시 내 감염자 수가 급격히 늘면서 전국적인 봉쇄 조치가 취해졌다. 이때는 방글라데시 정부의 방침으로 지역 간 이동이 금지되면서 다른 지역에 갔던 현지 직원들도 오도 가도 못하는 상황이 되었거나 감염되어 격리되고 입원하는 사태까지 발생하였다. 이로 인해 병원 운영에 심각한 위기가 오기도 하였다. 나조차도 가까이서 일하던 직원이 확진되어 밀접접촉자로 분리되어 숙소 방 안에 일주일간 격리되기도 했다. 이때 함께 생활하는 동료들이 제공해 주는 식량에 의지하여 원격으로 근무를 해야만 했다.

팬데믹 상황에서도 활동은 계속된다

입국 후 2주간의 격리를 마치고 파견 현장에 도착한 나의 첫 임무도 코로나19와 직결된 일이었다. 먼저 코로나19에 효율적으로 대응하기 위한 격리 병동을 만들고, 감염증상을 가진 환자와 일반 환자를 분리하기 위하여 병원 동선을 모조리 바꾸는 것이었다. 도착하자마자 2주 동안 병동을 바꾸고, 격리 병동에 필요한 자재들을 채우고, 격리 동선에 대해 직원들에게 교육하는 등 에너지를 모두 쏟아냈다. 그러고 나니, 이제 파견 초반인데 벌써 집에 돌아가고 싶을 정도로 남은 8개월이 너무 길어 보였다.

2021년 3월경 방글라데시 내 코로나19 감염자 수가 하루 10만 명에 육박하자 봉쇄령이 떨어졌다. 국제공항을 비롯하여 모든 대중교통수단이 통제되었다. 난민 캠프라고 예외는 아니었다. 코로나19 의심 환자 또는 가벼운 증상을 가진 확진 환자는 캠프 내 주거 지역에서 격리해야 했다. 그런데 캠프 내 주거 환경을 생각하면 우리가 생각하는 격리가 거의 불가능하여 의료진도 딜레마에 빠졌다. 증상이 가벼워 입원은 필요 없는데, 집으로 돌아가면 격리가 실제로는 불가능했다. 분명 한두 평 남짓한, 햇빛도 잘 들지 않는 방에 열 명 정도가 다닥다닥 붙어 생활할 텐데 어떻게 격리를 이어갈 수 있단 말인가. 병원 내에도 격리 시설이 충분치 않아 경증 환자를 모두 수용할 수는 없었다. 하는 수 없이 우리는 보건증진팀을 통해 최대한 격리 지침을 교육한 후 집에 돌려보냈다. 집으로 돌아간 이후에는 세계보건기구에서 운영하는 캠프 내 역학관리팀이 환자 관리를 해 줄 것이었다.

한국과 달리 전면 봉쇄령이 떨어진 방글라데시는 대중교통도 전면 통제되었다. 그러자 당장 직원들이 출퇴근할 수단이 사라졌다. '여기서 한 시간 반 떨어진 콕스바자르Cox's Bazaar 시내에서 오가는 현지 직원들이 많은데 이를 어쩌지?' 하고 생각하던 찰나 긴급 대책회의가 소집되었다. 봉쇄령이 떨어졌다고 아픈 환자들에게 '이 기간 동안은 아프지 마세요' 할 수는 없는 일 아닌가? 그러기에 병원은 계속 운영되어야만 했다. 하지만 현지 직원의 도움 없이는 병원의 정상적인 운영은 어림없는 소리였다. 행정팀 담당과 현장 코디네이터Field Coodinator는 봉쇄 기간 동안 직원들을 수송할 수 있는 버스를 긴급히 알아보고, 의료진들이 캠프 내 의료 활동을 담당하는 '필수 의료 인력'이라는 통행증을 방글라데시 정부 난민 캠프 담당자로부터 발급받아 이동 허가를 받기로 하고 회의는 마무리되었다.

　이제는 우리 실무진 차례였다. 이 소식을 긴급히 직원들에게 알렸다. 그리고 먼 곳에 거주하는 직원들은 지역별로 묶어서 셔틀버스 운행 계획표를 짜고 배포하는 일을 긴급히 시행하였다. 봉쇄는 당장 시행되는데 캠프 내에서 활동하는 모든 NGO 직원들이 똑같은 상황에 처해 있었다. 이로 인해 버스 구하는 일이 쉽지 않아 며칠 지연되긴 했지만, 다행히 직원들을 수송하는 일이 시작되었다. 또한 수도 다카 또는 고향으로 휴가차 갔다가 봉쇄가 시작되는 바람에 돌아오지 못하는 직원들도 물품 수송을 위해 정기적으로 운행하는 국경없는의사회 차량에 실려(?) 겨우 돌아오기도 했다.

　이렇듯 팬데믹 상황에서 병원을 운영하는 것 자체가 나날이 다이내믹했다. 2주 정도로 예상했던 봉쇄령이 길어지면서 거의 두 달 동안 셔틀버스 운행은 이어졌다. 그러다 보니 직원들도 서서히 지쳐갔다. 하지만 이들도 로힝야 난민을 돕겠다는 생각으로 방글라데시 각 지역에서 온 의료인들이다 보니 이 힘든 환경에도 불구하고 사명감으로 잘 버텨 주었다.

　이렇게 병원을 열어 치료를 이어가기 위해 만반의 준비를 했지만, 봉쇄령 초반 우리 병원을 찾은 외래환자는 일 평균 이삽십 명 수준이었다. 평소 일 평균 백오십 명이 찾던 것에 비하면 현격히 준 상황이었다. 캠프 관리자가 캠프 봉쇄를 강력히 시행한 여파였다. 안 그래도 캠프 주위에 둘러쳐진 펜스로 인해 의료서비스에 대한 접근성이 떨어진 상황에서 봉쇄로 인해 더욱더 난민들의 이동을 제한하다 보니 의료진의 입장에서는 혹여나 아픈데도 못 오는 환자가 있을까 싶어 무척 우려스러웠다. 하지만 여러 사람과 NGO의 우려의 목소리가 통했는지 얼마 후 환자 수는 봉쇄 전 수준으로 회복되었다.

세계 최대의 난민 캠프

과연 1백만 명(경기도 성남시 인구와 맞먹는 숫자)이라는 난민이 생활하는 세계 최대의 난민 캠프의 모습은 어떤 모습일까? 나는 그 모습을 그려보며 콕스바자르에 도착하였다. 콕스바자르 공항에서 40분 정도 벗어나자 천막집들이 산속에 자리하고 있는 모습이 보이기 시작했다. 난민들을 통제하기 위해 캠프 주위로 한창 펜스를 치는 모습이 먼저 들어왔다. 1백만 명의 사람들을 저 펜스 안에 가두려고 하는 것인가?

마침 내가 도착한 날은 급증하는 로힝야 난민을 수용하기 위해 '바샨차르'라는 섬으로 로힝야 난민들을 이주시키기로 한 방글라데시 정부 정책에 따라 난민들이 이동하는 날이었다. 그래서 난민들을 태운 대형 버스들이 연달아 나를 태운 차와 교차하면서 지나갔다. 바샨차르로 이동하면 더 나은 주거 환경을 보장해 주겠다는 방글라데시 정부의 약속이 있었지만, 사람들은 그 약속이 과연 지켜질지 반신반의하면서 마지못해 간다는 소식이 들렸다. 게다가 바샨차르라는 섬 자체가 기존에 사람이 살았던

바샨차르 섬

바샨차르 섬은 벵골만 중앙에 있는 사주(해안의 모래나 자갈로 이루어진 퇴적지형)이다. 2006년까지 존재하지 않았고, 한 번도 사람이 거주한 적 없는 곳이다. 2017년 난민 위기 이후 방글라데시 당국은 미얀마에서 유입된 1백만 명에 육박하는 로힝야 난민 중 일부를 이주시키는 장소로 바샨차르를 지정했고, 2020년 12월 이후 약 1만 4천여 명의 난민이 바샨차르로 이주했다. 당시 방글라데시 정부는 총 10만여 명을 이주시킬 계획을 가지고 있었으나 이 섬의 거주 적합성과 지속가능성에 대한 의문점은 해소되지 않았다. 바샨차르는 본토에서 약 60킬로미터 떨어진 곳에 위치해 있고, 본토로 가는 교통수단은 방글라데시 군이 관리하는 정기 왕복 선박뿐이었다.

국경없는의사회는 2021년 당시 로힝야 난민의 바샨차르 이주에 대해 "의료적인 관점에서 매우 우려되는 일"이라 밝힌 바 있다. 당시 국경없는의사회가 가진 정보에 의하면, 바샨차르 섬에는 현지 비영리단체에 의해 제공되는 기초 의료서비스만 있어 2차 및 전문 의료서비스 이용이 불가하고, 바샨차르 섬이 본토에서 배로 3시간 거리에 있다는 점을 감안할 때 응급의료서비스가 필요한 환자를 병원으로 이송할 수 있는 방법이 불분명하다는 점이 이유였다.

터가 있었던 곳이 아니라 사람이 살 만한 땅이 아니라는 얘기도 들려왔다. 추후에 어떻게 될지 두고 볼 일이었다.

병원에 출근하니 로힝야 출신 자원봉사자들이 있었다. 로힝야 환자들의 문화와 언어를 이해하기 위해서 이들의 역할이 중요했다. 소수민족인 로힝야족은 미얀마 라카인주에 살 때부터 시민권 없이 살았다고 한다. 그러다 보니 우리가 당연히 받는 혜택들, 예를 들어 의료, 교육 등의 사회서비스를 이용해 본 경험이 많이 없었다. 이들은 아파도 병원보다 신에 의지해서 살아가는 것이 더 익숙했다. 그런 까닭에 이들은 병원을 찾는 일이 익숙지 않고, 의료진들이 낯설었다. 병원에서 제공하는 의료서비스보다 마을의 민간요법을 더 선호하는 경향이 있어 치료에 어려움이 있었다. 더러 병원에 오더라도 권하는 치료를 잘 수용하지 않고, 조금만 나아도 바로 퇴원해서 집에 가겠다고 하니 의료진의 한 사람으로서 늘 안타까웠다. 심지어 의사가 원하는 날 퇴원 지시를 해 주지 않으면 홀연히 사라져 버리는 경우가 왕왕 발생하기도 했다. 이를 방지하기 위해 위원회도 만들고 대책을 찾기 위해 머리를 맞대었지만 짧은 시간 내에 이들의 인식을 바꾸기란 정말 쉽지 않았다. 이런 일들에 힘쓸 수 있는 사람들이 바로 로힝야 출신 자원봉사자들이었다.

그들 중 특별히 기억나는 친구가 한 명 있다. 그의 이름은 라제쉬, 정말 유쾌한 친구였다. 내가 파견 나간 병원의 동료들 중에는 스페인에서 온 친구들이 많았는데 그 사람들에게 유창하게 스페인어로 인사를 하여 사람들을 놀라게 하곤 하였다. 알고 보니 그는 미얀마에 있었을 때 외국어 교사였다고 했다. 그래서 스페인에 연수도 다녀온 적이 있다고 했다. 영어도 훌륭하게 구사를 해 우리와 로힝야 사람들을 이어 주는, 병원에는 없어서는 안 될 존재였다. 지금은 난민이 되어 콕스바자르 캠프를 벗어나지 못하고 교사도 못 하게 되었지만, 현실을 부정하지 않고 지금 있는 자리에서 최선을 다하는 친구였다. 환자가 위독해 수혈이 필요할 때는 두 발 벗고 캠프를 돌아다니며 헌혈할 사람들을 찾아다니고, 헌혈을 꺼리는 사람을 설득하며 많은 생명을 살리는 친구이기도 했다.

한순간에 난민이 된다는 건 어떤 느낌일까? 갑자기 내게 이동할 수 있는 권리가 사라지고, 원하는 공부도 하지 못하고, 일을 할 수 있는 권리가 사라진다면 내 삶은 어떻게 변할까? 상상만으로도 암울하고, 못 견디게 답답하지 않을까? 그런데 우리 자원봉사자들은 늘 밝게 웃으며 먼저 인사를 건네며 다가왔다. 그리고 자신이 처한 바로 그 자리에서 누군가에게 도움이 될 일을 찾아서 해내는 모습이 대단하게 느껴졌다. 인도주의 활동을 하는 현장 활동가로 산다고 하면 내가 만나는 대부분의 한국 사람들은 "어머, 좋은 일 하시네요", "그런 험지에 가서 일하신다니 대단하세요"란 말들을 하는데, 정말 나는 순전히 내가 하고 싶은 일을 하려고 오는 '이기적인 존재'일 뿐이라는 것을 이들을 보면 다시 한번 느낀다.

아이를 버리고 사라진다고?

내가 9개월 동안 근무할 병원을 처음 방문한 날, 병원 동료들은 루비라는 아이를 꼭 만나야 한다면서 아이가 있는 곳으로 나를 데려갔다. 포동포동한 한 아기가 간호사의 품에 안겨 나를 보며 반갑게 손을 흔들며 인사를 한다. 병원 동료들이 이 행복해 보이는 아이를 가리키며 나에게 이렇게 소개했다.

"우리 병원의 마스코트, 우리 아기야."

"응? 우리 아기라고? 그게 무슨 말이야?"

잠시 어리둥절했던 나는 동료들이 들려준 사연을 다 듣고 난 뒤에야 사정을 이해할 수 있었다.

약 9개월 전 로힝야 난민 캠프에서 온 한 여인이 루비를 출산한 뒤 아이를 병실에 그대로 두고 사라졌다고 한다. 그 직후 근처 난민 캠프를 수소문하여 그 여인을 찾았지만, 아이 엄마는 아이를 데려가길 거부했다고 했다. 성폭력에 의한, 원치 않은 아이였기 때문이었다. 그 후로 병원이 아이의 집이 되고, 의료진이 아이의 엄마, 아빠가 되었다는 것이다. 병원 스태프들이 번갈아 아이 우유를 챙기고, 방을 마련해서 아이가 자랄 수 있는 환경을 마련해 주었다고 한다.

그래서 병원 스태프들이 거의 키운 거나 다름없는 이 아이에 대한 애정이 남달랐던 것이었다. 시간이 지나면서 병원 스태프들이 아이를 돌보는 데 한계에 다다르자, 병원에서는 아이를 24시간 담당할 수 있는 자원봉사자를 구했다. 다행히 도움을 주는 사람들이 있어 지금까지 아이가 건강하게 자랄 수 있었다. 아이에게 필요한 옷이며, 아기용품들도 병원 스태프들과 자원봉사자들이 가져와 충당할 수 있었다고 한다.

하지만 병원에서 자란 아이는 잔병치레가 잦아서 폐렴과 세기관지염으로 여러 차례 입, 퇴원을 반복했다. 병원 스태프들에게는 한없이 사랑스러운 아이지만, 국경없는의사회 입장에서는 아이를 병원에서 키운다는 것이 아이에게도 좋지 않을뿐더러 안정적인 안식처를 마련해 주는 것이 시급한 과제였다. 그렇게 3개월이 더 지나 아이가 첫 번째 생일이 지난 즈음에 지역사회 다른

NGO들과의 연계를 통해 다행히 병원 근처에 사는 방글라데시 현지 가정에 입양이 이루어졌다.

우리 병원에서는 하나의 사례에 불과하지만, 난민 캠프 근처 여러 병원에도 똑같은 일이 반복되고 있었다. 난민 캠프는 다양한 규모의 수십 개의 구역으로 나뉘어 관리되고 있는데, 그중 가장 규모가 큰 쿠투팔롱 난민 캠프와 가까운 국경없는의사회 병원에도 다달이 아이를 두고 사라지는 산모들이 있다고 한다. 많을 때는 한 번에 최대 다섯 명까지 수용할 때도 있었다고 한다. 이렇듯 캠프 내 성폭력에 대한 취약성으로 인해 원치 않은 임신 사례가 많다. 난민 캠프 내 큰 이슈 중 하나로 해결을 위해 많은 노력이 필요한 부분이었다.

우리나라는 저출산으로 인구절벽 위기에 처해 있지만, 로힝야 난민촌 안에서는 인구가 급속도로 불어나 캠프의 수용 능력을 점점 넘어서고 있다. 2017년 유엔난민기구UNHCR가 추정하기로 로힝야 난민은 약 80만 명이 탈출한 것으로 보고하고 있는데, 2021년 현재 난민 1백만 명 정도가 콕스바자르에 거주하고 있다고 추정하고 있다. 지난 5년 사이 인구가 그만큼 늘어난 것이다. 그러다 보니 아이들은 캠프에 넘쳐나고, 아이를 사고파는 인신매매로 이득을 취하는 사람들마저 생겨났다.

실제로, 어느 날 병원에 한 엄마가 생후 3개월 정도 된 아주 깡마른 아이를 데리고 응급실에 방문했다. 그 아이는 일반적으로 포동포동한 아이들과는 대조적으로 한눈에 보기에도 피부가 쭈글쭈글하고, 머리카락이 푸석푸석하였다. 또한 눈은 튀어나왔으며, 숫구멍fontanel 부분이 움푹 패어 있었다. 한눈에 봐도 영양실조가 심각한 아이여서 '입원 치료식 센터ITFC'에 입원을 하였다. 안타깝게 엄마가 정신질환을 앓고 있어 제대로 된 돌봄을 받지 못한 것 같았다. 우리는 다소 공격적인 성향을 보이는 엄마에게도 정신건강 지원을 제공하며, 아이에게 안정적이고 아이 돌봄에 집중할 수 있는 환경을 제공하였다. 물론 아이에게는 엄마 모유가 제일 좋지만, 정신질환약을 복용하기 시작하여 모유 수유도 불가능한 상태였기 때문에 치료식을 제공하여 치료를 시작하였다.

아이는 입원한 2주 동안 눈에 띄게 좋아졌다. 처음에는 F-75(75kcal/100ml)라 불리는 단백질과 나트륨을 제한한 우유를 제공하여 몸의 균형을 맞추었다. 그러다 F-100(100kcal/100ml)을 제공할 때는 살이 본격적으로 올라 안정적인 단계에 이르러 퇴원할 수 있었다. 엄마의 모유 수유가 불가능하여, 집으로 퇴원하더라도 아이가 계속 우유를 제공받을 수 있도록 캠프 내에서 영유아에게 식이를 지원하는 NGO와 연계를 시도하였다. 그러던 도중 충격적인 소식을 듣게 되었다. 연계하려던 NGO에서 난민촌 주민들에게 여러 가지 조사를 하던 중 이 아기가 인신매매의 위기에 처해 있다는 소식을 듣게 된 것이었다.

사실 아이의 부모는 병원에 오기 전에 이미 아이를 팔려고 시도를 했다. 하지만 아이를 건네받으려던 상대가 아이의 영양실조가 너무 심하여 매매를 거부하였다고 한다. 그래서 엄마가 아이를 병원으로 데려온 것이었다. 그래서 아이가 치료를 받아 건강해지면, 다시 부모가 아이를 매매할 생각이라는 얘기까지 듣게 되니 뭔가 아이러니한 상황이 아닐 수 없었다. 아이는 병원에서 건강해져서 의료진은 보람을 느끼고 있었는데, 아이가 건강해지면 부모의 품을 떠나 다른 곳으로 팔려 갈 운명에 처한다고 하니 당황스러웠다. 의료진으로서 아이를 이대로 퇴원시켜도 괜찮은 건지 난감했다. 일단, 좀 더 사실을 알아보기 위해 퇴원을 며칠 미뤘다.

그사이 의료진 및 임상심리사와 부모의 면담이 이루어졌고, 주위에 아이의 돌봄을 제공할 수 있는 친할머니를 그 NGO에서 찾아가 지속적인 분유 지원을 약속하며 설득하려고 했다. 하지만 며칠은 그 아이를 보호할 수 있지만, 계속 그 아이를 돌볼 수는 없었기에 며칠 후 부모와 친할머니에게 간곡히 부탁한 후 퇴원시켰다. 거기까지가 의료구호단체인 우리의 역할이었다.

그 후 그 아이의 운명이 어떻게 되었는지 나는 알지 못한다. 다만, 어디에 있든 따뜻한 부모의 품에서 잘 자랐으면 하는 바람이다.

기후 위기는 난민들을 더 힘들게 한다

콕스바자르에 9개월간 머물면서, 여러 가지 자연현상(?)에 직면했다. 로힝야 난민 캠프에 큰 화재가 발생해서 다수의 사상자가 발생했고, 홍수로 인해 도로가 끊기고, 산사태의 위험에 처하기도 했다. 그리고 피해는 없었지만 지진을 겪기도 하였다.

2021년 3월경, 우리 프로젝트 의료팀장Project Medical Referent 엘레나가 급히 메시지를 보내왔다. 캠프 내에서 큰 화재가 발생했다고, 우리도 '대규모 사상자 대응 계획Mass Casualty Plan'을 발동해야 할 것 같다고 준비상황을 체크해 달라는 메시지였다. 메시지를 받자마자 병원 밖을 나와 캠프 쪽을 바라보니 연기가 피어오르고 있었다. 우리 쪽 캠프와는 꽤 멀리 떨어진 캠프였지만, 사상자가 많을 경우 우리 병원까지 이송돼 올 수 있으니 만반의 준비는 하고 있어야 했다. 그 후 각 파트의 책임자들이 모여 긴급 대책회의를 열었다. 회의를 시작할 때 엘레나가 현재 상황을 브리핑해 주었는데, 화재가 난 주변의 국경없는의사회 병원 및 다른 NGO 병원도 전소되었다고 했다. 불에 잘 타는 소재의 비닐로 지어지고 과밀집된 난민촌의 불길을 잡기가 어려웠던 모양이었다.

퇴근 시간 즈음 큰불은 잡힌 것 같다는 이야기가 들려왔다. 하지만 우리는 혹시 모를 상황에 대비해 퇴근 시간 이후에도 대기하기로 했다. 각 환자 중증도 분류에 따른 응급 구역에 맞게 약을 준비하고 필요한 물품을 채우는 작업을 진행하였다. 날이 어둑어둑해지고, 작은 불빛에 의지하여 캠프 쪽을 바라보니 이제 연기는 거의 보이지 않았다. 다행히 한두 명의 화상 환자와 전소된 병원에서 환자가 이송돼 오긴 했지만, 병원은 비교적 조용하게 그 밤을 날 수 있었다. 덕분에 대기하고 있던 우리도 숙소로 귀가하여 하루를 정리하였다.

그후에 뉴스를 확인하니 약 열다섯 명이 사망하고, 오백육십여 명의 부상자가 발생하고, 최대 1만 가구가 이번 화재로 소실되었다고 하니 엄청나게 큰 화재였다. 유엔에서는 피해를 본 가구에 임시 거처를 마련하고 국경없는의사회에서도 피해자들에게 비식량 구호 물품과 정신건강 지원을 제공하였다. 며칠 후 콕스바자르 시내로 나가는 길에 도로에서 본 캠프의 모습은 많이 바뀌어 있었다. 빼곡히 들어찼던 집들과 도로에서도 늘 보이던 타 NGO 병원도 다 사라지고 불에 탄 검은 흔적만이 그곳을 덮고 있었다. 화재의 위력을 새삼 실감했다.

비가 며칠간 쏟아부었다. 정말 쉼 없이 내린다는 표현이 딱 맞을 정도로 한시도 쉬지 않고 며칠간 내리더니 여기저기서 물난리가 났다. 요란하게 내리는 빗소리와 이슬람 사원에서 들려오는 새벽 기도 소리로 잠을 이루지 못하고 뒤척인 날 아침, 출근하기 전부터 전화기가 울리기 시작했다. "쏭(나의 발음하기 어려운 이름 때문에 파견지의 동료들은 '쏭'이라 부른다), 지금 병원 가는 도로가 끊겨서 못 가고 있어요. 다른 간호사 동료도 같은 상황이에요. 어떻게 해야 하죠?"

나를 도와 병동을 관리하는 샤히누르가 알려왔다. '아, 어쩌지' 나도 속으로 난감하였다. 일단 안전한 곳으로 대피하여 대기하고 있으면, 우리 팀 물류 담당자와 현장 코디네이터와 상의 후 알려 주겠다고 하였다. 데이 근무의 간호사들이 오지 않으면 나이트 근무자들이 환자를 두고 그대로 퇴근할 수도 없는 상황이었다. 그렇다고 위험할 수도 있는 상황에 어떡하든 오라고 강요할 수도 없었다. 난감한 상황이었다. 숙소에 같이 사는 다른 팀들과 논의하여 일단 물류 담당자를 급파하여 도로의 상황이 어떤

지 살펴보기로 했다.

그사이 나는 상황을 살피려고 부리나케 출근길에 오르니 다행히 숙소에서 병원 가는 도로는 괜찮았다. 대부분의 병원 스태프가 사는 콕스바자르 시내에서 병원으로 오는 포장된 도로가 한 개 있는데 그 도로가 중간에 잠긴 모양이었다. 병원에 도착해보니 다행히 가까이 사는 간호사와 로힝야 자원봉사자들은 먼저 출근해서 분주하게 움직이고 있었다. 라제쉬에게 로힝야 캠프 상황을 물으니 자기가 있는 캠프는 괜찮은데 다른 친척이 있는 캠프는 많이 잠겼다고 했다. 그러면서 집이 거의 잠겨 사람들이 지붕 위에 올라가 피신해 있는 사진, 다른 집으로 수영해서 가는 사진 등을 아무렇지 않게 보여준다. 내가 "어떡하냐"면서 안타깝게 바라보니, "그러게요. 제가 여기 4년간 살면서 이런 비는 처음 봤어요. 비가 빨리 멈춰야죠. 지난 3월에는 화재가 크게 나고 이번에는 홍수네요. 캠프에서 살기 정말 힘들어요"라며 푸념했다.

일단 홍수가 난 상황에도 병원은 운영되어야 했다. 병원 간호사 중 비 때문에 못 나온 간호사 수를 살펴보고, 급하게 가까이 사는 간호사들에게 연락을 돌려 나올 수 있는 사람들에게 근무표를 바꿔 달라는 연락을 취하기 시작했다. 이런 일 역시 간호 활동 책임자Nursing Activity Manager의 몫이었다. 그사이 물류팀이 도로가 끊긴 곳까지 가서 반대편 끊긴 도로에서 대기하고 있던 의료진 중 물에 잠긴 대략 30~50미터쯤 되는 구간을 걸어서 건너올 수 있는 의료진을 데려오고 있다는 소식이 들려왔다. 그 순간 안도의 한숨을 쉴 수 있었다. 그렇게 요란하게 시작된 하루는 그래도 아침 회진 등 일과대로 순조롭게 흘러가는 듯했다. 대나무로 지어진 병원은 여러 군데 누수가 있긴 했지만, 환자들을 누수 없는 곳으로 이동시켜가며 치료를 이어 나갈 수 있게 하였다.

이렇게 비가 많이 오는 날의 외래와 응급실은 중증 응급 환자가 아니고서는 병원에 오지 않아 환자가 많지 않다. 병원에 올 수 있는 접근성이 현저히 떨어지기 때문이다. 이런 날 캠프에 응급 산모라도 있으면 정말 온갖 역경을 뚫고 병원에 오거나 오지 못할 수도 있는 것이다. 코로나19로 봉쇄령이 떨어져 캠프 밖 이동이 자유롭지 않았을 때는 우리가 캠프 관리자에게 구급차를 안으로 들여보내 달라는 허락을 겨우 받아 응급 산모를 데려오기도 하였다.

하지만 이렇게 홍수가 난 상황에서는 도로가 온전치 않고 민둥산 위에 지어진 캠프로 인해 산사태의 위험도 높아 차를 타고 캠프로 가는 게 거의 불가능하다. 신생아실 회진을 돌고 있는데 창밖으로 보이는 풍경이 흡사 병원이 바다 위에 떠 있는 것 같았다. 물이 점점 차오르고 있는 것 같았다. 이미 다른 국경없는의사회 병원은 물에 잠겨 환자들을 이쪽으로 이송하겠다는 연락이 여기저기서 울리고 있었다. 만일의 사태를 대비하여 뭔가 대책이 필요했다.

일단 물에 잠길 시 위험할 수 있는 전선들을 바닥에서 치우고, 의료기기와 의료용품들을 최대한 높은 지대로 이동시켰다. 낮은 지대에 있는 신생아실은 입구로 물이 들어와 바지를 걷고 물을 퍼내기 시작했다. 퇴원하는 환자들이나 잠시 병원에 방문했다가 고립된 보호자들도 집에 돌아갈 방법이 없으니 일단 병원의 빈 병실에 머무르게 하거나 쉴 곳을 마련하여 끼니와 안식처를 제공하였다. 다행히 우리 병원은 많은 피해를 보진 않았지만, 유엔난민기구에 따르면, 이번 집중호우와 산사태로 난민과 현지 주민 포함 스무 명이 사망하고, 30만 명 이상이 고립되었다고 한다. 그리고 4천여 가옥이 훼손되거나 무너졌다고 하니 그 위력이 어마어마했다.

안 그래도 위태롭게 살아가는 난민들에게는 더없이 힘든 상황이 아닐 수 없었다. 홍수로 간이화장실이 넘쳐 취약한 식수와 위생 시설이 큰 문제를 불러왔다. 이 영향으로 콜레라 같은 수인성 질환의 위험성이 높아져 사람들은 비가 그쳐도 또 다른 위험에 직면할 수밖에 없었다. 얼마 후 역시나 예상했듯이 콜레라 환자가 산발적으로 발생하여, 병원 입구 왼쪽에 있던 창고를 콜레라 병동으로 변경하여 환자들을 치료하기 시작했다. 비가 그치고 끊긴 도로는 며칠 후에 복구가 되었지만, 그들의 일상은 한참 후에나 회복되기 시작했다.

온갖 재해에 취약한 9개월의 콕스바자르 생활의 대미(?)는 지진이 장식해 주었다. 직접적인 피해는 없었지만, 진앙지가 로힝야족이 넘어온 라카인주로 우리 숙소에서도 아스라이 보이는 미얀마 영토에서 발생한 지진이었다. 밤 11시경, 침대에 누워 잠을 청하고 있었는데, 갑자기 건물이 세차게 흔들리며 어지러운 느낌이 들었다. 천장에 달린 선풍기도 좌우로 흔들렸다. '뭐지?' 하며 깜짝 놀라 침대에서 일어나 방 밖으로 나갔다. 같은 층에 있는 다른 동료들도 놀란 듯 방문 밖으로 나왔다. 캐나다에서 온 레이첼도 "방금 뭐였어? 지진인 건가?" 하며 나를 바라보았다. 그러면서 우리는 겁에 질린 듯 서로를 걱정했다.

이때 일본인 친구가 옥상에서 커피잔을 들고 유유히 내려오며, "지진 맞아. 걱정할 것 없어. 가볍게 지나갔으니까" 하며 대수롭지 않게 말하며 지나갔다. 내가 놀라서 "나 지진 처음 느껴 봐. 가볍지는 않았던 것 같은데…. 벽에 금도 간 것 같고…"라고 말하니, 일본인 친구는 콧방귀를 뀌며 "이 정도는 일본에서는 아무것도 아니야" 하며 여유롭게 방으로 들어갔다. 그녀를 보고 우리는 '역시 일본인은 지진에 익숙하구나' 하며 놀란 가슴을 진정시키고 다시 방에 들어가 잠자리에 들었다. 다음 날 라제쉬에게 로힝야 캠프는 지진으로 피해가 없었는지 확인했더니, 다행히 괜찮았다는 대답이 돌아와 안심했다.

오늘날 기후 변화는 우리나라를 포함한 전 세계 곳곳에서 자연의 무서움을 보여주고 있다. 특히나 본 주거지가 아니라 산에 나무를 베어 임시로 만든 거처에 머무는, 여러 환경에 취약한 난민 캠프는 기후 변화의 영향에 직격탄을 받는다는 것을 몸소 체험할 수 있었다. 이러한 환경을 버텨내고 있는 난민들의 고통을 줄이고자 국경없는의사회에서도 기후 위기를 심각하게 받아들여 탄소배출을 줄이기 위한 여러 전략을 짜내고 있다.

한시도 조용한 날이 없어

내가 일했던 고얄마라Goyalmara 병원은 난민들이 대규모 유입되던 초기에 디프테리아라는 감염병이 발생해 환자들을 수용하기 위한 치료소로 시작했다. 그러다가 본격적으로 아동과 산모를 수용하기 위한 병동을 짓고 현재 병원의 모습으로 발전하였다. 그 당시 로힝야 난민에 쏠린 세계적 관심과 국제 NGO들의 전례 없는 대규모 활동이 집중되어 이곳에서 일해 보고 싶은 젊은 의료인들이 방글라데시 전역에서 모여들었다.

국경없는의사회는 세계 보편적 의료 수준과 기준을 갖추고 의료진의 역량 강화를 위해 수준 있는 교육의 기회를 제공한다. 그러다 보니 현지 의료인들 사이에서도 꽤 인기 있는 직장으로 통해서 의료인들이 많이 모여들었다. 이 같은 현지 인력들과 국제 구호 활동가의 노력을 비롯해서 세계 각지에서 보내 준 기부금을 통해 고얄마라 병원은 현재 어린이 병동과 응급실, 정신건강 지원센터, 코로나19 검사실이 있고, 산모와 신생아 그리고 그당시 난민 캠프에서는 유일하게 신생아 지속적양압환기CPAP(신생아호흡곤란증후군일 때 사용하는 집중치료요법) 치료를 할 수 있는 제법 큰 병원이 되었다. 간호 활동 책임자로 나는 이곳에서 총 다섯 명의 병동 책임자와 약 팔십여 명의 간호사와 간호조무사들과 함께 일을 하였다.

매일매일이 새로운 날의 연속이었다. 한번은 예기치 못한 상황에 처하기도 했다. 지역 주민들이 국경없는의사회에 항의 차원으로 데모를 하고 있다는 얘기가 들려온 것이다. 그 이유를 밝히려면 난민과 그들을 수용하는 수용공동체host community의 관계부터 이야기해야 한다. 유엔난민기구에 따르면, 난민이 발생할 때 난민 다섯 명 중 네 명은 주변 국가에서 수용하게 되는데, 이 주변 국가들은 대부분 중·저소득 국가에 속한다고 한다. 중·저소득 국가는 안 그래도 보건의료 시스템이 그 나라 취약계층에게 닿지 않는 경우가 많다. 그런데 난민을 수용하면서 많은 NGO와 유엔 기관들이 난민들에게만 각종 혜택을 제공하니 원래 그곳에 살았던, 하지만 난민들을 수용할 수밖에 없었던 수용공동체와 난민 사이에 갈등이 일어나는 것은 어찌 보면 당연한 일이 아닐까 싶다. 그래서 이런 갈등을 최소화하기 위해 대부분 여러 NGO들은 자신들의 활동에 현지 주민을 포함시켜 구호 활동을 펼쳐 나간다. 우리 병원도 난민뿐만 아니라 이 지역 주민에게도 무료로 의료서비스를 제공한다. 그러다 보니 우리 병원을 이용하는 환자의 약 40% 이상은 지역 주민이다.

이와 더불어 지역 주민에게 일자리를 제공한다. 가급적이면 지역 주민을 채용하여 상생할 수 있는 길을 마련하기 위해서이다. 그런데 원칙이나 취지는 다들 공감하고 따르려고 하지만 실제 적용이 가능하냐는 다른 차원의 문제이다. 특히 사람의 생명을 다루는 의료진 채용의 경우는 더욱 그렇다. 워낙 난민촌이 있는 지역이 국경지대이고 시골 지역이다 보니 지역 주민들 사이에서 우리가 요구하는 의료 교육 수준과 경력을 가진 사람이 많지 않다. 게다가 다른 지역에서 지원하는 이들의 역량이 더 뛰어날 경우 그들을 채용할 수밖에 없는 것이 현실이다.

그런데 이것이 지역 주민을 화나게 만든 계기가 되었던 모양이다. 보건증진 활동가와 간호조무사 채용 면접이 있는 날, 채용 면접자들이 면접 시간에 맞춰 오기 어려울 것 같다는 연락이 온 것이다. 지역 주민들이 다른 지역 출신 지원자 채용에 항의하는 차원으로 길을 가로막고 콕스바자르 시내에서 들어오는 면접자들을 못 가게 막고 있다는 것이었다. 이에 우리 프로젝트 총책임자는 주민 대표를 만나 상황을 설명하고 갈등을 해결하기 위한 논의를 이어나갔다. 우선 대책으로는 보건증진 활동가나 간호조무사 채용에 도움이 될 수 있는 교육을 제공하는 것으로 일단락이 되었다. 환자 치료를 위해 수준 있는 의료의 질을 유지하고 제공하기 위해 당장 지역 주민을 채용할 수는 없지만, 그들에게 교육의 기회를 제공하겠다는 것이었다.

그래서 우리 관리자들과 함께 이들을 교육하기 위한 교육 프로그램을 개발하여 교육과 실습을 몇 차례 진행하여 지역 주민들과의 갈등을 잠시나마 완화시킬 수 있었다. 하지만 로힝야 난민 캠프가 장기화되면서 일어날 수 있는 난민과 수용공동체 사이의 갈등을 보다 효과적으로 중재해 나갈 장기적인 계획이 필요한 부분이기도 하였다.

고얄마라 병원을 떠나며

방글라데시 프로젝트로 모국의 보호를 받지 못하는 '난민'이라는 특수한 지위에 처한 사람들을 만나보게 되었다. 파견 활동을 하는 동안 난민들이 겪는 특수한 환경도 몸소 느끼게 되었다. 나는 만약 이곳에서 어떤 불의의 사건이 터진다면, 이 환경을 벗어나 돌아갈 나라가 있고, 이 상황을 모면해서 떠나갈 곳이 있다. 하지만 이들은 그 누구에게도 보호받지 못하고 환영받지 못한 채 현재 상황을 온전히 받아들여야 하는 사람들이다.

매번 파견지에서 집으로 돌아갈 때, 나는 집으로 돌아가서 가족과 친구를 만날 생각에 무척 기뻤다. 하지만 한편으로는 이 어려운 상황을 계속 겪어야 하는 주민들을 남겨 두고 가야 한다는 안타까운 마음도 들곤 했다. 이번 프로젝트는 특히 집으로 돌아가는 마음이 더 무거웠다.

아직도 로힝야 난민들은 집으로 돌아가지도 혹은 안정된 새로운 주거지를 찾아가지도 못하고 아주 가느다란 희망의 끈을 잡은 채 하루하루를 살아가고 있다.

따뜻한 마음은
따뜻한 마음을 낳고

문소연 | 약사

두 번째 파견, 라이베리아의 몬로비아로 향하다

인천에서 두바이까지 9시간, 두바이에서 가나의 아크라까지 7시간, 아크라에서 다시 라이베리아 수도 몬로비아Monrovia까지 4시간. 비행기가 데려다주는 대로. 2022년 7월 5일 저녁, 몬로비아에 도착했다. 국경없는의사회는 이곳 몬로비아에서 어린이병원을 운영하고 있었다. 그것도 응급실, 중환자실, 일반 병동, 영양실조 집중치료실, 수술실을 모두 갖춘 어린이병원이었다. 실질적으로 라이베리아에서 거의 유일하게 접근 장벽이 낮은, 소아과 수술이 가능한 어린이를 위한 의료시설인 셈이다.

몬로비아에 도착하자마자 국경없는의사회 사륜구동 지프차를 타고 게스트하우스로 직행했다. 코로나19로 인해 입국 후 일주일간 격리해야 했기 때문이다. 그곳에서 코디네이터들과 테라스 간이테이블에 앉아 브리핑을 갖고, 건네받은 노트북으로 약국 재고 목록도 파악하고, 메일도 확인하며 일주일을 보냈다. 마침내 격리가 끝나는 날, 나는 차로 30분 거리에 있는 프로젝트 현장, 그리고 파견 기간 내내 내가 지낼 곳으로 갔다. 방이 넓지는 않지만, 화장실도 딸려있고 에어컨도 있었다. '오, 생각보다 괜찮은데!' 행정 책임자Administration Manager인 니코가 내가 머물 숙소로 안내하고 맥주를 한 병 내주었다. 이번이 첫 번째 파견이냐고 나에게 물었다.

"두 번째. 첫 번째는 작년에 말라위로 갔었고, 이번이 두 번째야."

이런저런 얘기를 나누는 중에 소아과 의사가 병원에서 돌아왔다.

"안녕. 난 새로 왔어. 소연이야."

"응, 안녕. 난 조쉬라고 해."

니코가 오늘 어땠냐고 안부를 물으니 "오늘 아이 세 명을 잃었어"라고 힘없이 대꾸했다. 그러고는 그가 식탁에서 저녁을 먹는데 고양이(쥐와 바퀴벌레 때문에 고양이를 기르곤 한다)가 그의 접시를 건드렸다.

"누가 문 열어 놨어. 이 고양이 좀 어떻게 할 수 없어!"

그렇게 어두운 기운을 내뿜는 것이 그의 첫인상이었다. 나중에 친해지고 나서 "너, 첫날 되게 시니컬했다"고 하니, "무례했다면 미안해. 그날이 최악의 날 중의 하루였어"라고 했다. 병원 일을 더 이해하고 나서야 나도 하루에 세 명의 아이를 잃는다는 것이 어떤 의미인지 짐작할 수 있었다.

의료진 모두가 함께하는 질 향상 수요대회진

조쉬는 숙소에서 유일한 맥주 친구가 되었다. 이 프로젝트에 함께하는 국제 활동가는 일고여덟 명 정도 규모였는데 어쩐 일인지 어울려서 술을 마시는 사람은 우리 둘뿐이었다. 사우디아라비아에서 온 그는 캐나다에서 소아과 전문의를 땄다고 했다. 이번이 그의 첫 파견 활동이라고 했다. 둘이서 대화를 나누는 중에 그가 물었다.

"넌 병원에서 일했어?"

"응. 대학병원에 있었어. 그만두기 전 마지막 1년은 무균조제실에서 주로 항암제 조제하는 일을 했어. 일주일에 한 번씩 혈액내과 회진을 같이 돌기도 하고…."

"그래? 그럼 오전에 중환자실 회진, 같이해 줄 수 있어?"

"응, 완전 좋아 I would love to."

"처방을 좀 봐 줬으면 좋겠어. 신장 기능, 간 기능에 따라서 용량 조절이 필요할 텐데, 그것도 좀 중재해 주고, 상호작용도 봐 주면 좋겠어. 전반적인 처방 리뷰도 해 주면 좋겠다. 처방 오류가 많아."

사실 약사로서는 의사가 회진하자고 먼저 요청해 주면 고마운 일이다. 그는 몇 번이나 공적인 자리에서 내가 회진에 참여해 준다고 치켜세웠다. 그럴 때마다 민망하면서도 마음 한편으로는 제 몫을 하는 것 같아 스스로가 대견하면서 이번 활동에 대한 기대감이 차올랐다.

그렇게 매주 수요일, 의사를 비롯해서 간호사, 보조 의사 Physician Assistant, 약사인 나까지 함께 중환자실의 모든 환자를 돌아보는 '질 향상 수요대회진'이 시작되었다. 이 회진에서 입원한 모든 환자의 엑스레이, 혈액검사 결과를 검토하고 약물치료 계획도 점검했다. 이때 나는 수요일 10시에 회진을 시작하면 8시부터 열다섯 명 중환자실 환자들의 진료기록을 미리 살피고, 약물치료 프로토콜에 맞게 처방이 되었는지, 용량은 적절한지, 불필요한 약이 처방되지는 않았는지, 빠뜨린 약은 없는지, 이 환자에게 투여되면 안 되는 약이 처방에 있지는 않은지, 혈액검사 결과지가 있다면 가장 최근의 결과가 처방에 적절히 반영되었는지 등을 점검하였다.

조쉬는 로빈 윌리엄스가 주연을 맡았던 영화 〈패치 아담스〉에서 많은 영향을 받았다고 했다. 회진을 하며 내가 본 그는 까칠했던 첫인상과는 달리 환자를 인격적으로 대했다. 그는 질병 자체를 넘어 아이가 얼마나 아름답고 용감한지를 살필 줄 알았다. 현지 직원들 교육에도 열심이라 하나라도 더 알려 주려 회진 때마다 질문을 던지는 덕분에 나도 많이 배울 수 있었다.

한 방울이라도 털어 써야 할 귀한 약

　기본적으로 국경없는의사회 파견 활동에서는 약의 품질을 보장하기 위해, 국제주문International Order을 통해, 유럽에 있는 국경없는의사회 자체 물류센터에서 약을 조달한다. 물론 특수한 상황에서는 현지 구입을 하거나 다른 단체에서 기부를 받기도 한다. 하지만 이렇게 외부에서 의약품 또는 의료용품을 받아서 사용할 경우, 본부로부터 승인을 받아야 한다.

　그러던 어느 날 '글루콘산칼슘'이 바닥난 것을 알았다. 글루콘산칼슘은 고칼륨혈증(심정지를 일으킬 수 있으므로 다른 전해질 불균형보다 위험하다)에서 직접적으로 칼륨을 낮추지는 않지만, 심장이 계속 뛰도록 보호하는 역할을 하는 약이다. 병원에는 유효기간이 3개월 지난 앰플만 남아 있었다. 약을 확보하기 어려운 특수한 상황에서는 유효기간이 지난 약을 쓰는 편이 유효기간이 지난 약이라서 쓰지 않는 것보다 더 이롭다고 의료팀장Medical Team Leader가 판단한다면 사용할 수도 있다. 그러나 애석하게도 아무도 그 책임을 지려 나서지 않았고, 제대로 된 답변도 얻지 못했다. 현지 구입을 하려고 해도 구할 수가 없었고, 라이베리아에서 활동하는 다른 국경없는의사회 운영센터가 없었기에 물어 볼 수도 없었다.

　우여곡절 끝에 다른 국제 의료구호단체인 '파트너스 인 헬스Partners in Health'에서 20개를 받았다. 하지만 그렇게 구한 약은 실제로 사용 전에 본부로 제품 사진을 찍어 보내 제조사, 로트 번호, 유효기간 등을 확인하여 승인을 얻어야 한다. 우리가 받은 건 잘 알려진 제약회사 B사의 제품이었다. 이곳 약국 총괄 관리자 Mission Pharmacy Manager 미아가 말했다. "이건 우리도 쓰는 약이라 본부에 메일 보내면 분명히 승인이 날 거야. 그러니까 일단 병원에 가져다 두고 필요한 상황이 생기면 써도 좋아."

그녀는 일할 때 똑 부러지고 강단 있을 뿐 아니라 우리가 '관료주의'라고 부르는 형식적인 절차는 적당하게 넘길 줄 아는 합리적인 사람이었다. 인간적으로도 사랑이 넘치고, 특히나 현지 직원들을 존중하는 사람이었다. 그래서 그녀와 함께하는 시간이 참 소중했다. 그녀는 나를 '마이 리틀 소연'이라 부르며 어디서든 내 칭찬을 아끼지 않았다. 그리고 늘 '잘하고 있다'고 응원해 주었다. 그런 사람이 곁에 있다는 건 행운이고 언제든 힘이 나게 했다.

돌아온 수요일 회진, 한 환자의 혈액검사 결과지를 보니 칼륨 수치가 위험할 만큼 높았다. 처방을 보니 프로토콜에 따라 글루콘산칼슘, 살부타몰, 인슐린이 투여되었고, 환자의 고칼륨혈증은 회복된 상태였다. 이 처방전이 밤새 무슨 일이 있었는지를 말해 주고 있었다. 글루콘산칼슘을 구하려고 내가 그토록 애를 썼던 것이 다행이 아닐 수 없었다. 회진을 돌며 "환자가 글루콘산칼슘 덕분에 고칼륨혈증을 잘 극복해서 기뻐"라고 했더니, 조쉬는 "글루콘산칼슘 때문이 아니고 살부타몰이랑 인슐린이 칼륨을 낮춘 거야"라고 대답했다. "나도 알아." 안다. 내가 그 약을 구하기 위해 얼마나 수고했는지 그가 알고 있다는 것을.

고혈압이 위험 수위에 다다른 환아가 있었는데 혈압강하제인 라베탈롤이 유일한 선택지였다. 중환자실로 20ml 앰플(개봉하면 남은 양은 폐기해야 한다)을 보냈다. 그런데 그 환아에게 처방대로 딱 1ml만 주사하고 버리자니 너무 아까웠다. 약이 귀한 상황에서 버리는 것이 더 많은데, 이 환아에게 다시 약이 필요한 상황이 올 수도 있을 것 같아서 조쉬에게 조심스럽게 제안했다.

"환자가 계속 혈압이 높은 상태면 부하용량(혈중 농도를 일정 수준으로 올리기 위한 시작 용량)을 주고 앰플에 남은 약은 지속 정맥 주입하다가 문제가 생기거나 상태가 호전되거나 하면 그때 끊으면 어떨까."

"그래, 그렇게 하자. 알아서 계산해 줘."

마침 곁에 있던 보조 의사 마틴과 함께 비례식을 세우며 계산했다. 한 앰플을 그래도 쓰는 데까지는 쓰겠구나 생각하며. 한국에서는 귀한 취급을 받지 못하는 약도 여기선 한 바이알vial에 수백만 원에 달하는 고가의 항암제만큼 한 방울이라도 털어 써야 할 상황에 처하기도 한다.

따뜻한 마음은 따뜻한 마음을 낳고

"아니, 네가 요리를? 웬일이래?"

일요일 저녁, 동료들과 함께 햄버거를 만들고 있는데 조쉬가 놀라며 물었다. 첫 파견지인 말라위에 도착했을 때는 가스렌지에 불을 붙이는 것도 어설펐다. 그래서 조리사가 없는 주말에는 어떻게 먹고 살아야 하나 고민했을 정도로 요리 실력이 형편없었다. 하지만 이미 나는 그때의 내가 아니었다. 말라위에서 만난 이탈리아 동료들에게 요리 실력을 전수받아 매우 자신 있었다. 놀리는 듯한 조쉬의 말에 발끈한 내가 대꾸했다.

"네가 먹은 햄버거 패티 내가 만들었고, 그 안에 든 양파도 다 내가 썰었어. 부리또에 든 양파랑 토마토도 내가 썰었고. 감자튀김에 쓴 감자, 그것도 내가 씻고 썰었다고!"

그러자 그가 웃으며 말했다.

"네가 오고 달라졌어. 달라진 게 보여. 너는 양파 써는 거보다 많은 일을 하고 있어."

"음…, 고맙군, 그리 생각해 주니."

무어라 답해야 할지 모르게 수줍어져 버렸다.

어느 날, 그가 내 사무실 문을 두드렸다.

"혹시 약국에 환자한테 줄 분유 좀 있어? 엄마 없이 할머니가 기르는 아기인데, 퇴원해야 하는데 분유 살 돈이 없어. 몇 주치라도 줄 수 있을까?"

형평성의 문제. 분유를 살 형편이 안 되는 환자 모두에게 분유를 줄 수는 없다. 그런데 이번은 조쉬의 처음이자 마지막 부탁이었고, 약국에는 다음 달에 유통기한이 끝나가는 저알러지 분유 재고가 몇 통 있었다. 부탁을 받자마자 의료 활동 책임자에게 메일을 보냈다. '어차피 사용하지 못할 거면 이번만 환자에게 주면 안 되겠냐'고. 다행히 허락이 떨어졌고, 퇴원하는 날 그 아이에게 분유를 줄 수 있었다. 퇴근하고 조쉬와 맥주를 마시며 이야기를 나누었다.

"오늘 낮에 퇴원하는 아기를 봤는데 진짜 천사같이 예쁘더라."

"그게 우리가 하는 일이지."

"보호자가 할머니 같던데…."

"몇 시쯤 봤는데?"

"점심 먹으러 가는 길이었으니까 한 시 반쯤?"

"그 아이야. 네가 분유 준 아이야."

마음이 한켠이 따뜻해져 왔다. 4개월이라고 하는데 아주 작고 예쁜 아이였다. 보호자는 내가 누군지도 모를 텐데 "땡큐"라고 인사하며 병원 계단을 내려갔었다.

중환자실, 그 생명이 오가는 시선에서

중환자실은 야간 당직을 선 보조 의사가 환자 열다섯 명의 처방을 다음 날 아침에 처방 차트에 한 번에 몰아 써야 하는 시스템이었다. 처방 오류가 일어나기 쉬운 구조였다. 그렇다 보니 타이레놀 과다복용으로 온 환아라서 타이레놀 투약을 중단했는데 다시 처방되어 있거나, 항경련제가 누락되어서 경련 위험을 초래하는 등의 오류가 자주 발생했다. 게다가 처방을 옮겨 적으며 처방 용량이 바뀌기도 하고, 세 번만 투여되어야 할 약이 세 번, 네 번 왔다 갔다 하기도 했다.

더 큰 문제는 처방 오류가 거론될 때마다 문제의 본질이 무엇인지 살피는 대신 누구의 잘못인가에만 초점을 맞추는 데 있다고 생각했다. 이 문제를 조쉬와 얘기하면서, 이건 단순히 잘못을 저지른 누군가를 비난하거나 책임 소재를 찾는 것으로 해결될 문제가 아니라는 데 의견이 모아졌다. 그랬다. 이건 환자가 안전한가의 문제였기 때문이었다. 그래서 우리는 처방 차트 작성 방식을 바꾸든, 아침에 새로 출근한 보조 의사가 맑은 정신으로 처방을 새로 쓰든 시스템을 바꿔야 한다고 의료팀 회의 때마다 얘기했다.

결국 추진력 좋은 수간호사 케이트와 함께 처방 차트를 바꿨다. 한 번 처방을 쓰면 다음 날 새로 다시 옮겨 쓰지 않아도 되고, 그간 서로 달랐던 응급실, 중환자실, 일반 병동의 처방 양식을 통일했다. 어디든 그렇듯 국경없는의사회도 함께 일하기 좋은 사람만 있는 건 아니라 쉽지는 않았지만, 결국 해냈다. 처방 차트를 바꾼 직후 몇몇 시행착오가 있었지만, 시간이 조금 지나자 익숙해진 의사, 간호사들이 차트를 잘 채워 나갔다. 파견지를 떠날 때쯤 새로운 처방 차트가 제법 자리를 잡아서 심지어 아름답기까지 했다.

약이 독이 될 때도 있다

응급실에서 곧바로 중환자실로 환아가 들어왔다. 아이의 상태는 심각했고, 아이 엄마는 연신 울고 있었다. 이들을 맞이한 조쉬가 호흡을 가다듬더니 천천히 물었다. "나는 조쉬라고 해요.

여긴 우리 팀이고요. 아이가 전에도 이렇게 아픈 적이 있었나요? 아픈 지는 얼마나 되었죠? 어떻게 아팠나요? 증상을 말해 줄 수 있어요? 약은 먹었나요?"

아이 엄마는 울음 끝에 말라리아약을 먹였다며 흐느꼈다.

"혹시 타이레놀도 먹였을까요?"

"네."

"얼마나 먹었나요?"

"큰 알약으로 아침저녁 두 번씩 사흘 동안…."

"서둘러. NAC-프로토콜(타이레놀 과다 복용시 사망에 이를 수 있는 간부전을 일으킬 수 있다. 이때 해독제로 N-Acetylcysteine[NAC]을 투여한다) 시작해야 해."

환자를 대하는 그의 태도에서 배웠다. 아무것도 미리 판단하지 않고 처처히 물어보는 태도, 환자와 보호자에 대한 존중, 예의. 어쨌든 환자와 관련된 모든 사실, 즉 알아낼 수 있는 모든 것을 아는 것이 중요하니까. 아픈 아이를 위해 엄마는 그냥 약을 사서 먹였을 뿐이지 않은가. 설사 보호자의 잘못이라고 해도 그것을 드러내거나 탓하지 않았다. 급한 대로 처치가 끝난 뒤 보호자에게 주의를 주는 것도 잊지 않았다. 다음에 아이가 아프더라도 타이레놀을 그렇게 먹이지 말라고.

파견 현장이나 프로젝트마다 지역사회의 건강을 위협하는 요소들이 있다. 예를 들면, HIV 항바이러스 약의 복용을 거부하게끔 하는 뿌리 깊은 미신이나 성폭행을 당했을 때 제때 적절한 치료를 받지 못하고 숨겨야 하는 문화도 의료서비스에 쉽게 접근할 수 없도록 방해하는 요소가 될 수도 있다. 나의 경험상, 말라위 자궁경부암 프로젝트에서는 비교적 어린 나이에 성관계에 노출되는 것이 위험 요소 중 하나였고, 시에라리온에서는 정체 모를 과량의 약초를 복용하는 것(간에 심각한 손상을 준다), 알칼리성 세제를 아이들이 음료인 줄 알고 마시는 경우도 있었다. 라이베리아의 경우, 안타깝게도 소아환자의 타이레놀 과다복용이 심각한 문제였던 것이다. 그해 10월, 이때의 안타까움을 사회관계망서비스에 이렇게 적어 놓기도 했다.

"어제만 세 명 지난주 열세 명 중에 일곱 명. 파라세타몰 Paracetamol, 즉 아세트아미노펜(타이레놀) 때문에 아이들을 잃고 있다. 말라위 내가 있던 시내의 약국은 고급매장 같은 곳이어서 사람들이 접근하기 어렵겠다는 인상을 받았고 파견 활동을 했던 시골 마을은 아예 약국이 없어서 실상은 모르겠지만, 파라세타몰 과다 복용에 대해 들어 보지 못했다. 그런데 어쩌면 다른 의약품에 대한 접근성이 낮은 저소득 국가에서는 이런 문제가 만연할지도….

이곳 몬로비아, 한 나라의 수도이자 도시인 이곳은 약국이 널렸는데 그냥 아무나 약을 판다. 병원에 갈 형편이 안 되는 엄마들은 아이가 아프면 약국으로 달려가 파라세타몰을 산다. 그런 다음 글을 읽을 줄 모르는 엄마들은 약국에서 제멋대로 설명해 준 대로 약을 먹인다. 그러다 보니 작은 아이가 열이 날 때마다 파라세타몰 250mg, 500mg을 하루에 몇 번씩, 며칠을 먹고는 간부전으로 실려 오는 게 현실이다. 엄마는 그저 아이를 낫게 하고 싶었을 뿐인데…. 그나마 소아용 시럽은 비싸서 알약을 사서 먹이는데 조그만 알약이 함량은 엄청 높아서. 그냥 아무 조치도 안 취했으면 며칠 아프다가 괜찮아졌을지도 모를 아이들이 파라세타몰 때문에, 타이레놀 때문에 세상을 떠날 수도 있다고 상상이나 했을까.

허가 따위 없이 약을 팔아도 규제할 수 없는 허술한 시스템, 약사를 키워낼 역량이 안 되는 현실, 무너진 1차 의료 시스템, 고질적인 가난 때문에 의료시설에 갈 수 없는 가족들, 교육받지 못해 설명서를 읽을 수 없는 엄마들, 유일한 무료 병원인 국경없는의사회 병원 밖에서 떠나는 아이들은 또 얼마나 많을 것인가. 슬픈 현실을 벗어나고 싶고 눈감고 싶다. 할 수 있는 일을 하는 거지. 아세티시스테인Acetylcysteine(해독제)이나 넉넉하게 있는지 봐야지."

끝까지 최선을 다하는 일

말라리아, 패혈증, 영양실조…. 들어 알고는 있었지만, 작디작은 아이들이 손쓸 수 없이 생을 마감하는 걸 지켜보는 건 적잖이 힘든 일이었다. 한국에서 일할 때 직접 환자를 볼 일은 거의 없지만 매일 소아과 병동 약, 신생아 중환자실 약을 조제하면 알게 되기도 한다. '별이 되었구나' 하고. 하지만 그런 경우 자체가 적고, 다른 활동가 선생님의 말씀처럼 이렇게 무기력하게는 아니었다. 아무리 국경없는의사회가 '3차 병원'이어서 중증 환자가 온다고 해도 하루에도 한두 명씩 생을 달리하는 건 아니란 말이다. 사소한 실수나 선택하기 어려운 일이 있을 때, 가끔 내가 쓰는 농담이 '아무도 안 죽어Nobody dies'인데 그 말이 더 이상 농담이 아닌 곳에 있었다. 아이들의 죽음을 접하는 건 견디기 힘든 일이다. 조쉬에게 물었다.

"넌 스트레스를 어떻게 감당해?"

"난 불평불만을 죄다 털어놓잖아. 최선을 다했는데도 어쩔 수 없는 죽음이라면 받아들여야지. 나를 화나게 하는 건 끝까지 최선을 다하지 않는 태도야."

말하고 싶었다. '난 마음이 무거워, 아이들의 죽음이. 약국과 관련된 일이 때로 생사와 직결되어서. 당장 이걸 구해 주지 못하면 환자를 위태롭게 할지도 모른다는 사실이. 그게 꼭 나만의 책임은 아니지만.' 불과 지난주 나와 크고 작은 연결고리가 있던 아이를 몇 명이나 잃었던지.

"우리 죽음에 대해 자주 이야기하네?"

한동안 죽음에 대해 이야기하곤 했었다. 어느 날, 퇴근하고 맥주를 마시며 이야기를 나눌 때였다.

"기억에 남는 환자가 있어. 한국 병원에서 야간 근무를 할 때였는데 응급 처방이 하나 났더라고. 처방을 확인하려고 차트를 보니, 호흡기 질환인 줄 알고 입원했는데 림프종이었대. 어렵사리 시험관으로 임신했는데 항암 치료를 시작해야 해서 유산을 시켜야 했지. 한동안 그 환자의 항암 처방을 조제했어. 골수이식도 받았어. 병원 식당에서 그녀를 본 적도 있지. 그녀는 나를 몰라도 나는 회진하면서 봤으니까 알아볼 수 있었거든. 그런데 몇 개월 뒤 재발해서 결국 떠났어. 첫 파견을 다녀와서 다시 일하던 병원에 돌아갔을 때, 그전에 봤는데 떠난 환자들이 떠났더라고…"

"거봐. 죽음은 어디에나 있어. 죽음은 자연스러운 거야. 환자가 고통에 시달리지 않고 존엄을 지키며 떠날 수 있다면 그걸로 된 거야."

존엄을 지키며 죽을 수 있는가. 글쎄 그건 어디에서라도 때로 힘든 일이니까. 차츰 무뎌지고 그러면서 익숙해졌다. 죽음에 익숙해진다는 게 꼭 마음이 차가워졌다거나 그런 건 아니다. 그냥 일상처럼 익숙해지고, 또 익숙해져야 내가 사니까. 그렇다고 죽음의 무게가 가벼워지는 것도 아니다. 일상의 무거움. 그 속에서 안식과 즐거움을 찾으며 서로의 얘기를 묵묵히 들으며 마음으로 위로를 전한다.

전우, 나에게 조쉬는 그런 존재였다. 그리고 역설적으로 나는 이곳에서 삶의 의미를 찾고 있었다. 아이들의 죽음이 가까이 있는 이곳에서. 누군가에는 도움이 되고 있다고. 물론 그 죽음이 불공평하다는 게 여전히 견딜 수 없이 힘들기는 하지만 말이다.

열심히 배우며 발전하려고 노력하는 나의 드림팀

약국Pharmacy Warehouse(엄밀히 말하자면 약품 창고)은 병원에서 차로 15분 떨어진 거리에 있었다. 약국과 병원 두 군데에 모두 내 책상이 있었다. 필요할 때마다 노트북 가방을 메고 두 곳을 오가며 일을 처리했다. 병원 각 병동에서 매주 또는 격주 간격으로 오더를 받아 요청한 약과 병동에 필요한 모든 의료용품을 병원으로 보내는 일이 주 업무이다. 국경없는의사회가 활동하는 대부분 국가에서는 품질이 보증된 약을 확보하기 어렵다. 따라서 약을 포함한 모든 의료용품(주사기, 바늘, 거즈, 각종 카테터, 수술 테이블, 검사에 필요한 모든 시약 등등)은 유럽의 물류센터에서 공급받는 것이 원칙이다. 정해진 기간(파견지 상황마다 다르지만 여태 경험은 거의 4개월 또는 6개월 간격) 동안의 사용량을 이전 사용량을 토대로 하여 예측하고, 보유 재고의 수량과 유효기간을 파악해서 필요한 주문량을 결정한다.

재고가 바닥나는 상황을 피하고(한국처럼 오전에 주문하면 오후에라도 오토바이 퀵 배송으로 올 수 있는 상황이 아니다) 유효기간 내 사용하지 못하고 폐기하는 일이 없도록 수개월 동안의 사용량을 예상하고 적정재고를 유지하는 일이 말처럼 쉽지 않다. 유통기한이 지난 약을 폐기하기도 쉽지 않다. 해당 국가에서 매우 엄격하게 관리할 뿐만 아니라 비용도 들기 때문이다. 그리고 무엇보다 낭비이므로 재고를 잘 관리하는 일은 무척 중요하다. 하지만 짧으면 한 달 길면 6개월마다 바뀌는 의사에 따라 처방 패턴이 달라지기도 하고, 프로젝트를 새로 시작하면 안정 궤도에 오르기까지 사용량 변화가 심하다. 이래저래 변수가 많아 적정재고 예측도 관리도 쉽지 않다.

회진에 참여하는 시간을 제외하고 컴퓨터 앞에 앉아 있는 대부분의 시간은 각 병동의 사용량을 모니터링한다. 이를 바탕으로 재고 상태를 파악한다. 이때 쓰이지 않는 재고(영어로 말 그대로 sleeping stock)와 곧 바닥날 재고를 감안하여 계산한다. 또한 유럽에서 배송 예정인 물품의 목록과 배송 날짜를 확인한다. 그리고 이 모든 것을 의료팀에 알리는 일을 한다.

약국에는 아이린, 퍼셔, 제론 이렇게 세 명이 함께 근무하고 있었다. 퍼셔는 아주 강한 영어 악센트 때문에 의사소통이 쉽지 않았지만, 내가 대충(?) 말해도 찰떡같이 알아듣는 사람이었다. 게다가 내가 "너의 약국 재고는 어때?"라고 물을 수 있을 만큼 재고를 아끼고 관리할 줄 아는 사람이었다. 아이린, 그녀를 만난 건 정말이지 큰 행운이었다. 책임감이 강하고, 똑똑하고 예쁘게 말하고 우직한 사람이었다. 제론은 똑똑한 친구인데 더 배우고 싶어 하는 열의도 있고, 일도 잘 해냈다. 이들 모두 열심히 배우면서 더 발전하려고 진지하게 일하는 이들이었다. 이런 사람들과 사랑하고 사랑받으며 일하는 건 언제나 좋은 일이다.

기회가 있을 때마다 나는 이들이 하는 일이 얼마나 중요한지, 우리가 관리하는 약들이 어떻게 환자를 살리는지 알려 주려고 했다. 그래서 함께 수술실과 진단검사실을 방문하여 약국에서 재고를 관리하는 수술 도구, 마취기기 소모품, 미생물배지, 혈액검사용품이 어떻게 쓰이는지 보여주려 했다. 국제주문을 발주하기 전, 총 재고조사를 하는데, 재고조사가 끝나는 날은 음료와 과자를 나눠 먹으며 뒷풀이를 했다. 파견 활동을 마치고 돌아가기 전 재고조사 때는 이전보다 오차를 절반으로 줄였다. 이 사실에 일단은 내가 기뻤고, 뿌듯해하는 이들을 보니 또 기뻤다. 무엇보다 본인들이 변화를 만들어낼 수 있다는 것을 보게 되어 다시 한번 기뻤다.

이 글을 쓰는 현재 나는 라이베리아를 떠나 바로 이웃에 있는 시에라리온에 있다. 여러 가지 문제로 약국 인력을 완전히 재정비해야 할 상황에 처한 지금, 몬로비아에서 함께했던 나의 드림팀이 더없이 고맙고 그립다.

말 없이 수고를 아끼지 않는 믿음직한 동료들

국경없는의사회에서 약국 책임자 Pharmacy Manager 로서 이미 소속된 의료팀을 제외하고 가장 가까이 일하는 부서가 어디냐고 물으면, 약의 실질적인 공급과 배송을 관리하는 물자공급 Supply 팀과 약국의 전반적인 시설을 관리(보안, 전기, 위생, 냉장고 유지 등)하는 물류 Logistics 팀일 것이다. 특히, 급하게 필요한 약이 항공운송된다거나, 코로나19 때 백신을 운송했던 것처럼 냉장보관을 유지해야 하는 의약품이나 진단검사용품이 올 때라거나, 대규모의 정기 배송이 오는 경우 물자공급팀과 긴밀한 커뮤니케이션이 필수적이다.

약국 입장에서는 약이 언제 배송되는지, 재고를 구하기 어려운 경우에는 유럽 물류센터에서는 언제 물품이 확보되는지, 가장 빠른 배송 편이 언제인지 확인이 되어야 의료팀에게 공급상황을 알릴 수 있다. 이를 기반으로 얼마 동안의 사용량이 남아 있는지, 대체할 수 있는 약이 있는지, 차선책이 없는지 등을 미리 의논할 수 있다. 물자공급팀에서 '특정 의약품의 공급이 늦어지는데 어떡할까' 물으면, 급하지 않아서 다음 달 말까지 기다릴 수 있다든지, 그냥 알겠다고 한다든지(공급이 안 되면 대책이 없는 경우도 생긴다) 등의 피드백을 주고받는다.

화물량에 따라 다르지만(수십에서 수백 상자), 저녁 8시쯤 공항에 비행기가 도착하면 짐을 내리는 데 두어 시간쯤 걸린다. 이어 세관을 통과하는 데 한 시간 이상이, 다시 공항에서 약국까지 한 시간쯤 더 걸린다. 그러면 트럭은 한밤중이나 되어야 약국에 도착한다. 그래서 화물(Cargo라고 부름)이 오는 날 밤에는 활동가 여럿이 약국에 모여 공항에서 화물을 싣고 오는 공급 책임자Supply Manager를 기다린다.

이윽고 트럭이 도착하여 상자들을 내리고, 목록에 맞게 화물이 도착한 것을 최종 확인한다. 그런 연후에 미리 준비한 맥주를 시원하게 나눠 마신다. 발을 동동 구르며 언제 올지도 모를 트럭을 사무실에서 혼자 기다렸던 지난 파견 활동에 비하면 늦은 밤 활동가들과 함께 트럭에서 짐을 다 내리고 난 후에 시원한 맥주를 마시는 이 순간은 얼마나 따뜻하고 즐거운가.

파견 활동을 하면 할수록, 이 거대한 조직이 각자 제자리에서 제 역할을 하는 사람들 덕에 돌아갈 수 있음을 깨닫는다. 늦은 밤 공항에 가서 화물을 받아오는 사람, 한밤중에 약국에서 대기하며 냉장보관용 의약품을 냉장고에 고이 모시는 한편 당장 급한 것은 다음 날 바로 쓸 수 있도록 병원에 가져다 주는 사람….

이런 경험을 통해서 우리는 서로의 수고를 존중하게 되었다. 수령한 화물의 수량과 상태를 모두 확인하고 나면 "화물번호 ㅁㅁㅁㅁ 잘 받음. 수량, 상태 이상 없음(이상이 있을 때도 있다). 애써 주셔서 고맙습니다 Thank you for your support"라고 배송을 잘 받았다는 공식 메일을 물자공급 담당자에게 보낸다. 그러면 공급 책임자는 해당 배송 건을 '닫는다'라고 표현한다. 인터넷 쇼핑으로 말하자면 배송 완료에 구매 확정이라고 할 수 있겠다.

한 날은 늘 영어로만 쓰는 메일에 낯설게 한글로 '감사합니다'라고 쓰인 메일을 받았다. 그 순간 "훗" 하고 웃음이 터져나왔다. 이번엔 나도 답장을 보내면서 구글 번역기를 사용하여 일어로 'ありがとう(아리가토)'라는 표현을 '복사, 붙여넣기' 해서 보냈다. 모든 일이 늘상 당연히 우리가 원하는 대로, 예상한 대로 흘러가지는 않는다. 하지만 말없이 수고해 주고, 믿을 수 있는 동료가 있다는 것, 그리고 서로 그 수고를 당연시하지 않는다는 사실에서 힘을 얻는다.

"너의 직속 상사는 모를지라도 나는 네가 얼마나 애쓰고 수고했는지 너무나 잘 알아!"

파견 활동 중 와인을 제법 마신 어느 날, 아끼는 친구에게 했던 말이다. 문득 그에게 던진 나의 이 말이 되려 나에게 위로가 되었던 기억이 난다.

동료이자 친구, 전우이자 가족

대부분 외과의사들은 길지 않게 머물고 간다. 아주 멋진 사람, 외과의사 숀. 그는 수술실을 돌아가게 하기 위해 많은 사람들이 묵묵히 애쓴다는 걸 알아 주는 의사 중 한 사람이었다. 그가 밤늦게 수술하고 돌아오는데 카드 게임을 하던 우리가 물었다.

"뭐 도와줄 거 있어? 뭐라도 좀 만들어 줄까?"

"오가닉 커피로 카푸치노."

우리가 웃으니 미소로 답하며 쿨하게 덧붙였다.

"시나몬 가루 올려서."

그냥 괜찮다고 거절하는 것보다, 당연히 해 줄 수 없는, 귀여운, 웃을 수 있으며 사람을 편하게 하는 고급진 유머. 하루하루를 버티게 하는 건 이런 소소한 대화이다.

'좋은 사람들과 즐겁게 일했다'라고만 말하고 싶지는 않다. 파견 기간 중에도 무시로 무기력과 실망과 체념을 겪는다. 여느 조직과 다름없이 무책임한 사람, 일의 경중을 모르는 사람, 공동의 안전 규율을 가볍게 여기는 이들과도 어쨌든 함께 지내고 일해야 하고, 납득이 안 가는 의사결정을 따라야 할 때도 있기 때문이다. 내 잘못으로 인한 건 아니지만, 파견 활동 중간에 곤란한 상황이 생겨 까딱하면 활동이고 뭐고 한국 가겠다고 벼르던 때가 있었다. 그때 생각해 보았다. 나는 이곳에서 내가 하는 일이 좋다. 내 편인 사람들이 있고, 나를 필요로 하기도 한다. 게다가 내가 아끼는 팀도 있다. 그런데도 내가 떠난다면 내가 손해인데…. 그런 생각을 하며 지내다 보니 어느새 시간이 훌쩍 지나갔다.

또다시 국경없는의사회 파견 활동을 떠날 결심을 한다면 떠나야 할 나의 타고난 팔자 때문만은 아니다. 그건 첫째 국경없는의사회 가치에 동의하고 우리가 하는 일이 옳다고 믿기 때문이다. 그 다음으로는 함께 일하는 사람들 때문이지 않을까 싶다. 타지에서 이들은 동료이자 친구이고, 전우이자 가족이다.

잊지 못할 첫 파견,
열대열 말라리아와의 전쟁

신경수 | 소아과 전문의

설렘과 두려움이 교차하는
국경없는의사회 첫 파견

 2019년 3월, 20년 동안 근무하던 대학병원을 사직하였다. 국경없는의사회 국제 활동가라는 새로운 신분을 준비하고 있었기 때문이다. 국경없는의사회 국제 활동가는 두 개의 신분을 유지하기가 힘들어서 국경없는의사회 활동 현장에 가기 전에 직장을 그만둔 것이다. 현실적으로 우리나라에서 비정부기구 활동을 하기 위해 6개월 이상 자리를 비우는 것을 허락할 병원이 얼마나 있을까? 사표를 내고 병원을 떠나는데 동료들이나 지인들이 갑자기 병원을 그만두고 국경없는의사회 활동을 하려는 이유를 궁금해했다. 국경없는의사회 활동을 하고자 하는 이유는 국경없는

의사회 채용 면접에서 제일 먼저 물어보는 질문이기도 하다. 그 때 말한 이유를 정확하게 기억할 수는 없지만, 지금보다는 나의 쓰임새가 더 쓸모가 있기를, 그리고 내 자신에 대한 만족감이 더 가득하기를 바랐던 것 같다.

국경없는의사회 한국 사무소에서는 첫 활동지가 확정되려면 6개월 이상을 기다릴 수도 있다고 알려 주었다. 그로부터 첫 파견이 결정될 때까지 4개월을 기다렸다. 기다리던 시간은 한편으로는 재충전의 시간이 되기도 하였지만, 다른 한편으로는 새로운 삶을 앞둔 설렘, 약간의 두려움과 긴장감, 나의 선택에 대한 후회 등 여러 감정이 뒤섞인 시간이기도 했다. 그러던 중에 나이지리아 파견을 제안받았다. 한국인에게도 낯설지 않은 아프리카 국가인 나이지리아. 나는 흔쾌히 수락했다. 첫 파견이라서 무엇을 준비해야 할지도 몰라 허둥대는 사이에 시간이 지났다. 나이지리아로 떠나기 전에 파리 운영센터에서 의료진을 위한 사전 교육과 마이두구리Maiduguri 파견 활동에 대한 사전 교육을 받아야 했다.

나이지리아는 서아프리카에 위치한 국가이다. 모두 36개의 주로 이루어진 연방 공화국이며, 수도는 아부자Abuja이다. 본래 수도는 남부지역의 라고스Lagos였지만, 국토의 균형 발전을 위해 중부지역에 있는 아부자로 수도를 옮겼다고 한다. 1963년에 영국으로부터 나이지리아 연방 공화국으로 독립하였다. 영국의 식민지가 되기 이전부터 나이지리아의 북부와 남부는 부족, 역사, 언어와 문화가 달랐다. 독립한 후 현재까지도 북부와 남부 간의 차이와 갈등이 큰 문제로 남아 있다. 출산율은 세계에서 최상위권

이어서 아프리카에서 인구가 가장 많다. 그러나 영아 사망률 또한 전 세계에서 최고로 높은 국가 중 하나이다. 인구가 많은 만큼 다양한 민족 구성을 보여주는 나라이며, 가장 큰 부족은 이슬람을 믿는 북부의 하우사족, 기독교를 믿는 남서부의 요루바족과 남동부의 이보족이다. 나의 첫 활동지였던 마이두구리는 나이지리아의 북동부에 위치한 곳이다.

나이지리아에 입국할 당시에 나에게 허용된 체류 기간은 한 달이었다. 그래서 아부자에 있는 국경없는의사회 사무소에서 체류 기간을 연장하고, 나이지리아 보건부로부터 의사 취업허가서를 받는 데 며칠이 걸렸다. 아부자가 경유지인 활동가들에게는 출입이 제한되어 있어 그 며칠 동안 숙소에서만 머물렀다. 수도인 아부자에서 파견지인 마이두구리까지는 유엔인도주의항공시비스UNHAS가 제공하는 항공편을 이용하였다. 육로는 시간도 오래 걸리고, 안전하지 않아서였다. 유엔인도주의항공서비스는 비정부단체 활동가들을 위한 이동 수단으로 개인에게 허용된 수화물은 15킬로그램으로 제한되어 있다. 첫 파견 활동이라서 많은 것을 준비해 왔던 나는 개인 짐 일부를 가져갈 수 없었다.

나이지리아 북동부에 위치한 마이두구리는 보르노주의 주도로 이슬람 무장단체의 영향권 아래 있었다. 그래서 아부자 공항의 마이두구리행 국내선 터미널부터 보안 검색이 무척 까다로웠다. 금연은 물론이고 성냥이나 라이터를 소지할 수도 없었다. 물론 사진 촬영도 엄격히 금지되었다. 금속탐지기에 걸릴 경우 온몸을 수색당해야 했다. 그러나 마이두구리 공항의 보안 검색

대 통과는 예상과 달리 수월했다. 여권을 확인하지 않고, 비정부기구의 신분증만 확인하였다. 국경없는의사회 활동가에게는 보안 검색이 심하지 않았고, 미리 나온 국경없는의사회 현지 직원의 안내로 주차장까지 불편 없이 나올 수 있었다. 대기하던 국경없는의사회 차량과 차량에 붙은 총기 휴대 금지 스티커를 보고서야 '이제 활동 현장에 왔구나'라는 것을 실감할 수 있었다.

국경없는의사회 사무소로 이동하여 보안 책임자, 의료 코디네이터Medical Coordinator, 프로젝트 코디네이터Project Coordinator와의 간단한 교육을 겸한 면담을 한 후에 숙소로 향했다. 사무실에서 숙소까지는 차량으로 5분 거리였다. 하지만 도보 이동은 허용되지 않았고 반드시 차량으로 이동해야만 했다. 저녁 8시부터 다음 날 아침 8시까지 통행금지여서 부득이 저녁 8시 이후에 이동해야 할 경우에는 보안 책임자나 프로젝트 코디네이터의 허락을 받아야만 했다. 숙소로 가는 길에 있던 집들은 철문으로 닫혀 있었고, 경호원들이 출입을 통제하는 모습이 보였다. 우리 숙소도 차량이 입구 근처에 다다르면 차량에서 '지금 누가 들어간다'라는 무선 통신을 보내야만 문을 열어 주었다. 숙소를 나설 때는 사무실에 있는 무선 센터에 출입 대표자의 신분, 행선지와 출입 인원을 통보해야 했다.

숙소에서 요리, 세탁, 청소, 숙소 정비 등을 담당하는 직원들과 인사를 나눈 뒤 이른 점심을 먹었다. 마이두구리에서의 첫 식사는 긴장감과 현지 음식에 적응이 되지 않아서 먹는 둥 마는 둥 했다. 처음 한 달은 현지 음식이 낯설어서 잘 먹지 못하였다. 마이두구리 프로젝트는 국제 활동가가 총 아홉 명으로 크지 않은 프로젝트여서 점심시간에 동료들 모두와 인사를 나눌 수 있었다. 의료 코디네이터의 안내로 마이두구리 그완게Gwange 어린이병원으로 갔다. 병원으로 가는 길에 마주치는 마이두구리의 풍경을 보면서 1960년대 우리나라 풍경 사진이 떠올랐다.

그완게 어린이병원의 하우사 빠뚜레

마이두구리에는 외국인 비정부기구 활동가들에게 적용되는 레드존Red zone과 그린존Green zone이 있었다. 레드존은 출입이 엄격히 통제되는 지역이고, 그린존은 하루에 일정 시간 동안 통행금지가 있는 지역이었다. 그완게 어린이병원은 레드존에 위치했다. 그런 까닭에 아침 8시에 숙소에서 차량으로만 출근이 가능하고, 오후 1시부터 2시까지 점심시간에 다시 숙소가 있는 그린존으로 철수해야 했다. 점심 식사를 마친 다음 다시 차량으로 이동하여 오후 2시부터 오후 6시까지 병원에서 근무했다. 그리고 오후 6시에는 무슨 일이 있더라도 병원에서 나와 숙소로 돌아가야만 했다. 가끔 퇴근 시간에 심폐소생술이 필요한 중환자가 있더라도 환자를 현지 의사에게 맡기고 병원을 빠져나와야만 했다.

그완게 어린이병원은 약 80병상 규모의 병원이었다. 이곳은 응급실, 집중치료실인 레드 병동, 집중치료실과 일반 병동의 중간 정도의 환자가 입원하는 오렌지Orange 병동, 그리고 일반 병동인 옐로Yellow 병동으로 구분되어 있었다. 일반 병동은 텐트로 만들어져서 말라리아 대유행 시기에는 텐트 병동을 더 많이 만들어서 200병상까지 확대 운영할 수 있었다. 현지 직원은 150명 정도였고, 말라리아 대유행 시기에는 임시 직원을 채용하여 전체 직원이 200명 가까이 되었다.

병원에 근무하는 국경없는의사회 국제 활동가는 의료 코디네이터, 수간호사, 교육 담당 간호사, 약사 그리고 소아과 의사로 총 다섯 명으로 구성되어 있었다. 나의 전임자와의 인수인계는 다행히도 대면으로 진행되었다. 전임자가 임시 직원을 교육하는 중이어서 나도 직원 교육에 합류하였다. 교육 담당 간호사와 함께 말라리아 대유행 시기에만 채용되는 직원들에게 심폐소생술과 응급 처치, 일반적인 환자 관리 등을 교육하였다.

임시 직원의 채용 규모는 말라리아 대유행 시기에 예측한 환자 수에 따라 결정되었다. 예를 들어 총 입원 환자 수가 150명일 경우 의사 2명, 간호사 5명, 간호조무사 5명을 추가로 고용하고, 입원 환자 수가 200명을 넘으면 입원 환자 150명일 경우와 같은 인원을 추가로 더 고용하는 방식이었다. 나의 파견 기간 동안에도 말라리아 대유행이 길어져서 임시 직원을 추가로 고용하였으나 폭발적으로 늘어난 환자 수를 감당하지 못하였다.

전임자에게 인계받은 환자는 두 명이었다. 한 명은 최근에 사시가 생기면서 시력을 잃은 6세 남자아이로 뇌종양이 의심되어 뇌 MRI 촬영과 신경외과적 진료가 필요한 상황이었다. 마이두구리에는 의과대학과 대학병원이 있었으나 MRI 장비나 신경외과 전문의는 없었다. 그완게 어린이병원에서는 더 이상 도와줄 방법이 없었고, 국경없는의사회의 다른 운영센터와 비정부기구에 도움을 요청했으나 만족할 만한 답신이 없었다. 만일 환자가 병원에 내원하면 완화 치료만을 하기로 하였다. 다른 환자는 3세 여자아이로 '노마병Noma disease' 환자였다.

'노마병'은 사하라 사막 이남의 '아프리카 노마 벨트'라 불리는 지역에서 주로 발생하는 질병이다. 여러 종류의 구강 세균에 감염이 되어 입의 점막이나 잇몸에 궤양이 생기고, 궤양이 괴사로 악화되어 뼈와 안면 조직 전체에 영구적인 손상을 일으킨다. 급성기에는 사망률이 90%에 이르고, 사망하지 않더라도 심각한 안면 변형을 일으킨다. 환자는 국경없는의사회 마이두구리 지부에서 마련한 차편으로 안면 재건 수술을 받기 위해 소코토 병원으로 전원되던 중에 무장단체에 의해 피랍되었다. 동행하던 직원들은 억류되었고, 환자와 보호자만 우여곡절 끝에 마이두구리로 돌아왔다. 한 달 뒤 수술을 받기 위해 다시 차편을 마련하여 소코토 병원으로 갔다. 수술 전에 차도르로 얼굴을 가리고 숨기만 했던 아이가 수술을 받고 돌아와서 해맑게 웃는 모습으로 우리에게 얼굴을 보여주었다.

그완게 어린이병원에서는 외래환자를 보지 않았다. 병원 내에는 유니세프UNICEF가 후원하고 주정부가 운영하는 보건소가 있었다. 기본 접종과 외래환자는 그곳에서 진료하였다. 응급실 앞에는 환자의 중증도를 분류하는 환자 분류소가 있었다. 매일 아침에 환자 분류소에 대기하는 많은 환자들을 현지 직원이 증상에 따라 분류한다. 이때 경증 환자는 병원 내 주정부 보건소로 보내고, 중증 환자는 응급실로 보낸다. 응급실에는 환자 대기실이 따로 마련되어 있지 않았고, 의자 몇 개만 놓여 있었는데 항상 바닥까지 환자들로 가득 차 있었다. 대기하고 있는 환자들의 상태를 주기적으로 살펴봐야만 하였는데, 누워 있는 환자들 중에서 이미 사망한 환자가 가끔 발견되기도 했기 때문이다.

마이두구리에는 의료서비스를 제공하는 다른 비정부기구들도 있었는데, 국경없는의사회의 다른 운영센터 소속의 병원, 세계의 의사Médecins du Monde, 국제적십자위원회International Committee of the Red Cross(ICRC) 등이 있었다. 이들이 운영하는 병원에서는 중증 말라리아 환자의 치료가 가능하지 않아서 그완게 어린이병원으로 환자들을 보내기도 하였다. 한 대의 구급차에 많은 환자를 태우고 이송하였는데, 의료진이 동반하지 않아 병원에 도착했을 때에 구급차 안에서 이미 사망한 환자도 있었다.

그완게 어린이병원 응급실에 근무하는 의료진은 현지 의사 2명, 간호사와 간호조무사가 6명이었다. 환자들이 응급실에서 체류하는 시간이 너무 길었고, 의사의 지시를 어느 간호사가 받아야 할지 몰라서 진료 후 처치가 진행되기까지 많은 시간이 걸렸다. 나는 응급실 의료진의 조직을 재편하였다. 나를 포함하여 의사, 간호사, 간호조무사를 묶어 한 팀으로 만들고, 환자를 팀별로 순서대로 받았다. 간호사는 자기 팀이 맡은 환자의 처치만 시행하면 되었고, 환자 상태를 파악해서 팀 의사에게 빠르게 보고할 수 있었다. 입원이 결정되면 병동에 인계하는 시간도 단축되었다. 자연히 응급실 체류 시간이 짧아지고, 응급실의 병상 회전율도 나아져서 더 많은 응급 환자를 받을 수 있었다. 환자들도 빠르게 안정을 찾을 수 있었다.

그완게 어린이병원에서는 낮 근무 12시간을 총 5명의 현지 의사가 담당하였다. 밤 근무는 3명의 의사가 12시간을 근무하였다. 낮 근무 의사 5명은 응급실에 2명, 집중치료실 1명, 오렌지 2개 병동에 1명, 2개의 일반 병동에 1명씩 배치되었다. 입원 대기 환자가 많아서 퇴원이 가능한 환자들을 빨리 확인하여 퇴원시켜야 했다. 그런데 응급실 외에 각 병동을 담당한 의사가 한 명이어서, 한 명의 의사로는 빠른 시간 내에 퇴원 가능한 환자를 진료하고 퇴원을 결정하기가 힘겨웠다.

나의 임무는 현지 의사들을 지도 감독하는 일이었다. 하지만 현지 의사들을 도와서 환자를 직접 보지 않을 수 없었다. 오전에 일반 병동을 돕고, 오후에는 응급실과 집중치료실을 오가며 직접 환자 진료에 나섰다. 대부분의 현지 의사들은 남부지역 출신으로 현지어인 카누리Kanuri어를 하지 못하여 현지 직원들의 도움이 필요했다. 심지어 몇 명의 의사들은 공용어인 하우사Hausa어도 하지 못하였다. 입원 환자 수에 비해 의료진의 수가 너무 모자랐기 때문에 통역을 담당하는 직원을 따로 둘 수 없었다. 환자를 직접 보기 위해서는 환자를 볼 수 있을 정도의 간단한 하우사어와 카누리어를 배워야만 했다. 하우사어로 '빠뚜레'라는 말은 '백인'이라는 뜻이다. 출퇴근 때 종종 인근 지역 아이들은 우리 차량을 향해 "빠뚜레"라고 소리치기도 한다. 어느 날부터 그완게 어린이병원의 직원과 환자 보호자들은 나를 '하우사 빠뚜레'라고 불렀다. '하우사어를 하는 이국인'이라는 뜻이었다.

집중치료실의 시설은 열악했다. 의사나 간호 인력들은 근무복을 입지 않았고, 환자 보호자는 환자와 같은 침대를 사용했다. 심지어 병상 수보다 많은 환자가 입원하여, 한 침대에 두 명의 환자를 수용하기도 하였다. 감염 관리가 전혀 되지 않았다. 혈액검사는 혈당, 헤모글로빈(혈색소), 말라리아 신속 검사 등 단 세 가지만 가능하였다. 거의 모든 환자가 중증 말라리아 환자였지만 우리가 환자에게 해 줄 수 있는 것은 많지 않았다.

항생제 사용 방향을 제시한
새로운 항생제 사용관리 프로그램

파견 활동 첫 한 달 동안에 많은 환자를 잃었다. 퇴근 후에 그날 잃은 환자를 생각하면 가끔은 숨을 쉬기가 힘들고, 생각을 할 수 없을 정도로 머리도 무거웠다. 눈을 감으면 낮에 심폐소생술을 하던 환자들이 떠올랐다. 한 달 사이에 체중이 15킬로그램이나 빠졌다. 사망률을 줄이는 것이 나의 최우선 과제였다. 현지 의사의 의견을 최대한 존중하고 반영하여 환자의 치료 계획을 세웠다. 현지 의사들과 함께 환자의 중증도에 맞게 시간 배정을 하여 가능한 한 병원 전체 환자에 대해 회진하려고 노력하였다. 응급실 조직도 조정하였다. 마이두구리의 우기가 예년에 비해 길어서 말라리아 대유행도 16주 동안 지속되었다. 그러나 다행히도 우리는 전년에 비하여 두 배나 많은 말라리아 환자를 진료하였으나 말라리아로 의한 사망률을 반으로 줄일 수 있었다.

그완게 어린이병원에서의 나의 임무 중 하나는 항생제 사용 관리 프로그램Antibiotics Stewardship Program을 시범 운영하는 것이었다. 우리는 의사, 간호 활동 책임자, 약사와 함께 '항생제사용관리위원회'를 구성하고, 항생제 사용을 모니터링하기 시작하였다. 그완게 어린이병원에서는 환자의 중증도와 상관없이 세균성 감염이 의심되면 먼저 3세대 항생제를 사용하는 경향이 있었다. 항생제 사용의 증가와 부적절한 항생제 사용은 항생제 내성으로 이어지고, 다시 광범위 항생제의 사용과 항생제 남용으로 이어질 수 있다. 항생제 사용관리 프로그램을 시범적으로 시작한 후 3세대 항생제를 우선적으로 사용하는 횟수는 줄었지만, 위원회의 항생제 사용의 권고 사항에 대한 현지 의사의 저항이 거셌다. 심지어 현지 의사들은 위원회의 조사에도 잘 협조하지 않았다.

항생제사용관리위원회에서는 3세대 항생제의 남용과 오용을 강제적으로 막으려고 하였다. 나는 일방적이고 강제적인 약물 사용 금지에는 반대하였다. 현지 의사들이 자발적으로 3세대 항생제의 우선적 사용을 줄여야 항생제 사용관리 프로그램이 안정적으로 정착할 수 있다고 위원회를 설득하였다. 먼저 현지 의사들에게 적절한 항생제 선택과 3세대 항생제 사용의 부작용에 대한 교육을 반복하였다. 또한 회진 중에 현지 의사들과 환자의 증상과 항생제 선택에 대하여 토의하였다. 한 달에 한 번 정도는 병원 밖에서 현지 의사들과 만나서 서로를 알아가는 시간을 만들었다. 혼자서 항생제 사용에 관한 조사를 하고, 그 결과를 위원회와 현지 의사들과 공유하겠다고 항생제사용관리위원회에 제안하였다.

모니터링을 시작한 지 4주 후부터 3세대 항생제의 사용량이 줄어들기 시작하였다. 그러나 말라리아 환자에서 3세대 항생제의 우선적 사용은 줄지 않았다. 그 이유를 조사 분석하였더니 중증 말라리아 진단 기준이 문제였다. 중증 말라리아 진단 기준에는 '탈진prostration'이라는 항목이 있었다. 탈진의 정의는 '극도의 신체적 허약 혹은 감정적 고갈extreme physical weakness or emotional exhaustion'이었는데, '탈진'의 정의가 모호하여 환자를 직접 보았던 의사의 주관적 판단에 따라 진단과 치료가 달랐던 것이었다.

나는 탈진의 정의를 임상적으로 구체화하여, '환자가 스스로 앉지도 서지도 못하는 상태inability to sit or stand alone'라고 새롭게 제안하였다. 현지 의사와 위원회도 나의 제안에 동의하였고, 중증 말라리아 환자의 진단 기준도 명확해졌다. 3세대 항생제의 사용량은 줄어들었다. 파견 활동을 끝내고 귀국한 후 현지 의사에게 연락하여 "항생제 사용관리 프로그램은 어떻게 되어 가고 있느냐"고 물었다. 안타깝게도 그완게 어린이병원의 3세대 항생제의 사용량은 다시 늘어나기 시작하였다고 전해 주었다.

웰컴 투 아프리카, 열대열 말라리아와의 전쟁

마이두구리 프로젝트에 합류한 지 2주가 되었다. 나는 나이지리아에 오기 전부터 말라리아 예방약인 메프로퀸Mefloquine

을 복용하기 시작하였다. 메프로퀸은 일주일에 한 번만 복용하며, 약제 내성이 있는 열대열 말라리아를 예방하는 약이다. 한날은 아침에 일어났는데 너무 어지러웠다. 얼른 혈압을 재어 보니 90/60mmHg, 혈압이 너무 낮았다. 열감도 있다. '말라리아에 걸렸나?' 출근한 후에도 어지럽고, 메스꺼웠다. 말라리아 신속 검사를 하니 두 줄이 떴다. '말라리아에 걸렸구나.'

현지 의사들에게 "나, 말라리아 걸렸어"라고 하니, 다들 웃으면서 "웰컴 투 아프리카Welcome to Africa"라고 한다. 일찍 퇴근하여 말라리아 치료약을 먹었는데, 열이 떨어지지 않았다. 오한과 어지러움도 심해졌다. 다시 병원으로 가서 중증 말라리아 치료약인 아르테수네이트Artesunate 주사를 맞았다. 이틀 동안 증상이 나아지지 않아 일어나지 못했다. 사흘이 지나서야 겨우 움직일 수 있었다. '열대열 말라리아가 이런 거구나.'

아르테수네이트는 쑥 종류에서 추출한 아르테미시닌 유도체로 국경없는의사회 병원에서는 중증 말라리아의 1차 선택 약으로 사용된다. 아르테수네이트는 말라리아에 감염된 환자의 혈액에서 원충 수를 감소시키고, 환자의 증상을 빠르게 완화시킨다. 세계보건기구는 아르테미시닌의 광범위한 사용으로 인한 약제 내성을 막기 위해 아르테미시닌 병용요법Artemisinin-based Combination Therapy(ACT)을 말라리아 표준 치료법으로 권고하고 있다. 우리나라 제약회사도 '피라맥스'라는 말라리아의 아르테미시닌 병용요법 치료제를 개발하였다.

말라리아가 의심되는 환자가 그와께 어린이병원 응급실에 오면 우선 혈관을 확보하고, 혈당, 빈혈 그리고 말라리아 신속 진단 검사를 확인한다. 혈당 수치가 떨어지면 경련, 의식장애 등의 증상이 나타나며, 혈액 내에 많은 수의 말라리아 원충을 보유하고 있는 환자들은 혈당 수치가 생명을 위협할 정도로 낮아질 수 있다. 경련이나 의식이 혼탁한 환자들의 대부분에서 저혈당이 확인되고, 정맥주사 경로가 확보되면 고농도의 포도당 용액을 주사하고, 저혈당이 재발되는 것을 막기 위해 혈당을 자주 확인한다.

또한 말라리아 원충이 적혈구를 파괴하여 심한 빈혈이 나타나기도 하고, 감염된 적혈구가 혈관 벽에 붙어 혈관을 막아 주요 기관에 손상을 주기도 한다. 헤모글로빈 수치가 4mg/dL 이하일 경우에는 수혈을 준비한다. 그완게 어린이병원에서는 전혈whole blood 수혈을 원칙을 하고, 혈액 공여자의 수혈 적합성 검사는 혈액형과 B형 간염, 말라리아 검사만 확인한다. 혈액 공여자의 말라리아 검사가 양성이고 다른 혈액 공여자가 없을 때에는 말라리아 환자가 아니라도 말라리아 치료를 한다.

수혈이 필요할 정도의 빈혈을 보이는 말라리아 환자의 예후는 그다지 좋지 못하다. 입원 첫날 수차례 수혈을 하여도 빈혈이 회복되지 않는 환자의 경우에는 말라리아 치료를 응급으로 하여도 사망하는 경우가 많았다. 빈혈이 너무 심하여 환자의 결막이 빨간색이 아니고 거의 흰색인 환자도 경험하였다. 여러 차례의 수혈을 하였으나 헤모글로빈 수치가 오르지 않았고, 초기 말라리아 치료를 끝내고 나서야 빈혈이 회복되기 시작했다. 그 이후로도 그 환자는 두 차례 수혈을 더 받았고, 건강하게 퇴원하였다.

뇌 말라리아는 고열, 두통, 섬망, 발작, 혼수 등이 나타나는 열대열 말라리아의 위험한 합병증이다. '섬망delirium'은 뇌 말라리아에서 흔하게 나타나는 증상으로 의식장애와 사고장애, 환각이나 심한 불안 등이 동반된다. 오렌지 병동에 고함을 지르고 포악한 말라리아 환자가 있다는 보고를 받았다. 보호자가 말려도 소용없어서 결박한 상태였다. 뭔가를 보고 놀라면서 겁에 질린 듯하고, 불안해하고, 혼자서 중얼거리기도 하였다.

현지 의사는 환자에게 진정제를 사용하기를 원했다. 나는 진정제는 환자의 의식 상태를 확인할 수 없어 진정제 사용을 반대하였으나, 환자의 섬망 상태가 너무 심하여 결국 진정제 사용을 허락하였다. 몇 차례 진정제를 투여하였으나 환자의 상태는 나아지지 않았고, 경과를 관찰하기로 하였다. 병동 이곳저곳을 뛰어다니다가 오렌지 병동을 지나는 도중에 그 환자가 진정되어 잠을 자고 있는 것을 보았다. 환자를 확인해 보니 이미 사망한 상태였다. 의료진 누구도 언제 환자가 사망하였는지 알지 못했다. 그 이후로 섬망이나 환각이 동반된 뇌 말라리아 환자에게도 진정제 사용은 금지되었다.

'흑수열'이라 불리는 말라리아 신장병증malarial nephropathy은 열대열 말라리아의 흔하지 않은 합병증이라 알려져 있다. 하지만 그왜게 어린이병원의 많은 열대열 말라리아 환자들에서 신장병 증세가 나타났다. 적혈구가 파괴되어 헤모글로빈이 혈액으로 배출되고, 소변으로 배설되면서 소변 색깔이 짙어졌다. 신장 기능이 떨어져서 소변량이 줄어들고, 심하면 종종 소변이 나오지 않았다. 다행히도 마이두구리 대학병원에는 신장 투석이 가능하여 신장 기능이 떨어진 환자의 신장 투석을 위해 전원할 수 있었다. 전해질과 신장 기능을 확인하기 위한 검사를 할 수 없어 소변량을 측정하여 신장 기능을 추정할 수밖에 없었다. 말라리아 신장병증이 동반된 환자들은 소변량을 확인하기 위하여 가능하면 같은 병동으로 환자들을 모았다. 매일 아침에 환자들의 소변 색깔을 보면서 회진을 하였다. 하우사어로 소변을 '피사리'라고 한다. 보호자에게 아침 인사 대신에 "피사리 카라(소변 색깔은 어때요)?", "아쿠웨이 피싸리(소변은 나와요)?"라고 물으면서 다녔다.

우기가 끝나고 응급실로 오는 환자들이 늘어나기 시작하였다. 임상적으로 열대열 말라리아일 것이라고 판단되어 말라리아 신속 진단키트를 이용하여 검사를 하면 말라리아 양성반응이 나타나지 않는 경우가 많았다. 입원 환자 중에서도 검사에서 말라리아 양성반응이 나타나지 않았는데, 말라리아 치료약을 투여하면 증상이 호전되는 증례가 많았다. 국경없는의사회 운영센터에 현재 사용하고 있는 신속 진단키트를 다른 회사 제품으로 바꾸자는 제안을 했다. 다른 지역에서도 우리 병원과 비슷한 현상이 나타나자 운영센터에서 신속 진단키트를 다른 제품으로 바꾸기로 결정하였다. 새 신속 진단키트의 검사 양성율은 95% 이상이었다. 우연히 제품의 포장지를 보다가 뭔가를 찾아냈다. 내가 확인한 것은 '메이드 인 코리아Made in Korea'였다. 나는 뿌듯한 마음으로 직원들과 동료들에게 마음껏 자랑을 했다.

"이것을 과연 어느 나라에서 만들었을까? 바로 우리나라 것이야! Made in Korea."

자신의 나라에서조차 머물 곳을 잃은 국내실향민

국내실향민Internally Displaced Persons(IDP)은 일상의 거주지에서 강제적으로 혹은 의도적으로 떠나게 된 사람들을 말한다. 무장 분쟁, 폭력, 인권 유린, 자연재해나 인위적으로 발생한 재해로부터 집을 떠난 사람 중에서 다른 나라가 아닌 자국 내에서 머무는 사람을 말한다. 가끔 '난민'이라 불리기도 하지만, 국내실향민은 난민이 아니다. 그러나 유엔난민기구는 국내실향민도 난민과 같이 국제인도법에 따른 권한을 가진다고 명시하였고, 노르웨이 난민위원회Norwegian Refugee Council는 2022년에 전 세계 국내실향민은 7천 1백만 명에 이른다고 발표하였다. 현재 국내실향민이 가장 많은 지역은 아프리카이다. 2019년 기준으로 보르노주의 인구는 6백만 명인데 그중 국내실향민이 약 2백만 명으로 추정되었다. 그래서인지 국내실향민을 수용하는 캠프가 22개나 있었다.

국경없는의사회 그완게 어린이병원은 국내실향민의 보건의료 지원을 위하여 만들어진 병원이었으나 현재는 모든 현지 주민에게 제한 없이 보건의료를 제공한다. 그완게 어린이병원에 내원하는 거의 모든 환자의 보호자들은 환자의 증상이 경증이라도 입원하기를 원한다. 대학병원이나 인근 진료소에서는 진료비를 지불해야 하나 이곳은 무료로 의료서비스를 제공한다. 가끔 부득이 전원을 해야 하는 환자의 보호자가 전원을 거부하는 경우도 있는데, 병원비가 없기 때문이라고 했다.

여기에 더해 그완게 어린이병원은 충분하지는 않더라도 입원 환자와 보호자에게 밥과 빵, 분유 등 하루 세 끼 식사를 제공하기 때문이다. 입원할 때 잘 먹지 못하던 환자들도 증상이 나아지면 음식을 잘 먹는 것을 자주 보았다. 하루 한 번의 식사도 하지 못하는 현지 주민이 많다고 하였다. 그러므로 그완게 어린이병원에 내원하는 모든 환자는 진료 전에 영양상태 평가를 받는다. 통상적으로 국경없는의사회의 활동 현장에서는 영양실조를 위팔 둘레를 측정하여 진단한다. 중증 급성 영양실조severe acute malnutrition는 위팔 둘레가 115mm 미만이거나 키에 비해 체중이 심하게 감소한 경우에 진단한다. 응급 중증 상태를 제외하고, 중증 급성 영양실조 환자들은 영양치료센터가 있는 국경없는의사회 벨기에 운영센터 병원으로 전원되었다.

입원 환자에게는 살충제 처리 모기장insecticide-treated net을 제공한다. 퇴원할 때 반납을 해야 하지만, 모기장 회수율이 20%에도 못 미친다. 병원 의료팀 회의 때마다 모기장 회수율을 올리는 방안이 논의되지만, 회수율은 좀처럼 올라가지 않았다. "내가 내는 국경없는의사회 후원금을 올릴 테니 모기장을 그냥 주는 것도 검토해 보자"라고 농담처럼 회의 때마다 제안하기도 하였다.

가끔씩 낯익은 환자 보호자가 뭔가를 요구할 때가 있다. 캠프로 돌아갈 차비가 없어 퇴원을 하지 못한다는 것이다. 국경없는의사회에서는 현지 주민에게 개인적으로 물건이나 현금을 주지 말라고 교육한다. 참 난감한 상황이다. 환자를 볼 정도의 간단한 하우사어와 카누리어를 하는 나로서는 손짓 발짓을 동원하여 "지금 가진 돈이 없어 도와주지 못하겠어요"라고 할 수밖에 없다. 환자들이 애처롭고 한편으로는 귀엽고 해서 사탕을 준 적이 있는데 여기저기서 달라고 해서 곤란을 겪은 적도 있었다.

마이클 마멋 경Sir Michael Marmot의 『건강 격차The health Gap—평등한 사회에서는 가난해도 병들지 않는다』의 서문 첫 구절이 생각난다. "왜 기껏 환자를 치료하고서는 환자를 병을 얻었던 환경으로 다시 돌려보내는가?" 활동 현장에서 나는 환자의 진료나 치료만으로 해결할 수 없는 문제가 더 심각하다는 것을 절실히 느꼈다. 그래서 귀국 후에 나는 공중보건학 학위과정Master of Public Health을 시작하였다.

환자 중에 어떤 캠프에서 왔는지를 모르는 환자가 있었다. 나이를 정확하게 알지 못했으나 키나 몸무게로 볼 때 한 살 정도일 거라 예상했다. 환자는 경증 말라리아로 진단을 받고 일반 병동에 입원하였으나, 상태가 점점 나빠지고 있었다. 환자의 어머니는 하우사어도 카누리어도 몰랐다. 어머니의 말이 아랍어와 비슷하다고 하여 아랍어를 할 수 있는 직원을 찾았다. 환자 상태가 좋지 않아 환자를 잃을 것 같아서 환자 상태를 어머니에게 설명해야 했다. 어머니의 말이 아랍어도 아니어서 그 직원도 의사소통이 어려웠다. 우여곡절 끝에 환자의 상태를 설명했다.

그런데 어머니의 사정을 듣고 난 뒤에 말문이 막혔다. 환자의 어머니는 국내실향민이었다. 다섯 명의 아이가 있었는데, 고향을 떠날 때 두 명의 아이를 잃었고, 캠프에서 말라리아로 두 명을 더 잃어서 이 환자가 다섯 중에서 유일하게 남은 아이라는 것이었다. 그 아이마저 잃을지도 모른다니. 가슴이 꽉 막혀서 뒤돌아서 병동을 나왔다. 이 환자는 꼭 살린다. 중환자실로 환자를 이송하고, 현지 의사와 상의하여 중증 말라리아에 준하는 치료를 시작하였다. 환자 상태가 안정될 때까지 수액과 말라리아 주사 치료제, 3세대 항생제를 투약하였다. 며칠이 지난 어느 날, 아침 회진 때 다행히도 환자와 어머니가 나에게 먼저 아침 인사를 건넸다.

마이두구리 양철지붕에 떨어지는 비 소리

마이두구리의 우기가 예년에 비하여 길었다. 갑자기 내리는 비를 맞으면 머리가 아플 정도로 굵은 빗줄기였다. 마이두구리의 집들은 대부분 양철지붕이었다. 비가 올 때면 요란한 소리가 난다. 양철지붕 아래에서 비 내리는 소리를 녹음해서 지인들에게 보냈다. 지인들 대부분은 무슨 소리인지 몰랐다. 언제부터인가 밤에 양철지붕을 때리는 빗소리는 오케스트라의 타악기 소리로 들린다.

사흘 밤낮으로 비가 내린다. 아침에 일어나 보니 방바닥에 물이 흥건하다. 밖에 나가 보니 숙소가 침수되어 온통 물바다였다. 동료들은 물을 빼고 있고, 방이 침수가 된 동료들은 침수가 되지 않은 방으로 짐을 옮기고 있다. 내 방은 침수가 심하지 않은 편이었다. 출근 전까지 물을 닦아내고, 젖은 짐들을 확인했다. 씻지도 못하고 출근을 했다. 점심시간에 집에 돌아와 보니 숙소를 담당하는 직원들이 숙소를 벌써 깨끗하게 정리해 놓았다. 고마워요, 정말 고마워요. 국경없는의사회는 활동가들의 생활을 최대한으로 쾌적하게 해 주려고 노력한다.

국경없는의사회에 지원하고, 면접을 마치면 인재풀에 등록된다. 이어 '웰컴 데이즈Welcome Days'라는 오리엔테이션을 받는다. 우리나라 활동가는 국경없는의사회 일본 사무소의 도움을 받아 일본에서 교육을 받았다. 나도 다섯 명의 우리나라 활동가와 함께 일본에서 오리엔테이션을 받았다. '웰컴 데이즈'는 삼박 사일 동안 진행되었는데, 정말로 입문 교육 과정과 일정이 조금의 여유도 없다. 조별 토론과 발표, 롤플레잉, 초청강사의 교육 등 거의 모든 교육 방법이 동원된다. 교육이 끝나는 날에 우리는 농담으로 "파견 현장에서 우리가 다시 만날 확률은 얼마나 될까?"라고 서로에게 물었다. 거의 만나지 못할 거라는 것을 우리들은 알고 있었다.

그런데 아부자에서 일본인 동료 나오를 만났다. 조별 발표 때 유창한 프랑스어로 발표를 해서 기억에 남았던 동료였다. 아부자 사무소에서 인력관리 코디네이터로 활동하고 있었다. 마이두구리에도 단기 파견을 나오기도 하였다. 파견 활동을 마치고 귀국하기 전에 아부자에서 나오를 다시 만났다. 귀국 전날에 다시 우리는 서로에게 물었다. "설마 우리 또 같은 파견 활동 현장에서 만날 수 있을까?"

파견 활동 현장에서는 통행금지가 있어 갇혀 살고 있었다.

6주마다 한 번 금요일부터 월요일까지 수도인 아부자에서 주말을 보낼 수 있었다. 첫 연휴를 국경없는의사회 바르셀로나 소속으로 보르노주 풀카Pulka에서 활동한 한국인 활동가인 오륭진 님과 주말을 보내기로 했다. 아부자에서의 숙소는 행정 책임자의 배려로 수영장과 레스토랑이 있는 리조트로 배정해 주었다. 한국인 동료가 한국 소주를 가지고 숙소로 왔다. 이슬람 문화권에서 돼지고기를 먹지 못하였던 두 사람이 소시지를 잔뜩 넣은 부대찌개와 소주로 맛난 점심을 먹었다.

주말을 잘 쉬고 마이두구리로 돌아온 후에 국경없는의사회 바르셀로나 마이두구리 사무실에서 연락이 왔다. "네 앞으로 풀카에서 헬기로 물건이 왔다. 이상한 냄새 많이 나는 물건이네." 퇴근하고 사무실로 가서 물건을 찾으니 '김치'였다. 감동의 순간이었다. 한국인 동료가 파견 활동 현장에서 직접 김치를 담그고, 풀카에서 헬기로 마이두구리까지 보냈다고 한다. 그날 저녁부터 나는 동료들에게 김치 냄새로 테러를 하지 않기 위해 식당 밖에서 밥을 먹어야 했다, '김치'와 함께.

아부자에는 한국 영사관이 있다. 나이지리아에 한국인이 입국하면 교민들의 안전을 위해 경찰 영사와 정기적으로 연락을 한다. 그완게 어린이병원에는 지혈대가 없었다. 지혈대 대신에 수액 라인을 사용하고 있었다. 수액 라인으로 팔이나 손목을 조이면 환자들이 아파서 비명을 지르기도 하고, 잘 조여지지 않아 혈관을 찾기 어려웠다. 한국에 있는 지인들에게 사정 이야기를 했더니 지혈대를 보내 주겠다고 한다. 국경없는의사회에서는 활동 현장에서 개인적인 물품을 받는 것은 허용하지도 않았으며, 의료용품은 엄격한 심사와 검사를 한 후에 사용이 허가되었다. 한국 영사관의 경찰 영사가 한국에서 보내 주는 물품을 받아 주었고, 프로젝트 매니저가 한국산 지혈대의 사용을 허가해 주었다.

　마이두구리에서 수도인 아부자에 다녀오려면 유엔인도주의항공서비스의 항공기를 이용해야 한다. 일 인당 중량 제한이 있어 무거운 물건을 이송하려면 화물 항공기를 따로 예약을 해야 한다. 어느 날 마이두구리로 돌아오는 여정에서 짐의 중량이 초과되었다. 난감한 상황이라서 항공사 직원들에게 예외로 허용해 달라고 부탁을 하고 있는데, 누군가가 나에게 말했다. "선생님, 한국 분이시죠. 저는 몇 번 봤는데 한국 분일 거라 생각했어요." 유엔인도주의항공서비스의 기장이 한국 사람이었다. 한국인 기장의 도움으로 무사히(?) 마이두구리로 돌아올 수 있었다. 이후로도 몇 번을 그 한국인 기장에게 신세를 졌다.

질병과 싸울
새로운 진지를 함께 지으며

임희정 | 약사

말라위 치라줄루에 자궁경부암 병동을

말라위는 아프리카 남동부에 있는 내륙국가로 북서부의 잠비아, 북동부의 탄자니아, 동부, 남부, 서부는 모잠비크와 국경을 맞대고 있다. 수도는 릴롱궤Lilongwe, 제2의 도시는 남부의 블랜타이어Blantyre이다. 내가 참여했던 치라줄루Chiradzulu 프로젝트는 블랜타이어에서 한 시간 정도 들어간 곳에 있었다. 우리나라 인천공항에서 출발하여 에티오피아의 아디스아바바를 거쳐 탄자니아의 다르에스살람, 그곳에서 다시 말라위의 릴롱궤까지 항공편으로 이동했다. 이때 비행시간만 21시간 정도가 걸렸다. 말라위 안에서는 릴롱궤―블랜타이어―치라줄루까지 육로로 이동했다.

말라위는 내륙국가여서 해안은 없다. 하지만 끝이 보이지 않는 큰 호수가 있는데, 아프리카에서 세 번째로 큰 말라위호이다. 이 호숫가에 앉아 있으면 마치 바닷가 해변에 앉아 있는 것 같은 착각이 드는데, 파도가 없이 잔잔하여 그나마 호수라는 것을 가끔 일깨워 준다. 말라위호는 다양한 어종으로 유명하고 근처에는 호수에서 잡은 물고기로 요리를 해 주는 식당들도 있다. 또한 해발 3,000미터 높이의 물랑제산Mt. Mulanje이 유명하다.

말라위는 경제적으로 풍요롭지 못한 나라이다. 2024년 IMF 통계 기준 1인당 GDP는 481불, 순위는 189개국 중 186위이다. 국민의 80~90%가 농업에 종사하고, 농업이 GDP의 1/3, 수출의 80%를 차지한다. 차, 희귀 어류, 목화, 담배 등이 주요 수출품이다. 국가 기반 시설이 부족하고 산업이 발전하지 않았다. 하지만 영국의 식민지배 시절 세워진 학교나 교회는 여전히 운영되고 있어서 전 국민의 영어 구사율은 높은 편이다. 1964년 영국에서 독립했고 현재 인구는 1390만여 명, 면적은 한반도의 절반, 남한과 비슷한 11만 8,480제곱킬로미터이다. 또한 말라위 사람들은 외부인에게도 친절한 것으로 유명해서 말라위는 '아프리카의 따뜻한 심장'이라고도 불린다. 말라위는 대부분 안정적이고 치안도 나쁘지 않은 편이나, 내가 근무하던 2019년에는 홍수, 대통령 선거 등의 사회적 이슈로 예외적인 상황이 일어나기도 했다.

말라위 치라줄루 현장에는 기존에 운영되던 'HIV/결핵 프로젝트'가 있었다. 말라위는 대략 국민의 9.2%인 1백만 명 정도가 HIV 환자로 알려져 있으나, 지역에 따라 HIV 감염률이

30~50%에 이르는 곳도 있다. HIV는 모자감염이나 성생활을 통해 전염될 수 있다. HIV는 일반의 상식과는 달리 완치의 개념은 없지만, 평생 약을 먹으며 조절한다면 치명적인 질병은 아니다. 국경없는의사회는 말라위에서 지난 20년 이상 HIV/결핵 프로젝트를 운영하여 HIV 환자에게 꾸준히 약을 공급하고 있다. 내가 근무할 당시 말라위에서는 3차 항레트로바이러스 치료Anti-Retroviral Therapy(ART)가 시작되었는데, 기존 약에 내성을 보이던 환자들에게는 좋은 효과를 보였다.

나는 우리나라 종합병원에서 근무할 때 감염내과에 내원한 HIV 환자를 많이 경험했었다. 우리나라 환자에 비해 말라위 HIV 환자의 특징이라면 십 대 환아가 많다는 점이었다. 그 원인으로는 모자감염 등으로 태어나면서부터 보균자가 되는 경우도 있고, 질환에 대한 국가 차원의 예방 교육이 부족한 점도 원인으로 꼽을 수 있을 것이다. 또한 프로젝트에 함께 참여한 동료 인류학자의 말에 따르면, 말라위에서는 아직도 일정한 나이가 되면 마을 근처 숲에 들어가 얼마간 홀로 생활하고 나오는 전통적 성인의식이 이루어지는데, 이때 예방책 없는 성관계가 많다고 한다.

문제는 십 대 HIV 환아의 경우 학교를 다니지 않거나 낙인 효과 등으로 사회에 적응하지 못하는 경우가 빈번하다는 점이다. 국경없는의사회에서는 이 아이들을 위해 매주 토요일 틴클럽Teen-Club을 운영하였다. 틴클럽은 십 대 HIV 환아들이 지역 보건소에 모여 기본적인 영양상태 점검부터 바이러스 억제 수치를 확인하기 위한 혈액검사, 질환에 대한 교육, 복약 지도, 또래 멘토에 의한 멘탈 관리, 점심 제공, 게임까지 진행하는 프로그램이다. 아침에 채혈을 하면 프로그램이 진행되는 사이에 결과를 바로 확인할 수 있기 때문에 환자들을 위한 원스톱 시스템이라 할 수 있다. 환자들이 편한 만큼 스태프들은 바쁘게 움직여야 한다.

나도 지역 보건소의 약국 상태를 살펴보고 점심 준비도 도울 겸 틴클럽에 가 본 적이 있다. 그날은 환자들과 보호자들, 집에 혼자 두고 올 수 없는 어린 동생들까지 300~400명 정도가 모였다. 점심 배식을 하면서 보니 막 세 살이 되었을까 싶은 어린아이도 접시 가득 어른만큼 밥을 담아달라고 요구했다. 남길 것이 뻔해 보여 다 먹고 오면 더 준다고 해도 걸음걸이조차 서툰 어린아이가 어찌나 완강한지 결국 접시 가득 고봉밥을 채워 주기도 했다.

말라위에서 20년 동안 이어지던 기존의 HIV/결핵 프로젝트에 더해 새로 시작된 자궁경부암 프로젝트는 국경없는의사회 안에서도 신선한 프로젝트였다. HIV와 자궁경부암을 동시에 가지면 치료나 수술 후 관리가 복합적으로 이루어져야 한다. 그런 까닭에 특히 어려운 케이스가 된다. 말라위에서 여성을 위한 자궁경부암 병동이 운영되기 위해서는, 새로운 병동에 필요한 의약품, 의료기기, 설비 작업, 새로운 의료진 채용과 교육, 병동 건축, 약국 증축 등 여러 방면의 준비가 필요하다. 새 병동에 필요한 물품들은 내가 합류하기 전부터 이미 주문이 진행되고 있었다. 나는 약국을 증축하여 국제 배송되는 약들을 받아서 정리하고 새 병동이 지어지는 대로 병원에 보내 주는 일을 맡았다.

당시 치라줄루에 있던 약품 창고에서는 국경없는의사회와 일하던 말라위 국립병원 3곳, 완화 치료팀, 진단검사실, 지역 보건소 등 총 34곳에 꾸준히 약을 공급하고 있었다. 환자들은 주로 지역 보건소나 토요일의 틴클럽에서 약을 받아 간다. 따라서 약품 창고에서 환자에게 직접 약을 나누어 주지는 않는다. 약품 창고에서 약사의 주 업무 중 하나는 HIV 약품을 비롯하여 혈액검사에 필요한 카트리지, 수술복, 주사기, 붕대 등 의약품이 부족하지 않도록 재고를 파악하고, 의약품 주문, 국제 배송을 점검하는 것이었다. 특히 의약품을 국제주문할 때에는 약국에 보유 중인 전체 약품 재고의 정확한 수량과 각각의 유효기간, 배치 번호 등을 꼭 파악해야 한다. 이 때문에 6개월 동안 총 두 번의 재고 목록을 작성하기도 했다. 이 기간에는 1~2주 정도 약국을 닫고 네다섯 명의 약국 직원들이 재고 목록 작성에만 매진하게 된다.

당시에 약품 창고의 확장 공사와 함께 재고 목록 작성이 동시에 진행되면서 매일 이사하는 수준으로 의약품을 옮기게 되었다. 의약품의 유효기간 관리도 매우 중요한 일이기 때문에 소중한 의약품들이 유효기간이 지나 못 쓰는 일이 없도록 적절한 시기에 말라위 보건부에 기부하거나 각 지역 보건소에 약을 재분배하는 것도 약사의 몫이었다. 국제기구나 말라위 보건부와도 자주 소통하면서, 혹시 국제 배송이 늦어지거나 약품의 생산 중단 등 갑작스런 상황으로 약품 창고의 재고가 모자라게 되면 서로 약을 빌려 오거나 빌려주기도 했다.

쾌적한 약국 대 위험한 약국

파견지에서 약국은 현지 직원, 국제 활동가 모두가 부러워하는 장소 중 한 곳이다. 일단 시원하다. 덥고 건조한 말라위에서도 약국만큼은 에어컨, 냉장고가 몇 대씩 기본으로 돌아가며 늘 일정한 온도와 습도를 유지하고 있어 쾌적하다. 이를 위해 각 활동 지역에서는 전체 활동을 위한 발전기 외에도 약국만을 위한 보조 발전기를 따로 마련한다. 우리로서는 이해하기 쉽지 않을 수도 있다. 그러나 말라위에서는 모든 자원이 충분하지 않다. 따라서 돌발 상황이 생기면 장기전이 되는 경우가 많다.

예를 들어 말라위에서 갑자기 전기가 나갔다고 하자. 활동 지역은 전력 수급이 불안정한 경우가 많다. 야생동물이나 홍수, 화재 등 여러 가지 이유로 인해 나라에서 공급하는 중앙 전력이 갑자기 끊기면 자체적으로 발전기를 돌려서 전력을 공급해야 한다. 이때 발전기를 돌리려면 석유가 필요하다. 전력이 언제 다시 복구될지 모르는 상황에서 여분의 석유를 확보하는 일은 매우 중요하다. 갑자기 이런 사태가 생기면 여분의 석유가 충분하지 않을 수도 있고 동네 석유가게에 석유가 부족한 경우도 있다. 석유를 사러 나간 차가 고장 나서 돌아오는 데 시간이 걸리기도 한다. 겨우 석유를 구해 넣었는데 발전기가 고장 날 수도 있다. 그러나 이 모든 경우의 수에서도 약국의 보조 발전기만큼은 돌아가야 한다! 만에 하나 약들이 못 쓰게 되면 활동 자체가 큰 혼란에 빠지기 때문이다. 이렇듯 파견지의 환경이 돌발 변수로 인해 통제하기 어려운 상황임에도 불구하고, 약국만큼은 늘 일정한 온도와 습도를 유지하고 있으니 이 얼마나 평화로운 곳인지 모른다.

약국에는 수도도 있어서 원하면 언제든 차를 끓여 마실 수도 있다. 그래서인지 약국은 때때로 PC방이나 카페 취급을 받기도 한다. 더구나 약국에는 늘 인터넷과 프린터도 구비되어 있다. 요즘은 대부분 지역의 약국 시스템이 인터넷 기반으로 관리되기 때문에 몇몇을 제외하면 국경없는의사회 약국에도 인터넷과 프린터는 기본이다. 인터넷과 전력 공급을 원활히 하기 위해 약국 팀은 항상 전산기술팀, 물류팀과 긴밀하게 협조하여 일한다.

물론 다른 근무자들에게도 인터넷이 중요하지만, 약국의 경우에는 인터넷이 안 되면 약 주문, 보급, 재고 관리, 백신 관리 등등 모든 일이 거의 마비된다. 이 점은 한국의 약국과 다를 바 없다. 약국은 결국 약의 수급을 제대로 예측하고 주문하여, 환자에게 전해질 때까지 안전하게 보관하는 것이 가장 중요하다. 따라서 활동지에서의 약사의 일은 이런 환경과의 싸움이 되기도 한다.

'환경과의 싸움'이라고 하면 또 하나, 야생동물의 이야기를 빼놓을 수 없다. 활동가들은 대부분 돌발 상황이나 열악한 환경에 대한 어느 정도의 면역이 되어 있다. 식사나 샤워 중에 정전이 되는 일은 일상이고, 개인 공간 없이 모기장만 치고 다섯 명에서 열 명이 한 방에서 자고, 한 화장실을 쓰며 생활한다. 미세먼지가 아닌 진짜 아프리카 흙먼지, 물이 부족해서 자주 씻기 힘든 환경, 한 달 이상 머리를 감지 않는 동료 등 그런 상황은 다양하다. 여하튼 아프리카에서의 생활이 깔끔하게 유지될 수만은 없다.

하지만 아무리 외부 자극에 무덤덤한 사람일지라도 무섭거나 싫은 것이 하나씩 있기 마련이다. 예를 들면 뱀, 바퀴벌레, 쥐, 거미, 지네, 때로는 귀신 같은 것들 말이다. 나는 개인적으로나 직업적으로나 쥐를 가장 싫어한다. 얼마나 싫은가 하면 파견 나갈 때마다 쥐끈끈이를 챙겨 갈 정도이다. 바퀴벌레는 한국 집에서 나오면 기겁을 했지만, 방글라데시에서는 그다지 싫거나 하지 않았다. 뭔가 둥글둥글하고 느린 것이 좀 귀엽기까지 했다. '나라가 달라지면 바퀴벌레도 달라지는구나'라고 생각한 적이 있을 정도였다. 하지만 쥐는 사정이 조금 달랐다.

특히 파견지의 약국에는 특별히 쥐가 좋아하는 것이 있었다. 영양치료식 플럼피넛Plumpy Nut이 그것이다. 이 제품은 주로 기아 상태의 어린아이에게 주는 것이라서 아이들이 좋아하는 땅콩 맛이다. 향기와 맛이 좋고 젤리처럼 말랑말랑 씹기도 좋다. 한마디로 너무 맛있는 영양제다. 어떻게 알고 찾는지 쥐들은 이 플럼피넛 박스를 기가 막히게 찾아내서 구석부터 갉아먹는다. 단언컨대 어느 나라, 어느 약국이든 플럼피넛 상자가 한 번쯤 쥐의 공격을 받지 않은 곳이 없을 것이다.

이전 파견지였던 방글라데시에서도 쥐들이 쥐구멍을 통해 들락날락하는 것을 목격한 적이 있었다. 얼른 직원들에게 한국에서 챙겨 간 쥐끈끈이 사용법을 설명해 주고 구석구석 설치했다. 방글라데시에서는 쥐끈끈이가 꽤나 제 역할을 해서 아침마다 직원들이 쥐끈끈이에 잡힌 쥐를 묻어 주곤 했다. 그러다가 내가 쥐를 싫어하는 것을 알아챈 직원들이 일부러 나에게 쥐를 보여주며 "림, 오늘도 한 마리 잡혔어. 이건 좀 크니까 특별히 보여줄게" 하고 나를 놀리기도 했다.

어느 날엔가 말라위 약국에도 쥐가 갉아먹은 플럼피넛 박스가 하나 생기더니, 며칠 지나지 않아 아침에 약국 문을 열면 잽싸게 쥐 숨는 소리가 들리기 시작했다. 상황을 급히 물류팀에게 알리자 바로 고기를 놓은 쥐덫을 설치했다. 쥐덫이 설치되자 '빨리 쥐가 잡혔으면' 하는 마음 반, 죽은 쥐를 처리할 걱정으로 '내 눈에는 띄지 마라' 하는 마음 반으로 날마다 쥐덫을 살피게 되었다. 불행인지 다행인지 때마침 약국 증설 공사가 시작되자 쥐들이 보금자리를 옮긴 것인지 이후 말라위에서 내가 직접 쥐덫에 걸린 쥐를 치울 일은 없었다.

까다롭고 예민한 콜드체인 관리

국경없는의사회 약사로 근무하면서 내가 가장 낯설었던 일은 '콜드체인Cold Chain'이었다. '콜드체인'이라는 용어를 국경없는의사회에서 근무하면서 처음 접했다. 콜드체인은 '냉장 상태를 유지하면서 백신 등 냉장이 필요한 약들을 환자에게 안전하게 배송하는 시스템'을 말한다. 우리나라에도 인슐린, 자궁경부암 예방 주사, 항독사 백신 등 병원 내에서 불출하는 냉장 약이 있고, 요즘은 시중 약국에도 냉장 항생제, 유산균, EGF 연고, 성장호르몬 주사 등 냉장 약이 많이 있다.

하지만 국경없는의사회 콜드체인이 국내 백신 이동보관과 다른 점이라면 국제 배송을 해야 하므로 콜드체인을 유지해야 하는 절대적인 시간이 길다는 점이다. 이를 위해 필요한 것은 냉장을 점검할 수 있는 온도계(수동/자동), 3M 카드(온도 유지 상태를 알려 주는 스티커가 붙어 있음), 백신에 붙어 있는 온도 표시 스티커(맥주병에 붙어 있는 온도 표시 스티커처럼 온도에 따라 색깔이 변함. 만져 보면 색이 변하는 것을 볼 수 있음), 백신 박스(크기에 따라 은색 박스와 파란 박스가 있음), 아이스팩(은색 박스와 파란 박스 안에 넣어 내부 온도를 유지하는 용도로 쓰임) 등이 있다.

일단 백신을 주문하면 운영센터에 있는 물류센터에서 항공 배송으로 보내진다. 비행기로 이송되는 시간과 자국 안에서 이동하는 시간을 계산해서 그동안 너무 낮지도 너무 높지도 않은 일정한 온도가 유지되도록 백신 박스 안에 일정한 양의 백신을 넣는다. 그리고 그에 맞는 양의 아이스팩을 넣어야 한다. 물론 이를 계산하기 위한 매뉴얼이 따로 있다. 약국에서 백신을 받고 나면 가장 먼저 온도계, 3M 카드 등 약과 함께 배송된 온도 점검 도구들을 모두 꺼내서 냉장 상태를 확인한다. 수동 온도계는 현재의 온도만 읽을 수 있지만, 요즘의 자동 온도계는 온도를 추적할 수가 있다. 정확한 온도 측정을 통해 적절한 범위 내에서 온도가 지켜져야만 콜드체인이 지켜진 것으로 본다.

이동 중 한 박스 안에 백신이 너무 많이 들어가거나, 백신에 비해 아이스팩의 양이 너무 많거나, 아이스팩의 얼어 있는 정도 등 다양한 상황에서 콜드체인은 깨질 수 있다. 이럴 때 백신을 못

쓰게 되는 경우가 발생한다. 그래서 콜드체인이 있을 때마다 약사들은 잠을 못 이루며 긴장하기도 한다. 콜드체인이 잘 지켜진 백신은 약국 내의 냉장고에 적절하게 나누어 보관하고, 이후에는 냉장고의 상태에도 신경을 써야 한다.

국경없는의사회 약국 냉장고는 백신용으로 특별히 공급되며 내구성이 좋아 고장이 잘 나지 않는다. 하지만 한 번 고장 나면 내부의 백신을 안전하게 보관할 다른 곳을 마련해야 한다. 그뿐만 아니라 냉장고 부품을 받아 수리하거나 새 냉장고를 주문해 국제 배송을 받아야 하는 등 일이 커진다. 따라서 물류팀의 도움을 받아 최대한 냉장고 관리를 잘 해 주는 것이 좋다. 만약 중앙 전력 공급에 문제가 생기더라도 약국의 보조 발전기를 돌려서 바로 전력을 공급해야 한다. 또한 휴일이나 약사의 휴가 기간에도 온도 체크에 공백이 생기지 않도록 인수인계를 잘하고 가야 한다.

말라위에서는 약국 외부에 전등을 달아서 약국에 전력이 공급되지 않으면 외부 전등도 꺼지도록 연결해 두었다. 만약 밤중이나 약국이 문을 닫았을 때에도 약국 외부의 전등이 꺼져 있는 것을 발견하면 야간 경비원을 포함해 누구든지 약사에게 지체 없이 연락하도록 하고 있다. 그런데도 전력이 끊기면 우선 해야 할 일은 백신용 냉장고 문을 절대 열지 않고 최대한 내부 온도를 지키는 일이다. 냉장고 외부에는 내부 온도를 표시하는 온도계가 달려 있어서 실시간으로 온도를 점검할 수 있다. 그러니 내부 온도가 올라가기 전에 최대한 빨리 전력을 공급해야 한다.

긴급 파견지 등에서 국경없는의사회 보급 냉장고를 기다리기 어려울 때 현지에서 구입한 냉장고를 사용하는 것을 본 적이 있다. 그러나 대부분의 일반 냉장고는 백신용 냉장고만큼 일정한 온도를 유지하기가 힘들다. 백신은 음식보다 훨씬 더 까다롭게 온도를 유지해야 하기 때문에 가능한 한 백신용 냉장고를 최대한 활용하는 것이 좋다. 또한 요즘에는 백신용 냉장고 온도 체크가 앱으로 가능해서 약국에서 30분 떨어진 숙소에서 휴일에 하루 두 번 약국까지 온도 체크를 위해 왔다 갔다 하는 번거로움이 줄었다고 한다.

난항을 겪는 말라위 자궁경부암 예방 캠페인

말라위는 한반도의 절반 정도의 면적에 경기도와 비슷한 인구가 살고 있다. 특이한 점은 인구가 도시에 몰려 있지 않고 작은 마을 단위로 분산되어 살고 있다는 점이다. 이렇게 인구집중도가 낮은 경우 환자는 의료 시스템에 접근이 어렵고, 의료인은 질병에 관한 교육이나 환자 관리가 어렵다. 말라위에서 암 진단을 받은 여성 중의 약 40%는 자궁경부암이라고 알려져 있다. 더욱이 많은 경우 HIV도 함께 가지고 있다. 이런 경우 진단과 치료가 상당히 복합적이고 어려운 케이스가 된다는 점은 앞에서도 밝힌 바이다.

의료접근성이 낮은 말라위의 경우, 매우 경제적으로 자궁경부암 검사를 할 수 있는 방법 중 하나인 초산육안검사(VIA)라고 불리는 도말검사 방법을 쓰고 있다. 초산육안검사는 면봉을 사용해 여성의 자궁경부에 식초를 바르고 병변 부위가 하얗게 변하는지를 본다. 이 검사를 일차적으로 하는 이유는 환자당 검사 비용이 1달러 미만으로 매우 경제적이며, 짧은 시간 안에 결과를 육안으로 확인할 수 있기 때문이다. 또한 검사 방법이 간단하여 비싼 의료 장비나 의사가 없더라도 교육을 받은 조산사나 간호사가 시행할 수 있다는 장점이 있다.

말라위의 국경없는의사회 약국에도 초산육안검사를 위한 식초가 많이 있었다. 하지만 이 검사가 자궁경부암을 진단할 가장 간단한 방법임에도 불구하고, 여성 환자들은 선뜻 검사에 응하지 않았다. 더군다나 정확한 진단과 의료진의 판단을 위해 사진을 찍거나 검사 과정을 동영상으로 남기는 일도 환자의 동의를 얻기가 어려웠다.

자궁경부암 예방 주사인 HPV 백신 접종도 마찬가지였다. 이 백신을 적절한 나이에 맞으면 자궁경부암은 예방 확률이 높아 우리나라에도 널리 알려져 있다. 그런데 말라위에서 백신 접종 캠페인은 한마디로 난항이었다. 말라위에서는 장기적인 효과를 볼 수 있는 HPV 백신보다는 당장 필요한 생필품이나 지원금을 더욱 선호하였다. 그러니 말라위 국민에게 자궁경부암 검사나 백신을 맞도록 권하는 일이 쉽지는 않았다. 우리가 보기에는 좋은 일이고 당연히 가야 하는 방향이라고 생각되는 백신 접종 같은 일도 말라위 사람들에게는 당연하지만은 않은 일일 수 있다. 그렇다고 백신 접종 캠페인의 추진을 위해서 지원금을 주면서 대상자를 모은다면 이는 국경없는의사회 정신 자체를 거스르는 일일 것이다.

백신 캠페인을 위해 말라위 보건부의 동의를 얻기가 어찌나 힘들었던지 내가 가기 전부터 이미 항공 배송을 받아 보관 중이던 HPV 백신은 결국 말라위 복지부와의 교섭에 실패하여 유효기간 안에 사용하지 못했다. 치라줄루 지역에서 백신 접종 캠페인을 시작하지 못하고 다시 콜드체인을 준비하여 백신을 수도에 있는 세계보건기구에 보낼 때는 마음이 너무 착잡했다. 백신은 전량 세계보건기구에 기부되었고, 나중에는 결국 폐기되었다고 들었다. 우리나라에서도 코로나19를 통해 백신의 수급과 폐기 전 사용이 얼마나 중요하고도 힘든 일인지 전 국민이 알게 되었으리라 생각한다. 다행히도 내가 한국에 돌아오고 나서 2020년 1월부터는 새로운 HPV 백신으로 백신 접종 캠페인을 시작할 수 있었다고 하니 무엇보다 기쁘다.

온 동네가 들썩인 약국 증축

자궁경부암 프로젝트는 병동 오픈부터 스태프 채용까지 모든 일이 맨땅에서 시작되었다. 암 병동 하나를 완전히 새로 짓는 프로젝트였기 때문에 현장에서 필요한 것이 수없이 많았다. 일단 프로젝트 전체로 보면 병동 건축, 전기 배선, 검사실, 입원실, 수술실의 준비, 항암제 조제 및 폐기물 처리 매뉴얼과 그에 따른 말라위 정부 허가사항에 맞는 처리시설 준비 등이 필요했다.

약국으로 보자면 자궁경부암 백신은 물론이고 새로운 자궁경부암 병동에 들어갈 모든 검사 장비, 수술 장비, 수술복, 진단 키트, 수술실 조명까지 준비해야 했다. 전임자가 모든 필요 물품을 국제 배송으로 발주했고, 내가 추가한 것도 몇 가지 있었다. 이런 배송은 엄청나게 규모가 크기 때문에 배송 진행 상황에 각별히 신경을 써야 한다. 배송이 단계마다 끊김 없이 잘 이어지는지도 중요했지만, 우리 쪽에서 배송을 받고 나서 병동을 오픈할 때까지 보관도 잘 되어야 했다. 따라서 준비에 만전을 기해야 했다.

일단 미국과 유럽에서 건축가와 전기 기술자가 도착했다. 운영센터에서 병동 오픈과 관련된 결정권을 가진 사람들도 도착했다. 말라위 정부와 MOU를 맺기 위해 파리에서 변호사와 자문을 담당할 의사들도 왔다. 많은 사람이 논의한 끝에 약국은 증축과 이전 증축, 기존에 있는 건물을 빌리는 방법 중 증축으로 결정이 되었다. 그에 따라 기존에 있던 건물에서 사무실을 재배치하고 약국 앞에 건물을 덧대기로 했다. 약국에는 증축할 수 있는 여유 공간이 충분치 않았으나 각 부서에서 조금씩 양보해 준 덕분에 부지를 확보할 수 있었다. 이로써 자궁경부암 병동 오픈을 위한 약국의 밑 작업이 끝났다.

이때만 해도 나는 아무것도 모르고 있었다. 전임자가 약을 주문했다니 그런가 보다 했고, 약이 온다니 또 그런가 보다 했다. 약이 오는 날 현장 책임자가 내게 직접 전화를 했다. 수도에 있는 현장 책임자에게 현지 상황을 전달하면서도, 전화가 오니 오나

보다 했다. 그런데 마침내 약이 오는 것을 보니 화들짝 놀라지 않을 수 없었다. 길이 12미터에 바퀴가 열 개 달리고, 내부에 에어컨까지 장착된 어마어마한 컨테이너(거의 집 한 채만 한)가 도착한 것이다. 도대체 이 거대한 컨테이너 안에 얼마나 많은 약이 있을지 가늠조차 되지 않았다.

컨테이너는 약국이나 사무실 건물 안에는 놓을 자리가 없어서 임시로 물류창고 건물 앞 공터에 놓았다. 일단은 자물쇠를 두 번 세 번 단단히 채우고 전원을 연결한 채 며칠을 보냈다. 컨테이너에는 내부 온도를 확인할 수 있는 창이 달려 있어서 하루에도 몇 번씩 온도를 확인하면서 내부 환경 유지에 신경을 썼다. 그동안 주변 도시에서 크레인을 수소문했고 실제로 몇 대가 오기도 했다. 하지만 모두 컨테이너를 들어 올리기에는 작아 돌려보내야 했다. 마침내 거대한 컨테이너를 들 수 있는 대형 크레인이 와서 컨테이너를 물류창고 담장 안으로 옮기는 데 성공했다.

공터보다는 안전했지만, 컨테이너는 결국 약국 안으로 들어와야 했다. 우선은 물류팀이 일하는 데 불편했고, 보안 문제도 있었다. 전원 공급도 약국보다 불안정했으며, 약국과 떨어져 있어 온도 체크 등 관리하기도 힘들었다. 결국 약국 앞 부지를 평탄화하고 콘크리트로 단차를 세우고 담장을 넓혀 문도 새로 단 다음, 또 한 번 대형 크레인을 불러서 겨우 약국 담장 안으로 컨테이너를 들여놓을 수 있었다. 이런 과정을 거치느라 컨테이너가 도착하고 문을 열기까지 한 달 정도의 시간이 흘렀다. 한 번의 공정마다 동네 구경이 나다시피 했다. 콘크리트 작업 중에 비가 오면 걱정이 되었고, 너무 더울 때는 땡볕에서 일하는 인부들이 걱정되었다.

    컨테이너가 약국 안으로 들어오는 동안 약국 안도 바빴다. 약국 내부에 자리를 비우고, 약국 내 재고 목록 작업을 마쳤다. 그리고 마침내 컨테이너의 문을 열고 박스 하나하나를 확인하며 하차작업을 했다. 먼저 온도에 민감한 약품을 꺼내서 안전한 약국 내부로 옮겨 보관했다. 그러면서 병동에서 급히 필요로 하는 물건은 바로 배송했다. 온도에 민감하지 않은 나머지 물건들은 컨테이너에 그대로 둔 채로 약국이 한 칸씩 증축되어 자리가 생길 때마다 옮겼다. 이 모든 과정에는 재고 관리가 필수였다. 수기로 적는 재고 관리 카드와 전산상 재고 그리고 실재고가 딱 맞아야 한다. 그렇지 않으면 나중에 큰 문제가 생기기 때문이다.

    돌이켜 생각해 보니 말라위에서의 하루하루가 생각지 못한 일들의 연속이었다. 그뿐 아니라 어디서도 다시 해 보기 힘든 경험이다. 국경없는의사회가 아프리카에 자궁경부암 병동을 연다는 것이 전례가 없는 일이기 때문이었다. 좀 더 크게 바라보면 말라위에서의 경험은 국경없는의사회 50년이 된 지금, 조직의 역할과 미래에 대해 다시 생각해 보는 계기가 되기도 하였다. 국경없는의사회는 세계적인 응급 상황에 대처하는 데 존재 목적을 두고 활동해 왔다. 하지만 말라위처럼 한 국가에서 20년이 넘는 기간 동안 활동을 이어오고 100명이 넘는 현지 직원들을 고용하다 보면 프로젝트가 안정되었다는 단순한 이유로 해당 프로젝트를 접을 수는 없는 상황에 처하기도 한다. 아직도 많은 환자들이 말라위 보건부의 적절한 돌봄을 받지 못하는 형편이고, 국경없는의사회와 같은 NGO나 유엔의 도움으로 최소한의 보건의료 시스템이 유지되는 나라도 적지 않기 때문이다. 앞으로 어떤 활동을 펼쳐야 할지 각 프로젝트와 국경없는의사회 전체 조직의 미래에 대해서 많은 의견이 있다. 하지만 결론이 나는 그날까지 우리는 거침없이 의견을 내면서 변화를 거듭하며 발전해 나갈 것이라 믿는다.

신중에 신중을 기하는 현지 직원 채용

약국 직원 채용은 중요한 일이다. 특히 국경없는의사회의 시스템은 국제 활동가와 현지 직원들이 함께 일하는 구조이다. 이때 국제 활동가는 일정 기간 계약을 맺고 활동하고 계약 기간이 끝나면 본국으로 돌아간다. 반면 현지 직원들은 큰 문제가 없는 한 계속 일하는 시스템이다. 국제 활동가도 처음 파견 현장에 도착하면 그간 일해 온 방식이나 진행 상황에 대해 알고 있는 현지 직원에게 크게 의지하게 된다. 따라서 현지 직원은 매우 고마운 존재이다. 현지 직원에게도 국경없는의사회는 직업의 안정성과 임금 등 처우 면에서 좋은 일자리에 속한다.

약국에 일손이 더 필요할 경우, 그들을 채용하는 것도 약사의 일 중 하나이다. 현지에 약학대학이 있고, 자격증을 가진 약사를 배출하고 있으면 약사를 뽑는다. 그러나 약사를 뽑기 어려운 경우면 약국 직원을 뽑기도 했다. 말라위의 경우 당시 약사를 배출한 지 3년 남짓 되어서 전국적으로 약사가 많지는 않았다. 그리고 치라줄루 프로젝트는 지방에 있어서 수도인 릴롱궤에서 약사를 부르기도 어려웠다. 더군다나 말라위에서 약대는 등록금이 비싸서 부유한 가정이 아니면 진학하기 힘들다고 한다. 그렇다 보니 가끔은 약사보다 일을 잘하지만 대학에는 진학을 하지 못한 직원도 있다. 어떨 때는 '똑똑한 직원 한 사람이 열 약사보다 낫다'는 생각이 들기도 한다. 그러나 직원이 아무리 일을 잘해도 약사가 아니면 약국 책임자는 될 수 없다. 그런 까닭에 인사관리에서 참으로 안타까운 일이 벌어지기도 한다. 한번은 일 잘하는 직원을 약국 이외의 곳으로 옮겨서라도 국경없는의사회 경력을 이어가고 진급도 할 수 있도록 하자는 논의가 있었는데, 무엇보다 본인의 의지가 중요한 부분이라 최종적으로 이동까지는 연결되지 않았다.

직원 채용 시에는 완벽한 지원자를 만나 뽑는 것이 최선이다. 그러나 짧은 면접으로 이 직원의 인성까지 예측하기는 어렵다. 이 직원이 앞으로 일을 잘할지 여부도 실제로 일하기 전까지 알 방법이 없다. 따라서 채용 전에는 최대한 인사 관련 정보를 점검하는 것이 좋을 것 같다. 약국 직원의 경우 다른 운영센터나 다른 파견 활동지의 국경없는의사회와 일해 본 적이 있거나 최소한 보건부 산하 국립병원에서 일한 적 있는 사람을 선호한다. 국경없는의사회 경력자라면 일단 시스템에 대한 이해가 있고, 다른 운영센터와 의사소통을 할 때에도 편한 점이 많기 때문이다. 실제로 채용 공고가 나면 아는 사람을 통해 전해 듣고 지원하기도 하는데, 이 경우 이전부터 국경없는의사회와 교류가 있는 사람일 때도 있다.

한정된 인적자원 안에서 채용을 진행하다 보니 국경없는의사회에서는 3개월의 수습 기간을 두기도 하고, 수습 기간을 연장하기도 한다. 우리나라도 마찬가지지만, 수습 기간 안에 큰 문제가 있으면 해고할 수 있다. 실제로 약국 직원 중 한 명은 이 수습 기간에 아프다는 핑계로 외출하여 다른 곳에 면접을 보러 가서 이직한 경우도 있다. 학생이 딴짓을 하면 선생님은 알 수 있는 것처럼, 직원이 거짓말을 하면 상사도 대충 눈치를 채게 된다. 그러나 인생사 '새옹지마塞翁之馬'라고 다른 곳으로 떠난 사람 대신 새로 온 약사는 너무 영특하고, 말라위 국립병원 상황도 잘 알고 있어서 큰 도움이 되기도 했다.

국경없는의사회는 일반적인 직장과는 다른 특별한 환경에서 일하게 된다. 이에 따라 직원의 생활이 크게 바뀔 수도 있는 만큼 직원 채용은 신중에 신중을 기해 결정해야 할 일이다.

새로운 배움으로 나아가는 길

한국에서 태어나 살면서 아프리카에서 6개월간 일해 보는 경험은 아무나 하는 것은 아니다. 특히 나의 전문성을 살려서 경력을 이어나갈 수 있고, 나의 지식을 통해 남들에게 도움을 줄 수 있다는 것은 보건의료 관련 직업의 큰 장점이라 생각한다.

나에게는 낯선 땅, 말라위에서 근무하며 나는 매일 많은 생각을 했다. 나의 장점과 약점에 대해 깊이 고민하는 시간을 가졌으며, 매 순간 옳은 선택인지 나 자신에게 물으며 지냈다. 우리나라 돈으로 500원 정도 하는 점심을 현지에서 사 먹는 게 옳은지, 어제저녁 먹다 남은 음식을 도시락으로 싸 오는 게 옳은지부터 시작해서 작은 생쥐 열댓 마리를 꼬치로 만들어 맛있게 먹는 출입구 경비원에게 그 꼬치를 어떻게 만들었는지를 물어도 괜찮을지까지, 말라위에서의 근무와 생활은 나의 상식을 뒤흔들어 놓는 것투성이였다.

말라위 파견근무를 마치고 한국에 돌아와서 내가 가장 먼저 한 일은 영어 공부와 대학원 등록이었다. 나는 국제개발협력 전공으로 석사과정을 시작했고, 빅데이터와 영어를 배웠다. 더 배워야만 한다는 생각이 들어서였다. 어려서부터 뭔가 이해가 되지 않는 것이 있으면 책에서 답을 찾곤 했다. 그러나 말라위에서의 경험은 나를 아예 학교로 되돌아가게 했다. 말라위에서 함께 근무하던 동료들은 모두 자신의 분야 및 주변 분야에 대해 끊임없이 관심을 가지고 공부하고 있었다. 나는 알게 모르게 그런 동료들의 영향을 받아 공부를 더 해야 할 필요성을 느끼게 되었다. 내가 모르는 것이 너무나도 많다는 깨달음이 있기도 했을 것이다. 이해할 새도 없이 밀려드는 미지의 세계, 나를 끊임없이 매료시키는 새로운 세상. 국경없는의사회의 활동은 내게 그런 의미였다. 말라위에서의 6개월은 나를 책과 약의 세계에서 벗어나서 새로운 조직과 새로운 사람들을 만나게 해 준 활동이었다.

물론 그 과정이 간단하지만은 않았다. 특히 우리집 식구들이 희생을 치러야 했다. 우리집 고양이는 6개월 만에 돌아온 나를 못 알아볼 뻔했다. 그래서 내 등 뒤로 돌아와 등에 대고 오줌을 쌌다. 6개월 동안 떠나 있었던 벌을 받았다는 것을 알 수 있었다. 하고 싶은 것을 다 하고 사는 나는 늘 누군가의 희생을 등 뒤로 하고 떠난다. 그 길의 끝에 무엇이 있을지는 모른다. 그러나 그 시작은 국경없는의사회와 함께였다. 어디서도 할 수 없는 경험을 하게 해 준, 어디에도 없는 조직 국경없는의사회. 앞으로도 국경없는의사회의 파견 활동은 언제나 환영이다.

2부

분쟁의 현장에서 생명을 돌보는 일

총성과 공포를 현실로 살아가는 곳에서
생명을 돌보는 일

박지혜 | 수술실 간호사

우리가 하는 이야기가
아프리카 밖에서 이해가 될까?

그것은 '허구도 과장도 아닌 분명한' 사실이지만, 이야기를 듣는다 하더라도 나의 친구들은 기아와 질병이 어떤 얼굴을 하고 있는지, 전쟁 속의 눈들이 어떻게 빛을 잃어 가는지 알기 어려울 것이다. 그들이 무신경하거나 덜 인간적이어서가 아니다. 눈에 보이지 않으면 그렇게 될 수밖에 없는 일일지도 모른다.

잠시 머물다 돌아오는 현장 활동가도 다르지 않다. 전쟁을 현실로 살아가는 사람들에게는 그들만의 색깔과 감정, 그리고 외부인은 결코 이해할 수 없는 그들만의 언어가 있다. 고작해야 몇 주에서 몇 개월밖에 머물지 않는 우리가 전부 이해할 수는 없다.

하지만 적어도 이야기의 전달자 역할은 할 수 있지 않을까 생각한다. 전쟁의 자극적인 한쪽 측면만 강조되는 기사와 뉴스들 사이에서 조금 다른 이야기도 전달되길 바란다.

현장에 다녀오기 전에는 몰랐다. 비인간적인 일을 저지르는 사람도 지극히 인간적일 수 있다는 사실을. 전쟁터에서는 도덕적인 것과 비열한 행동을 나눌 수 없다. 인간으로부터 짐승에 이르는 길을 구분할 수 없다. 당장 가족이 굶어 죽을 위기에 처한 사람이 비쩍 마른 몸으로 해진 옷을 입고, 작동하는지 알 수 없는 부식된 총을 들이밀며 국경없는의사회 차량을 위협하는 걸 보면서 그렇게 생각했다. 한순간 난민이 되어 삶의 터전과 가족을 잃은 사람이 굶어 죽지 않기 위해 총을 드는 일에 대해 옳고 그름을 쉽게 논할 수 없었다.

전쟁, 기아와 질병의 현장으로

2019년 6월 18일 금요일 늦은 오후. 사무소로부터 2주 후 카메룬에 갈 수 있겠냐는 연락을 받았다. 파견을 기다리고 있던 터이기에 바로 그러겠노라 했다. 곧바로 돌아오는 월요일부터 출국 준비를 했다. 필요한 예방접종을 하고, 사무실에서 들러 필요한 서류를 작성했다. 이어서 비자 신청과 입국에 필요한 서류를 작성하고 현장에 대한 브리핑을 받았다.

카메룬은 상대적으로 안전했던 지난 파견지였던 라이베리아와 달랐다. 카메룬은 분쟁 지역이고 긴급 파견이었기 때문에 브리핑에서 안전이 무척 강조되었다. 반드시 전체 내용을 숙지해야 한다는 안전 수칙에는 현장에서 발생 가능한 여러 상황이 상세하게 적혀 있었다. 즉 납치나 감금이 되었을 때, 총격이 벌어졌을 때, 눈앞에서 환자나 동료가 폭행을 당하고 있는 상황 등에서의 대응 요령이었다. 이를테면 납치를 당할 경우, 자신을 증명하고 살아있다는 것을 확인할 수 있는 암호를 다섯 가지 질문과 답으로 정하라고 했다. 그리고 암호를 절대 잊지 말라고 거듭 당부하였다. 마지막으로 '만일의 상황'에 나의 소식을 가족에게 (한번 완화시켜) 전해 줄 수 있는 가족과 나와 친밀한 사람을 한 명 지정하고, 상속인을 지정하는 것으로 작업이 끝났다.

시간이 빠르게 흘러 2주가 지나고 출국 전날 짐을 쌌다. 파견 횟수를 더해갈수록 짐 싸는 일은 쉽고 빨라진다. 현장은 대부분 더운 지역이다. 게다가 일을 할 때 국경없는의사회 티셔츠를 입어야 하므로 가져갈 옷이 별로 없다. 가볍고 활동성 좋은 면바지 몇 장과 방수 자켓 하나 정도면 충분하다. 거기에 읽을 책 몇 권, 약간의 상비약, 동료들과 나눠 먹을 간식까지 챙기면 끝이다. 조금 부끄러운 얘기지만, 첫 파견으로 가자 지구에 갈 때 한 달 활동에 30킬로그램을 챙겨 갔었다. 이제는 6개월 활동도 20킬로그램이면 충분하다.

짐을 싸고 안전 수칙을 다시 한번 훑어보는데 '복장 권고사항'에 눈길이 멎었다. 이슬람 국가가 아니니 특별한 규정이 없을 거라 생각해서 대충 넘겼는데, 다시 읽으니 특정 색상과 무늬의 의상을 피하라고 적혀 있었다. 이것이 카메룬의 분리주의자 국기를 연상시킬 수 있다는 이유였다. 캐리어 속에서 반듯하게 접어 넣은, 권고사항에 언급된 색상과 비슷한 잠옷을 다시 꺼냈다. '외출복도 아닌데, 괜찮지 않을까?' 하는 생각이 스쳤지만, 곧바로 접었다. 무장한 이들이 숙소에 들이닥치거나 자다가 급히 숙소 밖으로 대피해야 하는 상황도 고려해야 했다.

문서의 마지막은 느낌표 세 개

"…도착 전 이 문서에 포함되지 않은 추가 질문이 있으면 아래의 이메일로 연락해 주시기 바랍니다.

추신: 치즈, 자몽, 퓨렛, 소시지, 와인, 초콜릿 또는 과자 등은 팀에게 항상 기쁨을 선사합니다!!!"

와인, 치즈, 초콜릿. 빠질 수 없는 현장 일상의 한 부분이다. 폭탄이 터지고 총성이 배경음악처럼 깔리는 전쟁 지역이라도 언제나 와인과 초콜릿 정도의 낭만은 있다. 정전된 숙소 마당에서 모기에게 뜯겨가며 마시는 미지근한 와인은 활동을 지속하는 이유 중 하나가 되기도 한다. 아마도 내 캐리어 속에서 가장 많은 무게를 차지할 팩소주를 다시 한번 확인하며 짐 정리를 마쳤다.

2019년 7월 3일, 경유 시간 포함 23시간 30분의 비행 후 꼬박 하루 만에 카메룬에 도착했다. 더울 거라는 예상과 달리 그곳의 공기는 서늘하고 습했다. 비 오는 숲, 사막, 사바나, 해안지대 등 다양한 기후와 식생이 있는 카메룬은 지역마다 환경이 다르다. '아프리카 속의 아프리카'라고 불리는 이유가 여기에 있다. 그

중 두알라Douala라는 도시는 아프리카 서부지역에서 가장 높은 산인 카메룬산Mt. Cameroon 근처에 위치해 있다. 아프리카이면서도 기온이 낮은 편이고 비가 많이 오는 지역이다.

서늘하고 진한 습기 속에 마중 나와 있을 국경없는의사회 운전사를 찾았다. 다행히 그는 제시간에 나와 있었고, 간단한 인사와 함께 국경없는의사회 조끼를 건네주었다. 평소와 다르게 프랑스어 로고가 아니라 영어 로고가 찍혀 있었다. 원래 국경없는의사회는 프랑스에서 설립된 단체이기 때문에 공식 명칭이 'Médecins Sans Frontières(국경없는의사회)'라는 프랑스어이고 줄여서 'MSF'라고 부른다. 나라에 따라 그 나라의 언어로 로고를 새기기도 하지만 프랑스어가 공식 명칭인 만큼 'Médecins Sans Frontières'가 새겨진 티셔츠를 익숙하게 보아온 터였다. 하지만 영어권과 프랑스어권 사이의 분쟁이 있는 카메룬 지역의 특수성으로 인해 프랑스어 사용이 금지되었다. 활동지 공식 언어로 영어 사용이 강조되었고, 카메룬에서 사용하는 국경없는의사회 물건의 로고 역시 'Doctors without Borders'로 표기했다.

내가 합류하게 될 프로젝트가 있는 지역은 분쟁 때문에 지역 간 이동이나 차량통제가 심해서 바로 가지 못했다. 먼저 남서주State of Southwest의 한 지역에서 대기했다가 차량 이동이 있는 날 조금 더 이동해 활동 지역으로 넘어가기로 했다.

엿새 만에 현장으로

활동지로 이동하는 날의 두근거림은 지금도 꽤나 선명하다. 카메룬 도착 바로 다음 날 넘어가기로 했던 이동이 갑작스레 연장된 거리 봉쇄 선언으로 엿새나 미뤄졌다. 덕분에 출발하는 날 분쟁 국가에 대한 긴장감이 배로 높아졌다. 수도도 끊겨서 기다리는 내내 씻지 못하다가 출발 전날 통제가 풀리면서 겨우 씻을 수 있었는데, 그래서인지 그날이 더욱 기억에 남는다. 습기와 땀에 젖은 채로 그렇게 오랜 기간 씻지 않은 건 살면서 처음이었다.

엿새나 지체된 덕에 물류 코디네이터 피터에게 안전 브리핑을 두 번이나 더 들어야 했다. 하지만 출발 직전에도 다시 한번 간략히 브리핑을 받고서야 길을 나설 수 있었다. 거리는 70킬로미터 정도였는데 중간중간 있는 잦은 검문으로 시간이 배로 걸렸다. 비포장길을 달리는 지프차는 요란하게 덜컹거렸고, 에어컨이 작동하지 않아 찜통에 앉아 있는 것 같았다. 그런데도 별로 불편했던 기억이 없는 것은 주변 마을 분위기에 압도된 탓일 것이었다. 차창 너머로는 총알 자국으로 벌집이 된 마을이 스쳐 지나갔다. 잦은 총격전을 피해 주민들이 떠난 그곳은 '고스트 타운 Ghost Town'이라 불렸다. 까만 점처럼 박힌 탄흔, 그을음, 무너진 건물들… 이곳은 현재 통제 구역으로, 아무도 살지 않는다. 지나가는 강아지 한 마리조차 보이지 않는 마을. '사람'이 사는 장소에 '사람이 없어' 생기는 침묵은 기이하기까지 했다.

검문을 위해 차량의 속도를 늦출 때면 자동적으로 자세를 고쳐 바로 앉았다. 그러고는 눈이 보일 수 있도록 선글라스를 머리 위에 얹고 심호흡을 했다. 그러면서 머릿속으로 피터가 알려 준 안전 수칙을 떠올렸다. '눈 마주치지 않기, 그렇다고 과하게 피하지 말기, 직접 말하지 않고 팀 리더가 말하게 하기, 총격이 벌어지면 최대한 몸을 낮추고….' 본부에 도로 상황을 보고하고 있던 피터도 검문소 앞이라며 전화를 끊는 소리가 들렸다.

이따금 대기하고 있는 차 안으로 습한 공기와 함께 이상한 냄새가 흘러 들어왔다. 우리 표정을 살피던 운전사 다니엘이 시신을 며칠째 치우지 못해서 나는 냄새라고 말해 줬다. 그 시신이 정부군 사람인지, 분리주의 단체 사람인지 확인하기 전까지는 허락 없이 건드릴 수 없기 때문이라고 했다. 검문을 받기 위해 기다리고 있는 시민들, 그 사이에서 부모님의 손을 잡은 어린아이들이 보였다. 아직 초등학교에 들어갈 나이도 안 돼 보였다. 그런 그 아이가 날마다 보는 것이 시신과 무너진 마을, 무장한 사람들의 총과 칼이었다.

분쟁의 시작 그리고 2019년 7월

카메룬의 분쟁은 독립 이전의 역사적 배경에서 비롯된다. 그전에는 각각 영국과 프랑스의 통치를 받으며 영어권과 프랑스어권으로 나뉘어 있었다. 1961년 통일이 되면서 상대적으로 적은 인구(전체 인구의 20%인 5백만 명)를 차지하고 있던 영어권 지역 소수민족이 공공기관과 정부에서 배제되었다. 이로 인해 영어권 지역 사람들과 정부는 줄곧 충돌을 빚어왔다. 그러다 2016년 대규모 시위에 대해 카메룬 당국이 폭력적으로 탄압하면서 영어권 지역 사람들의 불만이 최고조에 이르렀다. 이 사건이 정치적 사회적 충돌로 확대되면서 직접적인 총격과 폭력, 마을 파괴, 학교 폐쇄, 도시의 인구 이동이 발생하게 된다.

2017년 10월 1일 남부 카메룬에서 분리주의자(정부 탈퇴 주장 단체)들이 국가로부터 독립을 선언했다. 계급구조가 명확하지 않고 통제하는 지역이 정해지지 않은 여러 개의 분리주의 그룹이 곳곳에서 생겨났다. 각 단체는 자금이나 새로운 단원을 모집하기 위해 지역 주민들에게 폭력을 행사했다. 하지만 카메룬 안보 당국은 시민을 구하기 위해 나서지 않았다. 오히려 민간인들을 잠재적 분리주의자로 간주해 조금이라도 의심스러우면 무작위로 사격하고 마을과 의료시설을 공격했다. 분리주의자와 협력하는 국제·지역 비정부기구를 비난하고 구급차의 환자 이송조차 방해했다. 두 입장 간 충돌 사이에서 아무 잘못 없는 일반인들만 표적이 되어 공격받았다.

파견 당시(2019년 7월) 안전 브리핑에서 보고 들은 바로는 전투로 인해 시민들이 450명에서 500명, 정부 당국 직원이 185명 및 수백 명의 분리주의자가 사망했다. 이뿐만 아니라 43만 7,000명이 집을 떠나 숲으로 피신을 했으며, 2만 6,000여 명이 나이지리아에서 난민이 되었다고 했다. 이는 카메룬에서 전례 없는 대규모 인구 이동이었다. 하지만 이 숫자도 과소평가된 수치라고 했다.

난민이 된 사람들은 위생, 건강, 영양, 안전, 교육 등 모든 부분에서 취약해졌다. 마을의 파괴와 계속되는 도로 차단으로 인해 의료서비스 접근이 불가능해졌고, 식량, 담요와 같은 필수 생활용품을 확보하는 일조차 어려워졌다. 그러다 보니 사람들은 병에 걸리거나 다쳐도 병원에 올 엄두를 못 냈고 먹을 것이 없어 굶었다. 벼랑 끝으로 내몰린 사람들은 살기 위해 분리 단체에 합류하거나 이웃 주민을 위협했다. 이런 상황에서 국경없는의사회를 비롯한 구호단체들의 활동도 쉽지 않았다. 교외 지역으로 가는 길의 잦은 통행 제한으로 프로젝트 운영에 큰 차질을 빚었다. 통합되지 않은 분리주의자 그룹들에 의해 정부 단체로 인식되는 일이 빈번하게 발생하면서 활동은 물론 활동가의 안전도 보장되지 않았다.

처음 남서부 쪽에서 활동을 시작했을 당시 지속적으로 국경없는의사회 차량 이동에 제재를 받았고, 정부와 분리주의 지도자들 간 국경없는의사회 활동 허가 협상 상황을 모르는 새로운 분리주의 단체로부터 협박성 방문을 받는 일이 빈번했다고 한다. 내가 파견되던 시기에는 국경없는의사회의 입장이 정부와 분리주의 단체 양측 사이에서 비교적 안정적인 상태였다. 그렇다고 긴장을 늦출 상황은 아니었다. 내가 도착하기 일주일 전 우리 쪽 활동가에게 직접 총구를 겨냥하는 대치 상황이 벌어진 적이 있었다며, 거듭 안전에 주의할 것을 당부를 넘어 경고받았다.

카메룬과 같은 분쟁 국가에서 활동을 할 때는 첫째도, 둘째도, 셋째도 '조심'이 중요하다. 활동 초기에 관련 당국 및 이해관계자들과 의사소통체계를 구축하는 일이 무엇보다 중요한 과제였다. 안전 관련 문서 작성, 공격 기록 데이터베이스 작성 등 보안 대책을 철저하게 만들어 관리했고, 모든 활동은 사전에 검토하여 안전 상황이 확인된 후 실행되었다. 모든 이동 역시 현장 책임자에게 승인을 받아야 했으며 20분 혹은 30분 간격으로 정해진 시간마다, 정해진 지점check point에서 상황을 보고해야 하는 등 여러 가지 엄격한 안전 수칙에 따라 활동했다. 안전 수칙 중 하나라도 어길 시에는 현장 책임자의 판단에 의해 즉시 본국으로 돌아가게 될 수도 있었다.

분쟁에도 생명의 보루가 된 병원

내가 일하게 된 곳은 카메룬 남서부 지역에서 중간 규모의 병원으로, 외래진료실, 병동, 수술실, 검사실을 갖추고 있었다. 규모가 큰 다른 병원에 비해 상대적으로 작았지만, 분쟁 상황에서도 문을 닫지 않고 지역 주민들에게 의료서비스를 지속하고 있는 중요한 병원이었다.

무차별한 총격으로 마을과 학교, 의료기관이 파괴되었을 때, 남아 있던 병원들이 계속해서 환자를 돌보려 노력했다. 하지만 곱절로 밀려드는 환자들, 도로 통제로 인한 의약품 부족, 계속되는 안전 위협 속에서 남아 있던 몇몇 의사들도 결국 피난길을 선택할 수밖에 없었다. 환자들은 의료서비스로부터 더욱 고립되어 갔다. 상황이 이러했기에 이 병원은 지역 주민의 생명줄과 같았다. 국경없는의사회는 이 병원과 협력을 맺음으로써 환자들의 의료시설 접근과 치료를 도왔다. 의약품 보급과 의료진 파견으로 무료로 치료하고 일주일 내내 24시간 구급차를 운영하여 위급 상황에서 환자를 이송했다(구급차의 이동은 도로 통제 날에도 가능했다).

또한 숲속에 숨어 살고 있는 난민들에게 직접 찾아가는 커뮤니티 기반 활동(분산된 치료모델 Decentralized Model of Care)을 시작했다. 이를 통해 산모의 안전한 출산과 말라리아나 급성 수창성 설사 등 취약 부분의 질병 치료를 도왔다. 이 '분산된 치료모델'은 분쟁, 재난, 의료접근성이 제한된 지역에서 환자들이 필요한 치료를 받을 수 있도록 의료서비스를 분산하여 제공하는 방식이다. 의료진이 이동하거나, 소규모의 지역 거점에서 진료를 수행하여 환자들이 병원에 오기 어려운 상황에서도 지속적인 치료가 가능하도록 한다. 특히 숲속이나 외딴 지역에 숨어 지내는 실향민들에게 필수적인 의료서비스를 제공하는 데 효과적인 모델이다.

대부분의 파견 활동에서는 국경없는의사회의 의료시설을 세우고, 우리 시스템 안에서 환자들을 치료한다. 하지만 카메룬에서는 현지 병원과 협력하는 방식으로 프로젝트가 진행됐다(분쟁 지역이기 때문에 병원을 짓는 것은 더 신중하게 고려된다. 카메룬은 이전에 위기가 없었기 때문에 국경없는의사회를 비롯한 국제 구호단체들에 대해 잘 알지 못했다. 외국 의료진을 못 믿거나 이상한 실험을 한다고 생각하는 사람이 많았으며, 경계가 심했다). 병원과 현지 의료진이 국경없는의사회 소속이 아니었기 때문에 시스템 개선 단계에서 난관이 많았다. 하지만 시간이 지나면서 처음보다 국경없는의사회의 제안이나 의견을 열린 마음으로 받아들이고 있었다.

이곳에서 나의 역할은 간호 활동 책임자였다. 주요 목표로는 고압증기 멸균기 설치 및 교육, 중앙멸균실 시스템 도입, 병원 간호사들의 기본 간호 교육이었다. 지금껏 파견되었던 대부분의 아프리카 병원에서처럼 이곳도 멸균기를 제대로 갖추고 있지 않았다. 1980년대 초기에 사용하던 낡은 전자렌지형 멸균기를 쓰고 있었는데 멸균을 확인할 인디케이터나 테스트 기구가 없어서 안정성 여부를 알 수 없었다. 그나마도 적재 용량이 너무 적어 급하면 그냥 물을 끓여 기구를 삶는다고 했다. 수술실 한쪽 구석에 스토브와 냄비가 자리하고 있는 이유였다. 나는 가장 먼저 국경없는의사회에서 기증한 TBM90L 멸균기를 설치했다. 시설과 인프라가 제한적인 저수득국에서 사용하기에 적합한 멸균기다. 설치가 비교적 간단하고 내구성도 뛰어나다. 당연하게도 수술실 직원들 모두가 기뻐했다. 이를 계기로 나의 의견을 호의적으로 들어주어 일이 많이 수월해졌다.

현장에서 의견을 낼 때는 신중함이 필요하다. 과거 식민지배와 착취, 차별의 역사를 겪은 이들은 대체로 강한 자존심과 독립적인 태도를 지닌 경우가 많았다. 나는 현장에서 그런 사람들을 자주 마주했다. 외부의 억압 속에서도 자신들만의 방식과 질서를 지켜 온 이들은 그만큼 고유한 문화와 시스템에 대한 자부심도 컸다. 그런 그들에게 한 번도 본 적 없는 외국인이 갑자기 나타나 오랫동안 유지해 온 구조에 대해 '감 놔라 배 놔라' 한다면 당연히 거부감이 들 수밖에 없었다. 그래서 나는 더욱 신중하게 접근하며 제안과 시도를 조심스럽게 이어갔다.

대규모 사상자 대응 계획

활동지에 도착하자마자 나에게 맡겨진 일은 전임자가 진행하고 있던 '대규모 사상자 대응 계획'의 시뮬레이션 실행이었다. 전임자는 몸이 안 좋아 급하게 본국으로 돌아가느라 이 시뮬레이션을 마무리 짓지 못했다. 내가 급하게 카메룬 파견 요청을 받게 된 이유였다. 의료팀은 물론 비의료팀까지 병원의 전 직원이 함께하는 큰 규모의 프로젝트이자 분쟁 지역에서는 필수불가결한 중요한 훈련이 당장 사흘 후에 있었다. 거리 봉쇄로 발이 묶이지 않았다면 준비할 시간이 더 있었겠지만, 상황이 달라져 버렸다. 동료들과 간략한 통성명만 나눈 채 바로 일에 착수했다.

대규모 사상자 대응 계획이란 대규모 재난이나 사고가 발생했을 때 응급 상황에 대비하기 위해 의료진과 관련 기관들(병원 의료진, 응급구조사, 소방서, 경찰서, 정부)이 효과적으로 협력하고 대응할 수 있도록 하는 훈련을 말한다. 단시간 안에 최대 다수 환자의 생명을 구하기 위한 시스템으로 언제 대규모 환자를 맞이하게 될지 모를 내전 상황에서 꼭 필요한 훈련이다. 대규모 사상자 대응 계획의 시뮬레이션은 실제 응급 상황이 발생한 것처럼 설정하고 진행하는 모의훈련이다. 이를 통해 팀 협력, 의사결정, 응급 처치 능력을 확인하거나 훈련할 수 있다.

문제가 하나 있다면, 내가 대규모 사상자 대응 계획에 대해서 전무할 정도로 모른다는 것이었다. 사실 한국은 다른 나라의 병원과 비교했을 때 대규모 자연재해나 테러와 같은 국가 차원의 재난 발생 빈도가 낮은 편이다. 정부와 의료기관 간에 응급의료 시스템도 효율적으로 갖추고 있어 대부분의 한국 병원에서는 대규모 사상자 대응 계획을 특별히 강조하고 있지 않다. 내가 일했던 병원도 상급 종합병원이었음에도 불구하고 일할 때 인증평가를 위해 관련 문서를 읽은 것이 전부였다. 그래서 실제 시뮬레이션 훈련 경험은 없었다. 그런데 이런 훈련을 책임자로서 당장 사흘 후에 지휘하게 된 것이다. 급하게 대규모 사상자 대응 계획 보고서와 관련 자료를 찾아 읽었다. 다행히도 전임자가 이미 훈련에 필요한 교육자료 배포나 이론교육을 마쳐 놓은 상태여서 내가 할 일은 준비물품을 챙기고 참여자들과 맡은 역할 및 동선 확인을 하는 일이었다.

응급실 의사 알렌의 도움으로 철제 상자 네 개에 트리아지triage 색상코드를 부착하고 블랙, 레드, 옐로우, 그린에 따라 의료 소모품을 나눴다. 생명이 위험에 처했지만 살릴 가능성이 있는 레드나 옐로우 환자들의 물품은 상자를 꽉 채우고 넘쳐나는 것에 비해 블랙은 물품이 시체를 담는 하얀 플라스틱 가방이 전부였다. 밤 근무를 하는 몇몇 직원을 제외하고 대부분의 참여 인력들을 만나 마지막 점검 회의를 할 수 있었다. 오자마자 병원 곳곳을 돌아다니며 시설을 점검하고 회의를 하고 나니 어색함을 느낄 새도 없이 현장에 적응해 있었다.

준비가 부족했다는 불안감에 비해 시뮬레이션은 예상보다 잘 진행되었다. 모두 시나리오에 따라 맡은 역할에 성실하게 임해 주어 기대 이상의 팀워크와 처치 및 대응 능력을 보여주었다. 그 가운데 인상적이었던 건 환자와 보호자 역할을 맡은 사람들은 연기였다. 연기가 중요할 거라고는 생각을 안 해 신경을 가장 덜 썼던 부분이었는데 지나고 보니 성공적인 모의훈련의 일등 공신이었다. 실제 상황 같은 실감 나는 연기로 참여 의료진, 비의료진의 집중도와 긴장도를 한껏 높여 주었다. 장난스러운 분위기가 하나도 없었다. 모두 진지하게 자신의 역할에 집중했다. 흉기에 찔려 기흉이 생긴 환자 역할을 맡은 남성은 폐에 공기가 찬 호흡곤란 연기를 너무나 실감 나게 해 주어서 정말 아파서 내원한 환자인 줄 알았다. 블랙 선고를 받은 아이의 어머니 역할을 맡은 여성은 울다가 쓰러지기까지 했다.

사실 훈련을 하면서 현지 의사와 간호사의 집중도가 인상 깊었다. 내가 기대했던 것보다 훨씬 진지한 태도로 훈련에 임해 주었다. 한국처럼 인증평가를 위해 구색을 갖추기 위한 훈련이었다면 이렇게 적극적이지 못했으리라 생각했다. 매일같이 총격전을 마주하고, 총상 환자를 치료하고 있는 이들에게 무엇보다 중요하고 중요한 훈련이었으리라. 전반적으로 병원 직원들의 안정적이고 적절한 대응 능력을 볼 수 있어 안심이 되었다. 응급실 트리아지 선별 단계의 속도를 높여야 하는 점이나 일부 의료진들이 장갑이나 마스크와 같은 보호용구 착용에 좀 더 주의를 기울일 점 등 몇몇 개선점을 확인한 좋은 기회였다.

감정의 롤러코스터

현장에서는 하루에도 몇 번씩 감정의 롤러코스터를 탈 때가 있다. 치료가 잘 되어 퇴원하는 아이의 웃음을 맞이할 때 행복으로 한껏 치솟았다가 사이렌을 울리며 도착하는 구급차 속 환자의 환자력患者歷를 읽을 때 한순간 바닥으로 떨어지기도 했다.

그런 날이 있었다.

숲속에서 다친 상처를 제대로 치료받지 못해 발이 심하게 곪은 채 병원에 왔던 아이가 있다. 사비라고 하는 네 살 된 예쁜 여자아이이다. 다행히 우려와는 달리 적절한 소독 치료와 항생제 복용으로 금방 회복세를 보였다. 담당의 알렌이 집에서 소독을 지속하는 조건으로 퇴원을 해도 좋다고 했다. 그동안 내가 사비의 소독을 직접 맡아왔던 터라 아이가 퇴원하는 게 기쁘면서도 아쉬웠다.

작별의 포옹을 하는데 사비가 수줍게 웃으며 작은 쪽지 하나를 건네줬다. 반으로 접힌 쪽지를 펼치니 그 안에는 "Call me(전화 주세요) 0000-0000-000"적혀 있었다. 헌팅 작업 멘트 같은 쪽지를 건네는 아이의 순수한 얼굴을 보자 그냥 웃음이 터져 나왔다. 갑자기 내가 웃자 사비가 잠시 당황했다가 이내 함께 웃기 시작했다. 그러자 사비 엄마와 통역 친구도 함께 웃었다. 웃는 그 순간이 즐거워서 계속 웃었다. 그리고 사비에게 전화하겠다고 약속하며 한 번 더 진하게 작별의 포옹을 했다.

행복한 기분으로 사비를 배웅하고 수술실로 향했다. 이미 퇴근 시간이 지났지만 두 시간 전에 실려 왔다던 응급 환자의 수술이 한창 진행 중이었다. 수술실 문의 작은 창문으로 안을 들여다보다가 순환 간호를 하고 있던 사만다와 눈이 마주쳤다. 그녀는 수술 진행이 안정적인 틈을 타 잠시 밖으로 나왔다. 환자의 상태가 좋지 않다고 했다. 숲속에서 급하게 이송되어 온 산모인데 배 속의 아이가 죽은 줄 모르고 며칠째 품고 있다가 자궁 전체가 괴사되어 있었다고 했다. 자궁을 들어내는 수술을 하고 있는데 쉽지 않다고 했다. 숲에 숨어 사는 여자들이 처하게 되는 여러 위험 중 하나이다. 산전 검사는 물론 필수적인 영양 섭취를 제대로 하지 못하기 때문에 아이가 사산되거나 기형을 가지고 태어날 위험이 높다. 안전하지 못한 환경에서 임신하고 출산하는 어머니는 각종 출혈과 감염의 위험에 처하게 된다.

그런데 차트를 보다가 깜짝 놀랐다. 산모의 나이가 열다섯 살이었다. 문화적 차이 때문인가 생각했지만, 아무리 그래도 너무 어렸다. 조심스럽게 사만다에게 카메룬에서는 어린 소녀가 혼인하고 출산하는 것이 흔한 경우냐고 물었다. 그녀는 여기서도 아이를 낳기에는 어린 나이라고 했다. 그리고 낮은 목소리로 "아마도 원치 않은 임신이었을 거야"라고 덧붙였다. 이런 일이 매우 빈번하게 일어난다고 했다. 숲속에 숨어 사는 여자에게 총으로 무장한 사람이 와서 협박하면 어쩔 수가 없다고…. 말문이 막혔다. 머리털이 곤두섰다. 분쟁 지역에서 이런 일이 더 자주 일어난다는 것을 이미 알고 있었다. 하지만 직접 눈앞에서 피해자를 마주하고 있자니 커다란 무게감이 가슴을 짓눌렀다. 사비와 포옹하고 나누던 행복의 감각이 아득히 먼 옛날의 일처럼 느껴졌다.

총격이 가까울 때는

동료들과 함께 늦은 저녁을 먹고 있을 때 "탕!" 하고 총성이 울렸다. 잠시 대화가 멈추고 정적이 흘렀다. 하지만 곧 아무 일 없었다는 듯 다시 대화를 이어갔다. 총소리가 들리는 건 워낙 자주 있는 일이어서 그저 '경고용 총격이겠지' 하고 모두들 가볍게 넘겼다. 그런데 "탕 탕탕탕 탕" 이어지는 총성이 조금 심상치 않았다. 빈도가 잦았고 전에 없이 가깝게 들리기 시작했다. 평소와 다르다는 게 느껴지자 우리는 다시 대화를 멈췄다. 곧 식당 문이 열리면서 안전을 담당하는 현장 책임자 세르게이가 들어오더니 "모두 방으로 돌아가서 안전 수칙대로 대기하고 있는 게 좋겠어" 하고 말했다. 모두 먹던 음식을 내려놓고 세르게이의 지시에 따랐다.

이런 상황에 대응한 안전 수칙이란 '단단한 이중벽을 찾아 그 뒤로 몸을 낮춘 뒤 절대 밖을 내다보지 않는다'이다. 유리창 옆에 있을 경우 파편으로 인해 다칠 수 있기 때문에 피해야 한다. 총성이 멈췄다고 해도 바로 바깥 상황을 내다보면 안 된다. 적어도 10분은 대기해야 한다. 우리는 각자 방에 돌아가 수칙대로 테라스 벽과 방 벽 두 개를 사이에 두고 납작 엎드렸다. 조용한 가운데 대치 중인 듯한 양측 총소리가 거리에 울렸다.

낮에 현지 직원 간호사로부터 오늘 그녀가 지각한 이유가 간

밤의 총격으로 피신해야 했기 때문이라던 것이 생각났다. 딸과 둘이 저녁을 먹고 있는데 부엌문에 총알이 사정없이 박혀 맨몸으로 도망 나왔다고 했다. 지난주에 총상으로 사망한 열두 살짜리 여자아이도 떠올랐다. 가족이 몰래 검문소를 넘으려다 발각되어 전원 총살을 당했고, 발견했을 당시 아이만 숨이 가까스로 붙어 있어 병원에 이송되었다. 하지만 응급실에 도착하자마자 사망했다. 그들이 타고 있던 차가 총알로 벌집이 되어 도로에 멈춰서 있는 것을 출근길에 차창 밖으로 건너다보았다.

한 시간 후 세르게이로부터 "총격이 잦아든 거 같으니 방 밖으로 나와도 괜찮다"는 메시지를 받았다. 하지만 이미 밤 10시를 넘어가고 있어서 그냥 그대로 잠들었다. 다음 날 오전 시간 동안 외출이 금지되었다. 오후까지 안정적인지 확인된 후에 병원에 갈 수 있다고 했다. 활동지에서 40킬로미터 떨어진 곳에서 군사 작전이 진행되면서 다수의 총상 환자가 발생했고, 크고 작은 총격이 곳곳에서 있었다고 했다. 그래서 활동지로 연결된 도로와 인근 지역의 도로가 봉쇄됐다. 격주로 있는 다른 지역 병원 방문은 무기한 미뤄졌다.

붉은악마 티셔츠를 입은 소년 시인

병동에는 빈센트라는 열두 살 남자아이가 있었다. 무장단체들의 다툼을 피해 도망치던 중 다리에 총상을 입었고, 그 후로 오랫동안 치료를 받고 있었다. 놀랍게도 아이가 입고 있던 옷은

2002년 월드컵 당시의 붉은악마 티셔츠였다. 반가운 마음에 말을 건넸더니, 빈센트는 "한국이 뭐야?" 하며 되물었다. 순간 당황스러웠다. 세계 곳곳에 BTS 노래가 울려 퍼지고, 많은 사람이 삼성 핸드폰을 사용하는 시대인데 한국을 모른다니. 조금은 서운한 마음이 들었지만, 뜻밖의 곳에서 '꿈은 이루어진다☆'라는 한글 문장을 만나니 괜히 반가웠다.

나이답지 않게 예의 바르고 다정한 빈센트는 모든 의료진이 좋아하는 환자였고, 병동에서는 소문난 시인이었다. 아이는 글을 썼는데 요청하면 직접 낭독해 주었다. 그의 낭독을 들을 때면 마음이 몽글몽글했다. 나는 그 시간이 좋아서 거의 매일같이 읽어 달라고 했는데 빈센트는 한 번도 거절하는 일이 없었다. 언제나 또박또박, 정성껏 읽어 주었다.

또래리고는 없는 성인 병실 한켠에서 무료하게 시간을 보내던 빈센트에게 노트와 펜을 준 건 프로젝트 의료팀장 Project Medical Referent 아니였다. 아이가 심심하다고 해서 그냥 준 것뿐인데 빈센트의 재능을 발견하는 계기가 되었다. 처음 적은 글이 참 좋았다. 가장 좋아했고 잘 따랐던 아니를 위한 글이라고 했다. 나보다 석 달 먼저 쿰바에 파견 온 아니는 훌륭한 인성과 성실함으로 병원 의료진을 비롯해 환자 모두와 두루 사이가 좋았다. 그중에서도 빈센트와 사이가 더 좋았다. 아니에 대한 글을 읽어 달라고 하자 빈센트가 읽어 주었다.

"저는 다쳤을 때 이 병원으로 이송되어 왔습니다. 이곳에서 백인 아니를 만났습니다. 아니는 덴마크에서 온 간호사입니다. 그녀는 매우 다정합니다. 제가 치료를 받을 때마다 항상 함께합니다. 마치 나의 어머니 같습니다. 부디 제가 흑인과 백인의 다른 점을 이해할 수 있게 해 주세요. 부디 제가 덴마크를 좀 더 이해할 수 있게 해 주세요. 그들은 모두 백인입니까? 나는 그들을 알고 싶고, 아니를 알고 싶습니다."

담담한 말투, 진지한 눈빛. 아이가 생각보다 더 많은 것을 보고, 더 깊이 받아들이고 있다는 것이 느껴졌다. 빈센트가 조용히 던진 질문에는 편견 없는 호기심과 사람에 대한 신뢰가 담겨 있었다. '서로에 대한 이해.' 많은 어른이 잊고 사는 마음이자, 지금 카메룬에서 너무 쉽게 잊힌 마음이 아닌가 싶다. 열두 살 소년도 지닌 그 마음을 알지 못해 어리석은 어른들은 여전히 싸움을 멈추지 못하고 있었다.

거리의 아티스트

수술이 일찍 끝나 의사인 팀이랑 나오와 함께 이른 퇴근을 하고 있었다. 여느 때처럼 태양이 머리 위에서 이글거리고 모랫바닥의 반사열이 우리를 뜨겁게 달궜지만, 모처럼의 이른 퇴근에 발길이 가벼웠다. 팀이 요리사 레아에게 코코넛을 안전하게 따는 방법을 전수받았다고 해서 노트 필기를 하며 열심히 듣고 있었다. 갑자기 그가 말을 멈추더니 어느 집의 대문 앞으로 다가갔다.

유심히 보더니 사진을 찍고는 나와 나오를 불렀다. "익명의 아티스트가 그림을 남겼다"고 했다. 빨간 대문 위에 아이들이 낙서한 그림 하나가 있었다. 국경없는의사회의 로고 중 하나인 총을 들고 있는 사람에 크게 X가 쳐진 그림이었다. 아이들은 그저 장난으로 그렸겠지만 보고 있는 나는 조금 씁쓸한 기분이 들었다. 그림이 아이들의 무의식에 전쟁이 새겨져 있음을 보여주는 상징 같았다. 마침 사람들의 삶에 녹아 들어 있는 문화처럼, 전쟁이 아이들의 생각과 행동에서 나타나고 있었다.

언젠가 전쟁의 무서운 모습뿐 아니라 사람들이 살아가고 있는 소소한 이야기들도 나누면 좋겠다고 생각했다. 말라칼Malakal의 작은 마을에 사는 소년 아윌이 좋아하는 놀이가 무엇인지, 어퍼나일강Upper Nile 갈라지는 곳의 동굴에서 어떤 꽃이 피고 있는지, 공사가 멈춘 폐건물 담벼락의 낙서는 어떤 장난스러운 의미가 있는지. 그런 작은 이야기들도 전할 수 있으면 좋겠다고 생각했다. 전쟁터에 죽음과 공포만이 있는 것이 아니라 조용하지만 강하게 살아가는 삶이 있음을. 계절에 맞춰 꽃이 피고, 무당벌레가 날아다니고, 아이들에게 사랑으로 세상을 보도록 가르치는 일상들이 있음을 알리고 싶었다. 그건 전쟁과 무관한 이야기가 될 거라고 생각했다.

하지만 아니었다. 전쟁터에서는 전쟁과 무관하게 보이는 것에도 '전쟁'이 담겨 있었다. 아이들이 나처럼 학교 숙제로 나무 이끼나 가을 낙엽을 찾아오라는 나라에서 태어났다면 과연 낙서로 총을 그릴까. 학교에도 가지 않고 해진 옷과 맨발로 철근이 드러난 폐허를 돌아다니며 놀까. 그 그림을 보면서 생각이 참 많았다.

눈에 보이지 않는 상처 앞에서

카메룬 정부가 9월부터 학교를 다시 열 것을 선언하며 "오픈 스쿨 나우Open Schools Now" 캠페인을 시작했다. 분리주의자들은 이를 방해하기 위해 9월 1일을 시작으로 2주간 봉쇄를 선언했다. 봉쇄 기간이 길어지면서 방치될 환자들을 우려해 국경없는의사회는 관련 지도자들을 만나 협상을 시도했다. 그리고 봉쇄 기간 중에 의료진의 병원 이동 허가를 받았다. 국경없는의사회가 지역사회 안에서 신뢰도를 높여가고 있다는 좋은 신호였다. 그렇다 하더라도 조심은 해야 했다. 위험 노출을 최소화하기 위해 의료팀 전체가 한 번에 움직여 차량 이동을 출근, 퇴근 두 번만 하기로 했다. 수술의 나오와 마취의 팀의 수술 시간에 맞추어 움직이기로 했다.

팀 리더들이 긴급회의로 바빠져 어쩌다 보니 내가 이동팀 리더가 됐다. 이동팀의 리더는 이동 때마다 정한다. 파견 경력이나 포지션에 따라 정해지는데 당시 첫 파견인 활동가들이 많아서 세 번째 파견인 내가 리더를 맡았다. 어거스티나가 위성통신 단말기가 든 가방과 비상용 태양열 충전기 가방 두 개를 목에 걸어줬다. 위성통신 단말기의 생김새는 1980년대 초기 핸드폰처럼 벽돌 모양으로 뚱뚱하고 묵직했다. 사용법은 아주 간단했다. 하늘이 가려지지 않은 곳에서 위성통신 단말기를 높이 들고 신호를 찾고, 신호가 잡히면 입력되어 있는 프로젝트 의료팀장이나 현장 책임자에게 전화하면 된다고 했다.

처음엔 '이 정도면 할 만하다' 싶었다. 하지만 그 생각은 오래가지 않았다. 신호를 잡는 일이 보통 일이 아니었다. 전파는 약했고, 움직임이나 손의 높이에도 민감하게 반응했다. 이동 중에는 반드시 멈춰야 했고, 때로는 나무 위로 올라가야 겨우 연결되기도 했다. 가장 힘든 날은 구름이 잔뜩 낀 날이나 비 오는 날이었다. 그런 날엔 신호 한 번 잡는 데 30분씩 걸리기도 했다.

봉쇄의 영향으로 병원도 조용했다. 다행히 신규 입원이 별로 없어 일도 빨리 끝났다. 오랜만에 산부인과 병동에 들렀는데 입구에 중학생쯤 되어 보이는 여자아이가 날 보더니 웃으며 다가왔다. 나보다 10센티미터는 더 작은 귀여운 아이가 예쁘게 웃고 있으니 나도 덩달아 미소가 지어졌다. "뭐 도와줄 일이 있니?" 하고 묻자, 아이가 수줍은 듯 눈을 살짝 찡그리며 고개를 돌렸다. 그러면서 반쯤 뜯겨 나간 귀를 보여주었다.

최근 상처는 아니고 몇 주 된 듯했다. 제대로 된 치료를 받지 못해 상처가 곪아서 피와 진물이 나오고 있었다. 이야기를 들어 보니 남편이 화가 나서 귀를 물어뜯었다고 했다. 놀라고 무서워 친정집으로 도망쳤지만, 부모님이 다시 내쫓았다고 했다. 그 남자로 인해 몸이 상했으니 이제는 어쩔 도리 없이 평생 그의 책임이 되어야 한다는 것이었다. 병동으로 데려가 고름을 짜내고 진물을 닦아내고 소독약을 발라 주었다. 그리고 집에서 매일 소독할 수 있게 약과 거즈를 챙겨 주었다.

뿌리 깊게 잘못 박힌 여성에 대한 인식, 인권 문제, 전쟁 상황 속에서 내가 해 줄 수 있는 것은 소독약을 챙겨 주는 일뿐이었다. 병원 내의 임상심리사를 연계해 주었지만, 치료가 지속되지는 못할 것이다. 그녀가 병원에 오기 위해 숲속에서 병원까지 다섯 시간을 걸어왔다는 것을 생각하면 눈에 보이는 상처가 아닌 마음 치료를 위해 정기적으로 병원에 올 것을 기대하기는 힘들다. 그렇게 아이는 자신의 귀를 물어뜯은 남자가 있는 곳으로 돌아갔다.

같은 시간, 서로 다른 삶

인근 지역에서 총격전이 벌어졌다던 다음 날 프로젝트 의료팀장 아니와 함께 병원을 방문했다. 평소보다 검문 시간이 길었지만 다행히 도로가 통제되지는 않았다. 병원 복도에는 아직도 붉은색 핏자국이 선명하게 남아 있었다. 그 위에 찍힌 여러 발자국이 전날 밤의 긴박하고 혼란스러웠던 총격 현장을 설명해 주고 있었다.

턱부터 오른쪽 볼을 관통하는 총상을 입은 아이를 어머니가 안고 밤새 달려 병원에 왔었다고 했다. 안타깝게도 아이는 살지 못했다. 얼굴에서 피를 흘리는 아이를 품에 안고 발각되면 즉시 사살될 수 있는 공포를 가로질러 병원에 왔을 어머니. 그녀는 어떤 심정으로 돌아갔을까. 태양이 무겁게 느껴질 만큼 강렬하게 타오르고 뜨거운 바람이 불면서 벽에 걸린 낡은 보건 홍보 포스터를 팔랑였다. 나는 잠시 병원 복도에 서 있었다.

현장에 있을 때 이따금씩 현실감이 사라질 때가 있다. 보고 느끼고 감각하는 것들이 갑자기 낯설게 느껴진다. 이해 수준을 벗어나는 상황을 마주할 때 이상하게도 한국이 생각난다. 한국에서의 내 삶이 떠오르고 나도 모르게 두 나라를 비교하게 된다. 서로 다른 삶들이 동시에 살고 있다는 사실이 이상했다. 이전에 몰랐던 것도 아니지만, 막상 눈앞에 현실을 마주하자 준비 안 된 시험을 보는 사람 같았다. 한편에서는 먹고 자는 것에 걱정 없이 살아가는 안온한 삶이 있고, 다른 한편에서는 죽어가는 아이를 품에 안고 총격을 피해 숨죽여 달려야 하는 어머니의 삶이 있다.

카메룬에서 내전이 불거져 지역 주민들이 총격을 피해 피난을 가고 있을 때 나는 무얼 하고 있었나 떠올려 보았다. 정확히 기억할 수 없지만 아마 잠을 자거나 음식을 먹거나 영화를 보고 있었을 것이다. 당시 내게 중요한 일은 연장근무를 하지 않고 일찍 퇴근하는 것과 치과 치료가 아프지 않기를 바라는 것이 전부였다. 내전, 이글거리는 죽음의 피난길, 질병, 굶주림 같은 일에 대해서는 완전히 무지했다. 두 나라는 서로 비교하거나 의사소통이 불가능한, 서로 다른 행성의 이야기 같다. 동시간대에 벌어지고 있는 세상의 모순들. 아마도 평생을 가도 이해하지 못할 것들….

어느 늦은 저녁 동료들과 테라스에 앉아 있는데 갑자기 정전이 되었다. 순간, 머리 위로 눈이 닿는 모든 곳에 쏟아질 듯 수많은 별들이 드러났다. 모두 아름다운 별빛에 매료되어 넋을 놓고 바라봤다. 그것은 한국에서 보는 밤하늘과 같았다. 날씨와 환경이 다른 탓에 눈에 보이는 별의 수는 차이가 있겠지만 분명히 같은 하늘이었다. 지구 반대편의 아프리카도 한국과 같은 시간의, 같은 세상을 살아가며 같은 우주를 공유하고 있었다. 서로 다른 세상의 삶에 대해 다시 한번 생각하게 되는 순간이었다.

문득 질문 하나가 떠올랐다. '언젠가 이런 세상을 이해하는 날이 올까?' 아마 내 수준으로는 죽을 때까지 알 수 없을 것이다. 하지만 그럼에도 불구하고 필요한 질문이라고 생각했다. 적어도 이해하려고 노력하는 것. 잊지 않을 것. 그것이야말로 내가 지구 반대편의 '다른' 삶을 살아가는 그들을 위해 할 수 있는 가장 중요한 일이라고 생각한다.

전쟁은 역사책 속 기록으로 사라진 과거가 아니다. 지금도 세계 곳곳에서는 총성과 테러, 살인과 폭력이 난무하고 있다. 그들의 아픔을 뒤로한 채 우리만의 평화로운 세상을 보고 있다면 그 것은 온전하게 세상을 살아가는 것이 아니다. 부분적인 세상을 살고 있을 뿐이다. 그들의 이야기를 듣는 것은 우리가 속한 세상이 화합해 가는 과정이라고 생각한다. 활동가들의 이야기가, 지구 반대편 그들이 우리와 같은 하늘을 공유하는 사람들임을 상기해 보는 시간이 되었으면 좋겠다. '다름'이 아니라 '같음'을 확인함으로써 함께 살아가는 이웃으로 연대할 수 있기를 바란다.

그곳이 어디든,
도움이 필요한 곳에 의료의 손길을

홍기배 | 소아과 전문의

내가 국경없는의사회에서 활동하는 이유

나는 2016년 10월부터 국경없는의사회의 활동가로 합류하였다. 국경없는의사회는 도움이 필요한 곳의 상황을 신속히 파악하고, 그곳에 재빨리 활동가를 파견한다. 그렇게 각종 재난·재해·감염병 창궐 지역 등에서 빠르게 팀을 만들어 활동한다. 이것이 내가 국경없는의사회와 10년 가까이 함께하는 이유이다.

솔직히 활동가로 살아가기가 쉽지는 않다. 예측 불가능한 상황으로 가끔 불안하고 스트레스를 받지만, 팀이 함께 해결해 나가는 과정이 이 상황을 버틸 수 있게 해 준다. 그리고 함께 이 어려운 상황에서 서로 격려하고 도우면서 환자에게 최선을 다했다는 성취감을 준다. 이런 보람 때문에 힘들어도 다시 활동지를 찾아 나서게 된다.

처음에 활동지에 도착하면 환경도 익숙하지 않고 이 환경을 버틸 수 있을까 하는 걱정이 들기도 한다. 하지만 며칠 지나면 정신없이 일하면서 적응하게 된다. 활동이 끝나고 돌아오면 이런 힘들었던 상황들은 잊고 보람된 일만 기억에 남는다. 바로 이 기억들이 내 삶의 에너지가 된다. 그래서 어떤 상황에서도 어디에서도 참고 견디며 행복하게 환자를 볼 수 있는 힘을 얻는다. 이 에너지에 중독되어 한국에 돌아오면 다음 활동이 기다려진다.

2년 만에 받은 파견지, 카르툼

이 글은 2021년 5월에 떠난 나의 세 번째 파견지인 수단 카르툼에서의 활동을 담았다. 카르툼은 앞서 2019년 초에 다녀온 뒤 2년 만에 받은 파견지라 엄청 반가웠다.

카타르를 경유하여 수단의 수도인 카르툼에 도착했다. 후텁지근한 날씨였다. '여자는 반 팔을 입으면 안 된다'고 하여 긴 소매 옷을 입었더니 너무 더웠다. 공항에 도착하면 국경없는의사회 조끼를 입은 운전사가 마중을 나와 있어야 하는데 찾을 수가 없었다. 주차장을 한 바퀴 돌았다. 역시 없었다. 처음 있는 일도 아니어서 당황하지는 않았다. 국경없는의사회 사무실에 전화를 했고, 더위에 지쳐 짜증이 날 때쯤 차가 왔다.

운전사가 봉투를 하나 주었다. 그 안에는 격리 생활 수칙이 적힌 서류가 들어 있었다. 마스크를 써야 하고 조수석에 앉지 말며, 도착하면 격리 공간에서 일주일을 지내야 하고, 밥은 각자 방에서 먹어야 한다 등등이 적혀 있었다. 일주일 격리 기간에 뭘 하며 시간을 보내야 할지 막막했다. 하지만 오기 전에 받은 서류들을 다시 검토하고 이 프로젝트를 어떻게 디자인하고 만들어 갈지를 고민하고 정리하면서 보냈다.

부모에게서 버려진 아이와 마이고마 보육원

수단은 많은 나라와 국경을 공유하고 있다. 에리트레아, 에티오피아, 중앙아프리카공화국, 남수단, 차드, 리비아 그리고 이집트와 접해 있다. 홍해를 건너면 중동 국가인 아랍에미리트도 갈 수 있다. 이로 인해 수단은 여러 나라와 이해관계가 얽혀 있다. 공식적인 수단의 공용어는 아랍어와 영어이다. 하지만 아랍어는 대부분이 할 줄 알아도 영어를 하는 사람은 드물다. 수단은 나일강이 동쪽에서 서쪽으로 가로질러 흐른다. 르완다에서부터 오는 백나일강과 에티오피아에서 오는 청나일강이 만나는 이 나라는 금이 많이 나기로 유명하다. 영국과 이집트의 식민지였고 2011년 남수단이 독립하기 전까지는 산유국이었으나 지금은 금 말고는 수입원이 넉넉지 않다.

수단은 이슬람의 사하라법을 따르는 나라이다. 그래서 결혼하지 않고 성관계를 하는 것은 불법이다. 이에 따라 혼외로 아이를 낳은 여성은 가혹한 처벌을 받거나 가문의 수치로 여겨 가족에게서 버림받거나 죽임을 당하기도 한다. 태어난 아이 역시 가족의 일원으로 받아들이지 않는다. 이렇게 태어난 아이를 '불법 아이Illegal Baby'라고 부른다. 강간이나 근친상간으로 인해 낳은 아이도 결과는 마찬가지다. 그 결과 매년 수천 명의 신생아가 거리에 버려진다. 수도인 카르툼에만 매년 1,500명의 아이가 버려진다고 한다. 버려진 아이들은 카르툼주 사회개발복지부Khartoum State Ministry of Social Development and Welfare가 운영하는 마이고마Mygoma 보육원에 들어온다. 마이고마 보육원은 1961년에 설립되었고 4세까지의 아이들을 관리하는 곳이다. 나의 파견지가 바로 이곳 마이고마 보육원이었다.

마이고마 보육원에는 320명 정도 되는 아이들이 지내고 있었다. 내가 확인한 바로는 그중 80명 정도가 장애를 가지고 있었다. 원래 4세까지만 있고 다른 곳으로 보내져야 한다. 그런데 그럴 곳이 없다 보니 4세가 넘어도 보육원을 떠나지 못하는 아이들도 있었다. 엄마가 아이를 돌볼 수 없거나 부모를 잃어서 보육원에 들어오는 아이들도 있지만, 이런 경우는 극소수이다. 대부분 경찰이나 주민이 길에 버려진 신생아를 발견하여 데려온다. 이런 신생아가 매일 한 명꼴로 보육원에 온다. 비가 많이 오는 날이면 저체온증 상태에서 발견되기도 하고 화장실이나 쓰레기통에서 발견되기도 한다. 배꼽과 귀 안에서 구더기가 나오는 경우도 있다.

마이고마 보육원에서 국경없는의사회가 일하는 목적은 먼저 아이들의 병적 상태와 사망을 줄이는 것이다. 그리고 아이들의 심리·사회적 발달을 촉진하는 환경을 만드는 것이다. 이와 동시에 보육원이 붐비지 않게 입양을 도와주는 것이다. 소아과 의사로서의 목적은 두 가지였다. 초반 3개월은 사회개발복지부 소속인 보육원의 의료진과 아이들이 생활하는 방에서 일하는 직원들을 교육하여 아이들이 건강하고 안전하게 지내도록 하고, 병원에서는 더 나은 치료를 받을 수 있게 하는 것이었다. 후반 3개월은 현지 소아과 의사를 고용하여 내가 하던 일을 그가 이어 할 수 있도록 교육하는 것이었다.

어디서부터 손을 대야 할지 모를 문제투성이 보육원

격리가 끝나고 보육원으로 출근하기 전에 브리핑을 받았다. 브리핑을 받으면서 정말 눈앞이 캄캄했다. 문제점이 많아도 너무 많아 보였다.

일단 진료소를 먼저 들렀다. 진료소 직원들과 인사를 나누기 위해서였다. 들르기 전에 '진료소'라고 들어서 보육원의 각 방에서 아픈 아이들이 와서 상담을 받고 처방을 받는 '진료실'이라고 생각했다. 그리고 아이들은 방에서 관리하는 시스템이겠거니 생각했다. 하지만 그곳은 진료소가 아닌 입원 병실이었다. 게다가 중환들도 꽤 많았다. 직원들과 이야기하면서 확인한 결과, 이전에는 내가 생각했던 방식의 진료소로 운영했었단다. 그런데 언젠가부터 입원이 필요한 아이들의 수가 많아지는데, 정부 병원에서는 전원을 잘 받아 주지 않았다고 했다. 특히 코로나19 대유행 때부터는 더욱 전원이 어려워졌단다. 이 때문에 진료소를 입원 병실처럼 운영하게 되었다는 것이었다.

그런데 환자를 모아두긴 했지만, 입원 병실의 기능을 제대로 하지는 못하는 듯 보였다. 일단 너무 좁았다. 10평 정도 되는 공간이었다. 그 좁은 공간에 17개의 신생아 침대와 소아 침대가 있었다. 게다가 한 침대에 두세 명씩 누워 있었다. 그 좁은 공간에 의료진과 보모 그리고 환자들로 너무 붐볐다. 이뿐만 아니라 너무 지저분했다. 감염 관리가 전혀 되지 않았다. 이런 상황에 대해 하나씩 질문하다 보면 시간이 얼마나 걸릴지 알 수 없을 정도였다. 상황은 파악했으니 일단 인사를 마저 하고 아이들이 생활하는 방으로 향했다.

보육원에는 모두 12개의 방이 있었다. '0번 방'이라고 불리는 '신생아 방'을 방문하였다. 온통 문제투성이였다. 나는 그렇게 신생아가 많이 모여 있는 것을 처음 보았다. 10평 안 되는 공간에 30명 가까이 되는 신생아가 있었다. 침대가 부족해서 작은 신생아 침대에 2명이 누워 있기도 했다.

한 보모가 두세 시간마다 6~8명의 아이에게 수유해야 한다. 그렇다 보니 급하게 분유를 꾸역꾸역 입에 넣는다. 그러니 먹다가 토하는 아이도 많다. 아이가 토하는 중에도 젖병을 떼지 않고 계속 억지로 분유를 먹인다. 빨리 먹지 않아 분유를 반도 못 먹은 아이들은 당연히 다음 수유 시간이 되기 전에 배고파서 운다. 그러면 그때라도 못 먹은 양을 더 줘야 하는데 수유 시간이 아니라며 안 준다.

아이들은 배가 고프다 보니 근처에 있는 것은 뭐든지 미친 듯이 빤다. 자기 손을 빨거나 거의 닦지 않는 더러운 침대를 빨거나 옆에 누운 친구의 팔이나 얼굴을 빨기도 한다. 무엇보다도 큰 문제는 제 양을 다 먹지 못하거나 먹은 것마저 토해 버려서 영양공급이 제대로 안 되는 것이었다. 충분한 양을 먹질 못하니 분유가 부족하지 않은데도 영양실조인 아이가 많다.

여기에 아이들이 차고 있는 기저귀는 대부분 소변과 대변으로 가득했다. 심지어 기저귀 밖으로 흐르는 경우도 많았다. 기저귀를 바로바로 갈지 않아서이다. 그렇다 보니 침대에는 대변과 소변 그리고 분유를 토한 구토물이 잔뜩 묻어 있었다. 못 먹어서 영양실조에 걸리고, 위생상태가 안 좋아서 감염성 질환에 걸리다 보니 자연스레 사망률도 높다. 12개월 미만의 아이들이 있는 방들도 별반 다르지 않았다. 장애아도 무척 많았다. 중증 장애로 누워만 있는 이이도 꽤 있었다. 장애아와 만성 질환이 있는 아이는 전문가의 상담을 정기적으로 받아야 하는데 전혀 실행되지 않았다. 방의 상황은 나에게 엄청난 충격을 주었다. 어떻게 이럴 수가 있을까! 어디서부터 손을 대야 할지 막막했다.

방들을 방문한 후 다시 진료소로 향했다. 다시 병원으로 쓰이는 진료소에 갔을 때 현지 소아과 의사가 일반의를 데리고 회진을 돌고 있었다. 정부 병원에서 일하는 소아과 의사들이 일주일에 5~6일을 다섯 명 정도가 돌아가면서 회진을 돈다. 회진할 때 어떠한 대화가 오가는지 궁금해서 나를 간단히 소개한 뒤 같이 참여해도 되겠냐고 물었더니 흔쾌히 허락해 주었다.

회진은 일단 너무 길었다. 입원 환자가 많아 안 그래도 업무가

과중한 일반의에게 부담이 될 정도였다. 입원 환자는 40명 정도 되고 의사는 한 명이었다. 회진은 세 시간 정도 걸렸다. 회진 돌다가 응급 상황이나 중환이 생기면 시간이 더 늘어진다. 그렇다 보니 회진 도는 동안에 급하지 않은 추가적인 문제를 해결해야 하는 상황들이 뒤로 밀린다. 굳이 입원할 필요가 없어 보이는 아이들도 꽤 많았다. 이런 아이들은 퇴원해서 방에서 항생제를 복용하며 치료하면 되지 않겠냐고 물었다. 그랬더니 '방에 가면 약을 안 줘서 다시 심해지기 때문에 여기서 치료를 다 끝내고 가야 한다'고 했다. 이때는 이해가 전혀 가지 않았으나 몇 주 지나니 그 말이 무슨 뜻인지 이해가 갔다.

긴 회진이 끝나고 나면 그때서야 환자들의 차트를 모두 걷어서 책상에 쌓아 놓고 당일의 처방을 내기 시작한다. 즉, 회진이 끝날 때까지 투약이 되지 않았다. 그리고 차트를 모두 걷어 왔기 때문에 처방을 내는 동안에도 투약이 불가했다. 결론적으로는 처방만 낼 뿐 투약이 제대로 되지 않고 있다는 뜻이었다. 회진 한 번과 병원 방문 몇 시간 만에 상황을 파악할 수는 없는 노릇이니 일단 일주일은 지켜보기로 했다.

병원에는 신생아가 많다. 길에서 발견되어 온 아이들이라 상태가 좋지는 않았다. 발견 당시 상태가 좋지 않으면 곧장 병원으로 가야 한다. 그런데 부모가 없다는 이유로 보육원으로 데려온다. 경찰이 데려오면 의학 지식이 없어서 그랬겠거니 생각하겠지만, 다른 병원에서 신생아실이 없다는 이유로 병원이 아닌 보육원에 보내는 것은 전혀 이해할 수 없었다. 한번은 신생아 중환자실이 없다는 이유로 심한 출혈로 저혈압과 저산소증이 있는 아이를 보육원으로 보냈다. 보육원에도 당연히 신생아 중환자실은 없다. 신생아 중환자실이 있는 병원으로 전원을 하려 하였지만 아이는 전원을 기다리다가 사망하였다.

입원 환자 중에는 영양실조인 아이도 꽤 많았다. 환자들의 차트를 열어 보았다. 입원 사유는 물론 입원해서 어떤 경과를 밟고 있는지 기록이 전혀 없었다. 이전에 어떠한 병력이 있었는지도 확인할 길이 없었다. 부모가 있는 아이라면 부모에게 물어서라도 확인하겠지만, 부모도 없고 기록도 없으니 확인할 길이 없었다. 확인 가능한 것은 현재 시행한 검사 결과지와 약 처방 및 처방 수행 기록뿐이었다. 이 기록만으로 유추해서 아이 상태를 파악해야 했다.

환자기 입원하면 활력징후를 측정하는 것이 기본인데 활력징후 기록이 없다. 현재 환자 상태가 어떠한지, 치료가 잘되고 있는지 악화되고 있는지 전혀 파악할 수가 없었다. 밥을 먹이고 나서 원래 누웠던 침대가 아닌 아무 침대에나 눕히는 일도 잦았다. 그러니 기록지가 그 환자의 것인지 확인이 잘 안 되는 경우도 종종 있었다. 이런 경우 투약 사고가 있을 수 있기에 위험하다는 생각이 들었다.

환자들이 주로 어떤 치료를 받는지를 파악하기 위해 투약 기록지를 확인하였다. 신생아의 거의 대부분이 항생제 처방을 받았다. 이때 처방한 항생제들은 반코마이신, 메로페넴, 세프타지딘 같은 광범위 항생제였다. 이 항생제들은 넓은 항균범위를 가지고 있어 주로 마지막에 선택하는 항생제이다. 소아과 의사로 10년 넘게 일하면서 이렇게 많은 신생아들에게 광범위 항생제를 처방하는 경우는 처음 보았다. 처음부터 너무 광범위한 약을 쓰는 것 아니냐고 했더니 보육원의 위생이 너무 안 좋고 수단 내에 다제내성균들이 많아서 처음부터 광범위한 약을 쓰지 않으면 환자가 좋아지지 않는다는 대답이 돌아왔다.

간호사들이 환자를 돌보는 것도 유심히 살폈다. 교대할 때 의사들은 상황을 인계하지만, 간호사들은 인계하지 않았다. 정맥주사를 위해 혈관을 잡는 것을 보았는데, 손도 닦지 않고 한 개의 캐뉼라로 여기저기 여러 번 찌른다. 혈관이 잡힐 만한 곳에 주삿바늘을 찔러야 하는데 내가 볼 때 어림없는 부위에 자꾸 찌른다. 여러 번 찔러서 한 번 걸리기를 바라는 것 같았다. 활력징후는 역시 측정하지 않았다. 하루에 단 한 번도! 급하게 필요하면 의사들이 직접 측정했다.

변화는 위급한 환자가 많은 병원부터

아이들이 생활하는 방도 개선해야 할 점이 많았지만, 먼저 병원부터 해결하기로 했다. 우선 입원 환자 기록부터! 입원 환자 기록은 환자의 상태를 파악하는 데도 필요하지만, 무엇보다 의료진과의 의사소통이기 때문이다. 의사소통이 제대로 되지 않으면 환자 치료가 제대로 되지 않는다.

보육원에서 일하는 일반의는 모두 일곱, 이들이 하루에 한 명씩 날짜를 정해서 일한다. 즉, 매일 의사가 바뀐다. 그러므로 기록이 되어 있지 않으면 환자 상태 파악이 불가하다. 인계하긴 하지만 중요한 사항이 자주 누락된다. 그나마 내가 매일 출근하고 회진을 같이 돌기에 기록이 없어도 아이들의 상태 파악이 가능했다. 검사를 요구했는데, 검사를 했는지 결과지는 받았는지 아는 사람이 없다. 이 아이가 어제 어떤 상황이었는지, 오늘은 호전된 건지 악화된 건지 아는 사람이 없다. 의사도 간호사도 보모도 잘 모른다. 그래서 의사들에게 입원 기록, 경과 기록, 퇴원 기록지를 쓰라고 요청하였다. 하지만 일이 너무 많아서 불가능하다는 볼멘소리가 돌아왔다. 일이 많더라도 너무 기본인데 어떻게 이럴 수가 있나 생각을 하다가 마음을 차분히 가라앉히고 상황을 조금 더 지켜보기로 했다. 며칠 안에 바꿀 수는 없는 일이니까….

기록할 시간을 만들기 위해 비효율적인 일을 줄여야 했다. 그러려면 입원이 불필요한 환자를 줄이는 일이 우선이라 판단했다. 이 부분은 회진 시간을 잘 이용하면 해결할 수 있을 것 같았다. 일단 회진 시간이 정해져 있지 않고 너무 길었다. 게다가 소아과 의사가 회진을 올지 안 올지도 알 수 없었다. 그래서 회진 시간을 정하고 입원 치료가 필요 없는 아이는 빨리 퇴원시켜야겠다고 마음먹었다. 일반의들은 회진이 끝날 때까지 모든 계획과 결정을 미룬다. 환자의 치료 계획과 퇴원 여부는 소아과 의사가 결정하는 대로 따르는 것이 원칙이라고 했다. 이 원칙을 바꾸려고 하였지만, 현지 소아과 의사들은 지금까지 해 온 방식을 바꿀 생각이 없었다.

나는 출근하자마자 정부 병원 소아과 의사가 올 때까지 일반의와 함께 천천히 환자를 살펴보기 시작했다. 처방도 회진 끝나고 내지 않고 회진하면서 동시에 내기로 했다. 기록도 같이하도록 하려 했지만, 이 부분은 여전히 거부하였다. 처음에는 '회진을 돌면서 처방도 동시에 내자'고 했을 때 해야 할 일이 많으니 회진 먼저 빨리 돌고 내겠다고 하였다. 하지만 나는 '이 방법에 적응하면 나중에 오히려 시간의 여유가 생겨서 아이들을 더 잘 관찰할 수 있을 테니 나를 믿어 보라'고 하면서 이 방법을 강행하였다. 이렇게 같이 환자를 살피다가 현지 소아과 의사가 회진을 오면 나는 다시 관찰자로 빠지고 현지 소아과 의사가 하던 방식으로 나머지 아이들의 회진을 돌았다. 회진 도는 동안 새로 환자가 오거나 응급 상황이 생기면 돌던 회진을 마저 돌라고 하고 내가 해결하기도 했다.

이렇게 매일 일정한 시간에 회진이 시작되었다. 그러자 정부 병원 의사를 기다리는 시간이 줄고 결정이 늦어지지 않아서 입원 환자 수가 줄기 시작했다. 이렇게 몇 주가 지나니 의사들은 나와 회진 도는 것을 더 좋아했다. 시간이 정해져 있고 회진 도는 동안 처방과 결정을 다 했기 때문이다. 이제 회진 후에 처방을 다시 정리할 필요가 없어서 퇴근할 때까지 기록지를 작성할 여유가 생긴 것이다. 그리고 처방을 일찍 내기 때문에 투약이 빠지는 경우도 줄었다. 내친김에 항생제 선택도 바꿔 보려고 했다. 하지만 현지 소아과 의사들의 강력한 반대에 부딪쳤다. 그들은 내게 '수단 상황을 아느냐, 보육원 상황을 아느냐, 우리는 여기서 오래

일했기 때문에 잘 안다'고 하면서 계속 광범위 항생제를 처방하게 하였다. 걱정스럽기는 했지만 어쩔 수 없었다.

내가 이곳에 도착한 지 한 달 뒤부터 정부 병원 소아과 의사들이 한두 명씩 발길을 끊더니 6월이 지나고부터는 아무도 오지 않았다. 이제 상황이 병원을 개선하는 데 훨씬 편해졌다. 그래서 나는 이 기회에서 얼른 항생제 사용을 바꾸기 시작했다. 처음부터 너무 광범위한 항생제를 쓰는 것을 방지하기 위해서, 그리고 오남용을 방지하기 위해서 항생제 사용에 대한 교육을 진행하면서 가이드라인을 만들었다.

흔한 질환의 경우는 한눈에 볼 수 있게 표나 그림으로 정리해서 벽에 붙였다. 예를 들면 탈수 정도에 따른 치료 또는 쇼크 치료 같은 내용을 책상과 벽에 붙였다. 그리고 국경없는의사회에서 만든 임상 지침서를 비치해 놓았다. 궁금한 것이 있으면 언제든지 찾아보고 내가 결정해주기 전에 먼저 결정해서 치료하게 하기 위해서였다. 한 달에 두 번 정도는 자주 다루는 질환에 대한 교육을 시행하였다. 처음에는 본인들이 해오던 습관을 버리기 힘들어했지만, 시간이 지나면서 조금씩 새로운 시도에 적응해 나가면서 국경없는의사회에서 만든 가이드라인을 따르기 시작하였다.

의사들과 좀 더 가까워진 후부터 기록지 작성에 대한 교육도 시작했다. 처음에는 30명 넘는 환자들 상태를 일일이 기록하기에는 일이 너무 많다며 강력하게 거부하더니 시간이 지나면서 슬슬 적응하기 시작했다. 입원 기록지부터 시작해서 경과 기록, 퇴원 기록지까지 각각 양식을 만들었다. 일일이 손으로 쓰기보다는 해당 사항에 체크하는 방식이 시간을 줄일 수 있을 듯하여 양식을 만들었다. 시간이 지나면서 완벽하지는 않지만 입원 기록, 경과 기록 그리고 퇴원 기록까지 작성하게 되었다. 감사하게도 일반의들은 내가 하자는 대로 잘 따라와 주었다.

하지만 다른 의료진들은 동기를 부여하기가 너무 어려웠다. 간호사들에게 하루에 세 번이라도 활력징후를 측정해 달라고 하였지만 거절당했다. 그래서 하루 두 번 체온만이라도 측정해 달라고 했는데 이마저도 거절당했다. '왜 국경없는의사회가 들어와서 안 하던 일을 시키고 자기들의 시스템을 바꾸려고 하느냐'며 불평했다. '환자 상태를 제대로 파악하기 위해서는 반드시 해야 하는 일이지 국경없는의사회라서 시키는 것이 아니'라고 설득했지만 들으려 하지 않았다.

모든 구성원이 정말 일하기 싫어하는 것이 눈에 보였다. 이런 태도가 비롯된 이유가 '월급을 몇 달째 못 받아서'라고 했다. 불안정한 경제로 물가는 계속 올라가는데 받는 월급도 너무 적어서 교통비도 안 된다고도 했다. 하루에 8시간씩 일을 해야 하는데 24시간 일을 하고 이틀을 쉬었다. 그러면 한 번의 왕복 교통비로 사흘간의 노동 시간을 채울 수 있기 때문이라고 했다. 24시간 근무의 질은 당연히 좋을 리가 없다. 이 적은 월급조차 3개월째 못 받고 있다고 했다. 그래서 이 상황을 해결하기 위해, 즉 일을 조금 더 적극적으로 하게끔 국경없는의사회에서 인센티브를 주기로 했다.

그런데 인센티브를 주는 일도 쉽지 않았다. 인센티브를 받으려면 출근했다는 증빙이 있어야 하는데 근태 관리가 전혀 되지 않았던 터였다. 출근부에 기록이 있는 사람만 인센티브를 주겠다고 했더니 반발이 거셌다. 그렇다고 대충 넘어갈 수는 없는 노릇이었다. 소중한 후원금인데 허투루 쓸 수는 없으니까. 출근자 명단을 제때 주지 않아 인센티브를 지급하지 않았더니 직원들은 '왜 안 주냐'며 항의하기 시작했다.

그래서 행정 담당자가 정기적으로 보육원 직원들과 회의하면서 상황을 설명하고 이해시켰다. 8월이 되어서야 5월분 인센티브가 지급되기 시작했다. 이어서 6월분 인센티브까지 받고 나니 약간 만족하는 듯했다. 하지만 여전히 일을 제대로 하기에는 월급이 형편없이 적다며 불평을 이어갔고, 일도 여전히 제대로 하지 않았다. 월급은 정부에서 받는 것인데 정부는 월급을 주지 않고 국경없는의사회에서 주는 인센티브만 받으니 적다고 불평할 수밖에 없었다.

꾸준한 관심이 바꾼 보육원 아이들과 보모들

급한 대로 병원 상황을 조금 수습하고 나서 방을 해결하기로 했다. 일단 24개월 미만의 아이들이 있는 9개의 방을 매일 회진하기로 했다. 방에서 병원으로 아이들을 너무 늦게 보내는 것이 사망률을 높이는 이유 중 하나라고 판단했기 때문이었다. 보육원 아이들의 절반 정도가 이에 속했다.

병원으로 오는 아이들의 대부분은 분유를 흡인하여 생긴 흡인성 폐렴과 장염으로 인한 탈수와 폐혈증을 앓았다. 아이들 방을 방문할 때면 보모들에게 인사를 하고 별일 없냐고 물었다. 거의 매일 "마피 무스큘라(문제없어)" 아니면 "쿨루 타맘(all well)"이라고 대꾸한다. 하지만 회진을 도는 나와 일반의는 이 말을 절대 믿지 않았다.

우리는 아이의 표정과 호흡하는 것을 한 명 한 명 눈으로 확인하고 검진했다. 그렇게 하면서 한 방에 한두 명씩 문제 있는 아이를 발견했다. 아이들을 검진하다가 우는 아이가 있으면 안아서 달래는 건 기본이었다. 침대가 더럽거나 기저귀가 더러우면 보모에게 아이를 씻기라고 하고 나는 침대보를 갈았다. 내가 직접 아이를 씻기고 침대를 정리하는 이유는 아이를 돌보는 일이 보모들만 하는 것이 아니라 우리가 모두 함께하는 일이라는 것을 보여주기 위해서였다.

매일 회진을 돌 때마다 이런 행동을 반복하였더니 어느새 일반의들도 아이를 안아서 달래 주고 놀아 주기 시작했다. 예쁘다고 인사도 건네고 말도 걸었다. 그리고 방을 나올 때는 손 씻기와 안전하게 수유하는 법을 교육했다. 몇 달을 이렇게 하니 나중에는 내가 말하기도 전에 어떻게 하는 것이라고 대답했다. 시간이 지나면서 방의 위생상태는 조금씩 좋아졌고, 수유 시 발생하는 문제도 조금씩 줄어들었다. 보모가 부족한 것도 수유 문제의 원인이어서 국경없는의사회의 현지 직원과 활동가들이 시간이 날 때마다 0번 방에 가서 수유를 도왔다.

12~36개월 정도 되는 아이들 방에 가면 아이들이 대부분 혼자 몸을 흔들거나 벽이나 기둥에 머리를 박는 이상한 행동을 하면서 시간을 보내고 있었다. 이 현상을 어떻게 개선해야 할까 고민하다가 매일 방 회진을 돌 때 이상 행동을 하는 아이를 1~2분 정도 안아서 달래고 노래도 불러 주었다. 프로젝트 코디네이터 Project Coordinator 는 시간 날 때마다 바닥을 닦고 아이들을 침대에서 꺼내서 바닥에 돌아다닐 수 있게 해 주었다. 이중 걸음마가 가능한 아이들은 놀이터로 데리고 나와서 걷는 연습을 시키기도 하였다. 우리가 아이들과 놀아 주는 것을 보고 보모들도 우리의 행동을 따라하기 시작하였다. 그렇게 한 두 달 정도 지나니 변화가 생기기 시작했다. 사람을 만나도 관심도 없고 무표정하던 아이들이 우리를 보면 웃고 일어나서 반겼다. 안아 달라고 우리를 빤히 쳐다보는 아이들도 생겼다. 무엇보다 몸을 흔들거나 머리를 박는 이상 행동을 하는 아이가 거의 없어졌다.

많은 시간은 아니지만, 꾸준히 매일 잠시라도 관심을 준 것뿐인데 아이들의 심리 상태가 꽤 많이 호전되었다. 보모들과 의료진이 아이들에게 대하는 태도가 바뀌기 시작하면서 아이들이 조금 행복해 보였다. 아픈 아이도 줄고 병원에 입원 환자도 줄었다. 그러자 사망률도 따라 줄었다. 그렇다 보니 많은 직원이 본인들의 일에 만족하는 듯 보였고 즐거워 보였다. 보육원 사람들이 우리가 지나가면 국경없는의사회가 온 뒤로 아이들이 더 건강해지고 사망하는 아이들도 많이 줄었다고 말해 주었다.

끝까지 해 보려는 태도가 부른 기적

지금까지 잊지 못하는 환자가 한 명 있다. 고면역글로불린E증후군(습진성 피부염, 반복되는 호흡기 감염과 높은 혈중 IgE 농도를 특징으로 하는 질환)이 의심되는 아이였다. 이 아이는 4번 방, 즉 심한 영양실조가 있는 아이들이 모여 있는 방으로, 0번 방 다음으로 문제가 많이 일어나는 그곳에서 처음 만났다. 그때 아이는 심한 영양실조와 심한 아토피 피부염으로 계속 보채고 있었다. 주의를 기울여 살피니 발달지연도 있어 보였다.

이 보육원에서 일한 지 3주 정도 되는 어느 날이었다. 이 아이가 장염과 그에 따른 심한 탈수로 입원을 했다. 이전에도 장염과 폐렴으로 여러 번 입원했던 아이였다. 입원 당시 의식은 혼미한 상태였고 빈호흡이 있었다. 시간이 지나면서 점점 악화되어 패혈증과 신부전까지 진행되었다. 15년간 병원에서 일하면서 혈중 나트륨 수치가 174mEq/L까지 올라가는 경우를 처음 보았다. 심한 빈혈과 혈소판 감소증도 보였다. 전원하려고 했지만 받아 주는 병원이 없었다.

하는 수 없이 보육원에서 항생제와 항진균제 그리고 수혈을 해가면서 치료하였다. 그 과정에서 나는 본의 아니게 현지 의료인들을 꽤나 귀찮게 했다. 출근해서 퇴근할 때까지 시간이 날 때마다 아이 옆에 딱 붙어서 투약 시간이 되면 간호사들을 다그쳐서 약이 들어가는 것을 확인하였다. 수액이 제대로 들어가는지 수시로 확인하고, 안 들어가면 당장 해결해 달라며 간호사와 의사들을 들볶았다. 경구 영양을 할 때는 영양사에게 세워서 먹이라고 요청하며 감시했다. 먹이고 나서도 바로 눕히지 말고 20분간 세운 다음에 눕히라고 하루에도 몇 번씩 매일 잔소리를 했다. 퇴근 후 밤 11시쯤에는 담당 의사에게 전화하여 환자 상태를 확인하였다. 다들 이미 아이를 포기한 듯 마지못해 내 요구를 들어주었다.

그렇게 극성맞은 치료를 한 지 일주일 정도 지나니 기적이 일어나기 시작했다. 한날은 아이가 소변을 보기 시작했다. 그러고 며칠이 더 지나자 눈을 뜨고 울기 시작하더니 조금씩 움직였다. 그리고 열흘 정도 지나자 열이 떨어졌다. 이 아이를 치료하는 과정을 통해 현지 의료진의 태도가 바뀌었다. 중환을 보면 "인샬라(신의 뜻대로)" 하면서 포기하는 경향이 있었지만, 이번 일을 통해 포기하지 않고 집중관찰을 하면 기적이 일어날 수 있다는 것을 깨달은 모양이었다. 이때 이후 중환이 있어도 끝까지 해 보려는 태도를 보이기 시작했다.

다들 이렇게 노력을 한 결과, 사망률이 줄면서 의료진들은 일하는 보람을 느끼기 시작했다. 월급이 적어도 일을 즐기는 직원들이 생기기 시작한 것이다. 어려운 환자들을 함께 해결해 나가면서 많은 보람을 느꼈다. 함께 일한 의사들의 실력은 꽤 괜찮았고 그들이 환자를 대하는 태도가 변하고 의학지식이 느는 것을 보며 기뻤다.

물 부족과 쿠데타, 2개월간의 혼란 속에서

웬만큼 시스템이 안정되자 국경없는의사회 소속 현지 소아과 의사를 뽑기로 했다. 공고를 내고 서류심사와 필기 그리고 면접을 거쳐 그중 가장 점수가 높은 한 명을 뽑았다. 왜냐하면 내가 이번 파견 활동을 마치면 내가 하던 일을 그가 이어가야 하기 때문이었다. 소아과 의사가 한 명이 더 늘면 하고 싶은 일이 참 많았다. 먼저 아이들 건강검진, 영양상태와 발달상태를 파악하여 문제 있는 아이들은 지속적으로 추적 관찰할 수 있는 시스템을 만들고 싶었다. 그리고 만성 질환 환자들이 전문가에게 지속적인 진료와 치료를 받도록 하고 싶었다. 더불어 아이들의 위생상태를 개선하고 싶었다.

하지만 쉽지 않았다. 방해되는 환경이 계속 생겼다. 현지 소아과 의사는 개인 사정으로 꾸준히 출근하지 못했고, 쿠데타로 안전 문제와 교통 통제로 자주 빠지게 되어 교육이 제대로 이뤄지지 못했다. 결국 나의 출국은 예상보다 한 달이나 지연되었다.

시간이 지나면서 이곳 아이들과 동료들에게 정도 들고 추억이 쌓이기 시작하였다. 내가 온 지 한 3개월 정도 되었을 때 전기 기술자 한 분이 오셨다. 육십 대 정도 되시는 것 같았다. 보육원의 전기 공급 문제를 해결하기 위해서 이 프로젝트에 합류하셨다고 했다. 의료팀은 매일 늦게 끝난다. 그래서 그는 우리가 일을 마칠 때까지 아이들과 놀아 주었다. 의료팀은 대부분 작은 아이들에게 집중할 수밖에 없었는데, 다행히 이분이 걷고 뛰어다니는 아이들을 상대로 놀아 주었다.

어디서 구했는지 물총을 구해서 아이들에게 물줄기를 쏘아 댔고, 아이들은 까르르 웃으면서 물줄기를 피해 뛰어다녔다. 어떤 날은 보모들을 향해서도 물총을 쏘았다. 소리 지르며 피하는 보모들을 보고 아이들은 또 재밌다고 깔깔 웃어댔다. 무려 3개월간이나 이 놀이를 했지만, 아이들은 아무도 지루해하지 않고 즐겁게 그와 뛰어다녔다. 놀이터에서 아이들의 고함과 웃음소리가 병원까지 들리니 듣기 좋았다. 내가 이곳에 오기 전에 생각했던 보육원의 모습이었다.

보육원에는 5세가 넘는 남자아이들이 몇몇 있었다. 여자아이는 입양이 잘 되지만 남자아이는 그렇지 못하다. 전기 기술자는 일할 때 아이들을 동참시키기도 했다. 작은 가방을 들어 달라거나 물건을 잠시 들고 있어 달라고 부탁을 하면서 아이들에게 안전한 소일거리를 제공해 주었다. 하루 종일 특별한 일이 없던 아이들이 즐거워하며 작은 일들을 도왔다. 보육원에는 600명 정도 되는 직원과 320명 정도 되는 아이들이 있는데 이분 이름을 모르는 사람이 없었다. 3개월 뒤 이분이 다시 독일로 돌아갈 때 보육원 사람들은 많이 아쉬워했다.

이슬람의 큰 명절인 이드가 끝나고 물 공급에 문제가 생기면서 또다시 상황이 악화되었다. 물이 없다 보니 아이들을 씻길 수가 없고, 보모들이 손을 닦을 수가 없었다. 방에는 감염성 질환, 특히 장염이 돌기 시작하였다. 이 때문에 병원은 다시 환자들이 늘었다. 의료진들은 다시 바빠졌고 중환이 많아지면서 사망률도 조금씩 증가하였다.

    물 부족으로 환자가 다시 늘어 바빠졌는데 쿠데타가 이 상황을 더 어렵게 만들었다. 10월 말 어느 날 일어나 보니 인터넷이 불통이었다. 전날에 상태가 안 좋은 아이가 있어서 아침에 확인하려고 전화했더니 전화도 안 되었다. 활동가 한 명이 숙소를 돌며 긴급회의 소식을 전했다. 새벽에 쿠데타로 소란스러웠고, 사람들이 길을 막고 타이어를 태워서 연기가 하늘에 가득했다. 나는 밤새 소란스런 상황을 모른 채 편하게 잤지만, 현장 책임자와 물류 책임자는 잠을 설친 얼굴이었다. 군부가 쿠데타를 일으키는 바람에 모든 통신망을 중단시킨 상태였고, 공항도 폐쇄되어 귀국하기로 했던 활동가 한 명은 결국 귀국을 미뤄야 했다.

    수단은 2019년에 독재 정권을 잡은 오마르 알바시르 대통령을 몰아내고 민간인과 군부가 정권을 잡았고 2년 뒤 군부는 물러나고 민간인에게 넘기겠다고 하였으나, 이를 무시하고 군부가 임시 총리인 압달라 함독을 감금하였다. 이로 인해 민간인들이 들고 일어났고 시위를 하기 시작하였다. 시위할 때 시민들은 도로를 막는다. 보도블록을 헐어서 높은 벽을 만들어 막기도 하고 전봇대를 눕혀서 길을 막거나 큰 돌을 갖다 놓고 앞에 타이어를 태워서 길을 막기도 한다. 길을 막는 이유는 군대가 들어오지 못하게 막기 위해서라고 한다.

    쿠데타가 일어난 첫날 활동가들은 도로 상황과 안전 수칙을 브리핑받았다. 보육원의 직원들이 출근하지 못했을 것을 예상하여 의료진이 아닌 활동가까지 전부 보육원으로 향했다. 평소

30분이면 가던 곳인데 2시간이 넘게 걸렸다. 예상대로 직원들 대부분이 출근하지 못했다. 전날 출근한 직원들은 집에 가지 못하고 그곳에서 지내야 하는 상황이었다. 단, 걸어서 갈 수 있는 거리에 사는 사람들은 제외하고….

직원이 부족하므로 활동가들이 한 명씩 방에 배정되어 아이들을 먹이고 씻기기 시작하였다. 늦게까지 보육원에서 아이들을 돌보면 좋겠지만 도로가 막히고 시위 행렬로 위험에 처할 수 있어서 평소보다 이른 시간에 퇴근하게 되었다. 대신 출근은 평소보다 일찍 하였다. 늦게 하면 도로가 막히기 때문이었다. 함독을 감금한 첫 번째 주말에 시위가 가장 클 것으로 예상되어 의료팀은 보육원에서 걸어갈 만한 호텔을 잡아서 주말을 보냈다. 막힌 도로로 출근하기가 쉽지 않았기 때문이었다.

길어지는 쿠데타로 지원들이 절반 정도밖에 출근하지 못하고 환자 이송도 제한되었다. 이로 인해 사건 사고와 병원 환자는 늘고 사망률도 증가하였다. 이 상황에서도 의사들은 몇 시간을 걸어서 출근했고, 그 덕에 입원 환자들은 그나마 치료를 받을 수 있었다. 하지만 병원은 환자로 넘쳐났다. 입원 환자는 45명을 넘어가고 중환도 많아졌다. 이 때문에 의료진들이 방에까지 신경을 쓸 여력이 없었다. 그러다 보니 방의 상황도 최악이었다. 보모들이 부족하니 밤새 먹이지 않아서 2개월 미만의 아이들은 탈수와 저혈당증으로 발견되기도 하였다. 또한 아침마다 흡인성 질식으로 사망하거나 심한 호흡곤란으로 오는 아이들이 늘었다.

천만다행으로 쿠데타는 오래 가지 않았다. 한 달 뒤에 군부가 함독을 풀어 주면서 상황은 마무리되었다. 하지만 물이 부족해지기 시작한 시점에서부터 2개월간 악화된 상황에서 금방 벗어나기가 쉽지 않았다.

평범한 의사를 특별한 의사로 만들어준 귀한 시간

원래는 11월에 한국으로 다시 돌아올 계획이었다. 하지만 이런 상황들 때문에 귀국이 12월 초로 미뤄졌다. 결정적으로 현지 소아과 의사를 뽑고 교육하는 데 예상보다 시간이 길어졌기 때문이었다. 또한 현지 소아과 의사 한 명이 감당하기에는 보육원의 일이 너무 많아 국경없는의사회 활동가인 소아과 의사가 계속 필요하다는 결론이 내려졌다. 이 때문에 후임 소아과 의사 국제 활동가가 오기를 기다리기 위해서이기도 했다. 그러나 후임 국제 활동가는 해가 바뀌어야 올 수 있다고 하여 더 기다리지 않고 12월 초에 들어오기로 했다.

한동안 잠잠했던 코로나19가 다시 심해지더니 때마침 12월부터 아프리카를 오가는 비행기의 취소가 잦았다. 그래서 예약했던 나의 항공편도 취소가 되었다. 어렵게 찾은 항공편은 터키에서의 환승 시간이 19시간이었다. 기다림은 여기서 끝나지 않았다. 인천공항에서 집까지 오는 길도 여의치 않았다. 아프리카에서 온 모든 승객은 코로나19 검사를 하고, 다음 날 결과가 나올 때까지 임시 숙소에서 격리해야 했기 때문이다. 마침내 결과 확인 후 정해진 버스를 타고 정해진 KTX를 타고 일박 이일에 걸쳐 집에 왔다.

그리고 열흘간 자가 격리가 시작되었다. 격리 사흘째, 격리가 답답해지기 시작할 때쯤 국경없는의사회 한국 사무소와 파리 운영센터에 디브리핑debriefing을 하며 시간을 보냈다. 한국에서 일할 때 휴가를 제대로 못 받았었다. 꼭 휴가 때에 맞춰서 활동 제안이 왔기 때문이다. 그래서 이참에 휴가라고 생각하면서 편히 쉴 수 있었다. 격리 기간 동안 6개월의 추억이 계속 스쳐 지나갔다. 이런 추억들을 정리하고 기록하였다. 활동을 마치고 돌아올 때 그동안 함께한 아이들과 이별이 쉽지 않았다. 지금도 보고 싶고 그립다. 감사하게 이 활동 기간 동안 많이 사람들이 국경없는의사회가 함께한 이후로 아이들이 행복해졌고 사망하는 아이들이 줄어 고맙다고 하였다.

국경없는의사회 활동을 하면서 팀워크가 중요하다는 것을 항상 느낀다. 나 혼자 잘하고 열심히 한다고 상황이 좋아지지 않는다. 하나의 팀이 한마음으로 다 같이 노력해야 아이들이 행복해지고 사망률도 준다. 활동가의 역할은 한 팀이 되는 것을 도와주는 역할이 크다. 내 일 내 직책 따지지 않고 서로 도와주고 도움을 받으며 함께 가는 것이다. 모든 상황에 감사한 것을 찾고 감사하다고 말하는 것을 잊지 않았다. 좋은 결과는 모두의 공이라고 말해 주고 안 좋은 것은 내가 책임지고 해결하면서 함께하려고 노력했다.

이 활동을 하면서 가장 많이 들은 말은 "국경없는의사회가 수많은 생명을 살렸다MSF saved many lives"였다. 많은 지식을 갖고 있는 명의가 아닌 그저 평범한 의사 중 한 명인데 한 팀이 되어 함께 일을 했을 때 나를 특별한 의사로 만들어주고 다른 팀원들도 특별한 사람으로 만들어주는 마법이 있다. 이 마법이 중독성이 있어서 활동을 지속하게 되는 것 같다.

세계의 화약고 한가운데서
총상을 돌보다

김용민 | 정형외과 전문의

분쟁 지역으로 떠난 파견 활동

"국경없는의사회는 분쟁, 재해, 전염병 등으로 의료접근성이 제한된 곳에 제일 먼저 뛰어드는 단체이다"라는 표현을 기회 있을 때마다 활용하고 있다.

현재 지구상에는 많은 분쟁 지역이 존재한다. 최근 들어 우크라이나가 추가되었지만, 그중 가장 잘 알려진 곳은 중동지역이다. 한국 정부는 자국민의 '생명·신체나 재산을 보호하기 위하여 국민이 특정 국가나 지역을 방문하거나 체류하는 것을 중지'시킬 수 있도록 '여권법'을 제정하고, 중동의 분쟁 지역 국가를 여행금지 국가로 지정하였다. 따라서 여행금지 국가로 지정된 곳은 아무리 좋은 목적을 위해서라도 갈 수가 없다.

그러나 중동 분쟁 지역 중 거의 유일한 예외가 팔레스타인이었다. 지금은 상황이 바뀌었지만, 2018년 당시에는 위험도도 아주 높지 않았다. 게다가 팔레스타인은 이스라엘이 실효 지배하고 있는 곳이기 때문에 팔레스타인을 방문하는 것은 실제로는 이스라엘에 다녀오는 것이라 간주되었다.

한동안 잠잠하다가 2018년 봄부터 팔레스타인 가자 지구Gaza Strip에 많은 총상 환자가 발생하였다. 이에 국경없는의사회는 팔레스타인 가자 지구에서 긴급 프로젝트를 시작하여 전 세계에서 많은 구호 활동가가 긴급히 투입되었다. 한국에서도 많은 구호 활동가가 가자 지구에서 파견 활동을 수행하고 돌아왔다. 나 역시 그곳에 1년 간격으로 두 번 파견되어 활동할 기회를 얻었다.

가자 지구를 피로 물들인 위대한 귀환 행진

'위대한 귀환 행진Great March of Return'은 2018년 3월 30일부터 2019년 12월 27일까지 이어진 가자-이스라엘 경계에서의 시위를 이르는 이름이다. 이 기간 동안 223명의 팔레스타인인이 사망하였고, 8,079명의 총격 부상을 비롯하여 모두 9,204명의 부상자가 발생하였다. 이 중 6,106명은 이스라엘 저격병의 총에 맞아 '평생 낫지 않는 심각한 손상life-changing wounds'을 입었다. 특히 주이스라엘 미국대사관의 예루살렘 이전 일인 2018년 5월 14일 하루에만 62명이 사망하였다.

1948년 이스라엘 건국 이후 현재는 이스라엘 영토가 된 팔레스타인 전 지역은 이스라엘의 실효 지배實效支配하에 있다. 가자 지구의 팔레스타인인들은 1948년 이전까지 팔레스타인 여러 지역에 퍼져서 살아오다가 이스라엘에 의해 가자 지구로 쫓겨 들어온 난민들과 그 자손들이다. 이들이 조상 대대로 살아오던 원래의 고향으로 돌아갈 권리를 달라고 요구하는 데에서 '위대한 귀환'이라는 이름이, 그리고 그 꺾이지 않는 나아감을 '행진'이라 하여 이 둘을 함께 붙여 '위대한 귀환 행진'이라 불렀다.

이를테면 원나라의 지배 당시 만주와 중국으로 흩어진 고려인들이 일제 강점기가 끝나자 미국의 도움으로 한반도에 돌아와 자신들의 나라였다면서 한반도 전역을 장악하고, 팔도 각지에서 대대로 살아오던 사람들을 강원도, 그중에서도 특정 지역에서만 살도록 몰아넣은 셈이다. 이렇게 폐쇄된 삶을 강요받은 이들이 조상 대대로 살아오던 고향 땅으로 돌아가게 해 달라고 하는 요구인 셈이다. '남북이산가족 상봉' 행사를 통해 고향으로부터 떨어져 살아야 하는 이들의 고통과 한을 직접 보아 온 우리로서는 어느 정도 팔레스타인인들의 심정을 헤아릴 수 있을 것이다.

2007년에 팔레스타인의 군사 조직인 하마스가 가자 지구를 통치하게 되면서 이스라엘과 이집트는 육해공 영역 모두에서 가자 지구를 완전 봉쇄하였다. 이로 인해 들고 나고 이동의 자유가 상실된 지 10년이 넘으면서 그렇지 않아도 고통과 불편이 폭증하던 중, 미국의 트럼프 행정부가 미국대사관을 자신들의 정신적 수도인 예루살렘으로 옮기려는 계획이 발표되자 이를 계기로 팔레스타인인들은 가자 지구를 피로 물들인 시위를 시작하게 되었다.

팔레스타인 가자 지구는 어떤 곳인가?

팔레스타인은 '요르단강과 지중해 사이의 지역'을 이르는 말이다. 앞서 밝혔듯이 현재는 이스라엘이 실효 지배하고 있는 땅으로, 중동지역 중에서도 지중해를 면하고 있는 아시아 대륙의 서쪽 끝에 위치한다. 북쪽으로는 레바논, 북동쪽으로는 시리아, 동쪽으로는 요르단과 접경을 이루고 있다. 남서쪽은 현재 이집트령인 시나이반도이며, 남쪽 끝은 홍해로 연결되는 매우 중요한 요충지로, 아시아와 아프리카의 경계라고 볼 수 있다.

가자 지구는 이스라엘의 팔레스타인 지역 중에서도 제일 서쪽 끝에 지중해와 시나이반도에 면하고 있는 좁고 긴 사각형 모양의 땅이다. 영어로 'Strip'이라는 이름이 붙은 이유도 생김새가 껌처럼 좁은 직사각형 형태이기 때문이다. 동북 방면으로는 이스라엘과 서남 방면으로는 이집트와 면하며 비스듬하게 위치한다. 오래도록 이집트(아프리카)와 요르단(아시아)을 잇는 도로가 위치하는 말 그대로 교통의 요충지이다.

면적은 총 365제곱킬로미터이며 직사각형의 길이는 최장 41킬로미터, 폭은 6~12킬로미터로 작은 땅임에도 인구는 2020년 현재 2백만 명이 넘는다. 제곱킬로미터 당 약 6,500명으로 세계에서 가장 인구밀도가 높은 지역 중 하나이다. 가자 지구는 예루살렘에서 가까운 순서, 즉 동북 방면으로 가자 시티Gaza City, 데이르 알 발라Deir al Balah, 칸 유니스Khan Younis, 이집트와 접해 있는 서남 방면 끝 라파Rafah 등 크게 네 지역으로 나뉜다. 가자 시티 북쪽, 즉 이스라엘로 나가는 에레즈 국경Erez crossing 못 미친 곳에 베이트 하눈Beit Hanun이란 곳도 있다. 지도에는 남동쪽 끝에 공항이 있었던 것으로 표시된다. '파괴되었음Destroyed'이라는 추가 설명과 함께.

성경에는 '블레셋(영어로는 Philistine)'이라는 지명으로, 다윗과 골리앗의 전투로 유명한 거인 장군 골리앗, 삼손을 꾀어 속인 미녀 데릴라가 모두 가자 출신이다. 이렇게 보면 가히 유대인들과는 오랜 애증愛憎의 관계라 할 수 있다.

2018년, 국경없는의사회
긴급 가자 지구 파견 활동 직전 상황

2018년 초 마취과 의사 김지민 활동가는 이미 가자 지구에서 파견 활동을 하고 있었다. 당시의 주요 대상 질환은 화상이었다. 중동과 아프리카는 난방과 취사에 숯불을 쓰는 경우가 많아서, 그리고 출산 자녀 수가 많아서인지 화상, 특히 어린이의 화상이 심각하다. 나중에 에티오피아 파견 때 보았는데, 웬만한 취사는 모두 숯불화로로 해결하고 있었다. 피임을 거의 하지 않는 분위기라 집에 아이들은 차례로 태어나고, 그 결과 기어다니거나 아장아장 걷는 아기들이 불이 담긴 화로에 손을 대는 일이 잦다. 화로가 자빠지면서 얼굴과 몸통까지 데기도 한다. 그런데 주로 화상 수술을 위해 파견되었던 김지민 활동가의 파견 임기가 끝나갈 무렵인 2018년 3월 30일부터 시위대를 향한 사격이 시작되었다. 이에 국경없는의사회는 주말마다 발생하는 총상 환자들을 돌보기 위한 긴급 프로젝트를 시작하게 되었다.

가자 지구는 이슬람이 주된 종교로 하루 다섯 차례 메카를 향해 기도를 올린다. 첫 기도는 새벽 4시경으로, 곤히 잠든 새벽에 갑자기 온 마을에 커다란 확성기를 통해 한 남자의 노랫소리가 울려 퍼진다. 그렇게 새벽 기도에 이어 두 번째는 정오경에, 이어서 오후와 해질 무렵 그리고 저녁에 각각 30분 정도씩 기도를 올린다.

이슬람의 안식일은 토요일이다. 일요일을 한 주를 여는 날로 치기 때문이다. 금요일 낮 기도 후 그들은 이스라엘이 쳐 놓은 철조망 국경으로 달려가서 시위를 시작한다. 시위를 하다 보면 언제나 그중 특히 극렬한 시위자가 눈에 띄게 마련이다. 예를 들면 철조망을 부수거나 타 넘으려는 사람과 같은. 국경의 상황을 직접 보진 않았으므로 정확히 어떤 경우에 사격을 가하는지는 알 수 없다. 하지만 극렬 시위자가 눈에 띄면 잘 훈련된 이스라엘의 저격병이 정확하게 그 사람의 다리를 향해 총을 쏘아 명중시킨다고 한다. 배나 가슴에 총을 맞으면 대부분 즉사하게 되고, 사망자가 발생하면 시위대뿐 아니라 주민 전체의 공분을 불러일으켜 시위가 더욱 거세질 것을 우려해서 일부러 다리를 맞춘다고 한다.

한 주말에도 수 명에서 수십 명의 총상 환자가 발생하므로 국경없는의사회 의료진 중 일부는 주말 응급수술에 투입되었다. 특히 외상외과, 혈관외과, 마취과는 알 아크샤Al Aqsa 병원에서 막 총상을 입고 실려 온 젊은이들을 주말 내내 응급수술(주된 내용은 변연절제술, 외고정 장치를 이용한 골절 고정, 혈관 손상 시 근막절개술)을 하는 것이 주된 업무였다. 또 다른 의료진은 이렇게 응급수술을 받은 총상 환자의 후속 치료에 종사하게 된다. 따라서 같은 가자 지구 국경없는의사회 국제 활동가라 해도 근무처는 서로 달랐다.

정형외과 의사, 가자 지구로 날아가다

나는 2010년 아이티 대지진 긴급 구호단으로 아이티에서 팔 박 구일간의 구급 진료를 다녀온 적이 있다. 이때의 경험이 결정적인 자극이 되었던 것 같다. 그때부터 언제라도 나는 의사가 꼭 필요한데 의료진이 잘 가려 하지 않는 곳으로 달려가 사람들을 돕는 의사가 되어야겠다고 마음먹었다.

2017년 가을 처음으로 국경없는의사회의 '활동가 채용설명회'에 참여한 것을 시작으로 구호 활동가가 되기 위한 과정을 밟았다. 서류 제출, 두 시간의 마라톤 영어 인터뷰를 거쳐 마침내 2018년 2월 평창 동계올림픽과 3월 패럴림픽 중간에 도쿄에서 있었던 '웰컴 데이즈'라 불리는, 신규 활동가를 위한 오리엔테이션에 다녀오는 것을 끝으로 활동가풀에 포함이 되었다. 당시 6월 말 예정으로 명예퇴직을 준비하고 있었지만, 여전히 대학병원에서 정형외과 전문의 겸 교수로, 진료와 교육 연구 등의 업무에 종사하고 있었다. 그러면서 '퇴직 후에는 어딘가로 국경없는의사회 활동을 떠날 기회가 오겠지' 하는 막연한 기대를 갖고 있었다.

그러던 어느날 갑자기 국경없는의사회 사무소에서 연락이 왔다. "팔레스타인 가자 지구에 긴급히 파견이 필요한데 다녀올 수 있겠냐"는 것이었다. 처음엔 조금 당황스러웠다. 생각보다 너무 급하게 떠나야 했고, 분쟁 지역이라는 점도 걸렸다. 하지만 어차피 이 길을 선택한 것이니 하루라도 빨리 경험하는 게 낫겠다 싶어 가겠다고 답을 보냈다. 아직 현직에 몸담은 처지라 먼저 대학본부에 확인해 보았다. 대학본부에서는 2주 정도 연가를 다녀오는 것이 가능하다는 답이 돌아왔다. 이로써 생애 첫 국경없는의사회 파견 활동을 가자 지구로 떠나게 되었다.

요즘도 많이 듣는 질문이 있다. "그런 위험 지역에 가는데 가족, 특히 부인이 반대하지 않더냐"라는 것이다. 매스컴을 통해 전쟁터처럼 알려진 곳이니 당연히 걱정과 염려는 있었을 것이다. 하지만 이러한 질문에 대한 아내의 답은 "가지 말라고 한들 안 갈 사람이 아니므로"이다. 나는 "뭔 일이 생기더라도 예수님 동네 옆이라 그것도 복이여" 하고 농담 섞어 이야기하곤 했다.

가족이 공항까지 따라온다는 것을 극구 말렸다. 기간도 2주이니 예전 학회 정도로 짧은 여행인데 굳이 공항까지 나오는 수고를 끼칠 이유도 없었다. 게다가 나 자신도 이전 여행과는 전혀 다른, 위험할 수도 있는 곳에 가는 터라 스스로의 안심을 위해 예전처럼 혼자 갔다가 돌아오고 싶었던 것인지도 모른다. 어쨌든 심지어 아파트 현관 밖으로도 못 나오게 문을 닫고는 엘리베이터에 올랐다. 그렇게 집을 떠나 공항으로 향하였다.

가자 지구에서의 첫 파견 활동

터키항공을 이용, 텔아비브공항에 내렸다. 그런데 입국 수속이 보통 오래 걸리는 게 아니었다. 몇몇 사람들은 한 시간이 넘어가자 엄청 불안, 초조해하더니 급기야 분노 모드로 바뀌어 갔다. 오랜 시간을 기다린 끝에 내 차례가 왔다. 돌아가는 티켓과 국경없는의사회에서 만들어준 활동 명령서 Mission Order만 확인하고는 곧바로 입국이 허용되었다. 거의 두 시간을 줄을 서서 기다렸는데 2분 만에 통과되었으니 오히려 황당했다.

예전에 초빙 강연을 위해 외국에 가면 입국 게이트를 나가자마자 커다랗게 쓰인 내 이름을 발견할 수 있었다. 나의 영문 이름 앞에 'Prof.' 아니면 'Dr.'라는 호칭까지 넣어서. 그런데 아무리 둘러봐도 내 이름이 보이지 않았다. 잠시 후 저 멀리 기둥에 기댄 채 지친 얼굴로 서 있는 한 남자가 눈에 들어왔다. 그는 'MSF(국경없는의사회 이니셜)' 단 세 글자만 적힌 크지 않은 패널을 들고 있었다. 나를 데리러 온 국경없는의사회의 운전사였다.

그의 차를 타고 곧바로 가자 지구로 향하였다. 가는 길에 활동 책임자인 엘리자베스와 호주에서 온 간호사 루크를 픽업, 세 명의 활동가를 가자 지구로 들어가는 에레즈에 내려놓고 운전사는 돌아갔다. 이후로 매우 복잡다단한 절차를 거친 끝에 우리 셋은 이스라엘에서 팔레스타인으로 들어가는 일인용 창살 회전문(캐리어 하나와 나의 몸만 통과할 수 있었다)을 거쳐 마침내 팔레스타인 영역으로 들어섰다.

그곳에는 오토바이, 경운기 같은 유료 운송 수단이 기다리고 있었다. 우리는 그들의 외침을 뒤로한 채 가도 가도 끝이 없는 진입 통로를 걷고 또 걸어서 마침내 가자 지구 입국 수속처에 도착하였다. 또다시 심사, 그리고 마침내 국경없는의사회 차량을 타고 숙소가 있는 가자 시티로 향하였다. 이국의 풍경은 낯설뿐 아니라 황량하였다. 정돈된 도로와 깔끔한 건물 외에는 모든 풍경이 녹색이었던 이스라엘과는 전혀 달랐다. 이곳은 모든 게 회색이거나 황토색이었고, 오래된 낡은 도시였다. 담 하나를 사이에 두고 이리도 다른 세상이 존재하다니….

숙소는 가자 시티 중심가에 위치한 5층 건물이었다. 닫힐 때마다 엄청나게 큰 소리가 나는 육중한 철문이 인상적이었다. 1층에 주방과 식당이 있었고, 위로는 각지에서 온 국제 활동가들의 공간이 있었을 것이다(이때 내 방은 1층과 2층 사이의 중이층인 메자닌 mezzanine이었다. 여성 활동가들이 모두 위에 살았으므로 나는 계단 위로 올라갈 일이 없었다). 중앙의 거실 공간에는 소파와 함께 탁구대가 놓여 있어서 휴식 시간에는 간혹 국제경기가 열리곤 했다.

첫 파견 때는 농담 삼아 '나도 나의 오늘 일을 모른다'고 자조적으로 말하곤 했다. 매일매일 "오늘 당신은 어디로"라고 의료 코디네이터로부터 배정을 받았다. 일단 사무소까지 걸어서 출근하고 나면 국제 활동가와 현지 직원 전체가 모인 상태에서 영어와 현지어로 브리핑이 있었다. 때로는 보안 상황이나 안전에 대한 이야기가 심각하게 오가기도 하였다. 그 회의를 마치고 나면 각자의 위치로 흩어진다. 이때가 나의 그날 운명이 결정되는 순간이었다. 사실 첫 파견이었고, 근무 기간도 길지 않은데다가 그들 눈에 내가 할 수 있는 능력이 어느 정도인지를 알 수도 없었을 것이다. 그래서 나에게는 아마 가장 수월한, 또는 덜 중요한 일을 맡겼을 것이다.

그래도 첫 파견 활동에서 정형외과 의사로 다음과 같은 업무를 맡아 하였다.

첫째, 진료소에서 진료를 했다. 가자 시티, 칸유니스 등에 가자 지구의 몇몇 거점 진료소가 있다. 그곳에서 총상 환자들의 추시(응급수술 이후 오랜 후속 관리)가 이어진다. 주로 하는 일은 내원한 총상 환자를 대상으로 X-선 촬영을 하여 뼈의 상태가 어떤지 살피기와 창상 관리 등이었다. 그중에서는 개방창의 드레싱을 위해 정기적으로 방문하는 젊은이들이 있다. 그들은 매번 겪어야 하는 극심한 고통을 두려워한다. 그래서 종종 'EMO'라는 가스 마취를 하고 치료하기도 한다. 진료소 환자 중 수술장에서의 조치가 필요한 사람이 생기면 수술자 목록에 올리게 된다. 가자 시티 외에 다른 진료소는 자동차로 몇십 분씩 이동해야 하므로 아침에 출근하면 저녁에 퇴근한다. 이곳에서 처음 당황했던 것은 점심 식사가 대체로 준비되지 않는다는 것이다. 각자 알아서 해결하거나 누군가가 돈을 내면 그 돈으로 배달을 시켜 먹었다.

둘째, 수술장에서 수술을 했다. 수술장이 있는 병원이라 해도 규모는 여러 종류이다. 처음 간 곳은 프렌드십 병원이라고 불리는 준종합병원 급이었다. 그곳에서 나는 피부이식이나 비교적 가벼운 수술들을 담당하였다. 프랑스에서 온 성형외과 의사 알렉스가 피판이식술Flap을 한다기에 같이 참가한 적이 있었다. 마취는 꼭 필요하면 전신마취나 척추마취를 한다. 그런데 대부분은 시간이 오래 걸리지 않으므로 수면마취인 케타민Ketamine마취로 진행되었다.

셋째, 응급수술에 참가했다. 파견지에서 맞은 첫 주말이었다. 그때 내게 배정된 역할은 가자 시티에 있는 작은 병원 수술장 담당이라 그냥 쉬어도 되었다. 하지만 그렇지 않아도 파견 기간이 짧은데 주말이라고 숙소에서 쉬자니 시간 낭비 같았다. 게다가 외과 계열 동료 활동가들이 모두 알 아크샤 병원으로 일하러 간다는 이야기를 들은 나는 의료 코디네이터에게 '나도 따라가고 싶다'는 뜻을 전했다. 결국 나도 알 아크샤 병원 팀에 포함되어 주말 응급수술에 참여할 수 있었다. 참으로 소중한 기회를 얻은 셈이었다.

금요일 정오 기도를 마친 뒤 젊은이들은 장벽, 즉 이스라엘과의 국경(펜스fence라고 부름)으로 달려가 시위를 펼쳤다. 그중 이스라엘 입장에서 제일 과격한 사람을 향해 이스라엘 저격병이 사격을 가한다. 사격은 주로 무릎 위 또는 아래, 즉 다리에 집중된다. 총상을 입은 젊은이는 주변에서 대기 중이던 들것 부대에 의해 후송되어 알 아크샤 병원을 포함한 몇몇 병원으로 이송된다. 총상 환자가 도착하면 응급실에서의 조치가 끝난 뒤 응급수술이 결정된다. 따라서 금요일 오후부터 밤 사이에 응급수술이 집중된다.

알 아크샤 병원에서는 스웨덴에서 온 외상 전문 정형외과 의사(유럽은 정형외과 의사 중 외상 전문이 따로 있다) 사이먼과 영국에서 온 혈관외과 의사 에드워드, 그리고 브라질에서 온 마취과 의사 릴리아나가 한 팀으로 응급수술이 이뤄지고 있었다. 자원자로 참여한 나는 '젊은 의사들의 늙은 조수'로 그들을 도왔다. 총상에 대한 응급수술은 크게 세 가지인데, 골절에 대해서는 외고정 장치Ex-Fix 고정, 상처에 대해서는 변연절제술Debridement, 혈관 손상이 동반되어 있을 경우 예방적구획절개술Fasciotomy을 시행한다.

환자에게 좋은 건지 아닌지 모르겠지만, 응급수술을 담당한 의사와 후속 치료를 하는 의사가 다르다. 때로는 보건부가 운영하는 현지 병원에서 현지 의사가 치료하기도 한다. 많은 경우 골절 정복이 아주 탁월한 것 같진 않다. 다행히 내가 조수로 들어갔던 대퇴골 총상 환자의 수술에서는 늙은 조수가 견인과 정복을 열심히 해 준 결과 그중 수술 후 뼈 정복 상태가 양호했다.

넷째, 수술 후 후속 치료를 했다. 총상에 대한 응급수술은 비교적 일관성 있는 원칙하에 시행된다. 그러나 이후로 각각의 환자가 겪는 과정, 걸어가는 길은 천차만별이다. 많은 젊은 총상 환자가 외고정 장치를 한 채 목발을 짚고 가자의 거리를 지나는 모습을 흔히 볼 수 있다. 거의 방치된 경우도 있는가 하면, 어떤 환자들은 입원 상태에서 매주 수술장에 들락거린다. 수술장에 더 많이 들어오면 더 빨리 잘 나을 수 있을까? 총상 환자들이 극복해야 할 의학적 과제는 크게 세 가지이다(뒤 223쪽에 자세한 설명). 이로 인해 치료가 아주 오래 걸리고 잘 낫기도 어렵다.

운이 좋으면, 그래서 치료가 잘 되면 그러한 고난의 세월이 몇 달로 끝날 수도 있다. 하지만 대부분은 몇 년이 걸려도 상태가 호전되지 않고 고통이 끝없이 이어질 뿐이다. 수도 없이 수술장에 들어와 온갖 치료가 이어지지만, 이 세 가지 난관을 동시에 극복할 수 있는 근본적인 해법이 없다면 그들의 고통은 사라지지 않을 것이다. 현장에서 그런 생각을 할 때마다 참으로 마음이 아팠다.

마라톤 선수는 달리는 순간 엄청나게 힘이 들지만, 그 고통은 끝이 있다. 언젠가는 분명히 이 고통이 끝날 것을 안다. 그런 까닭에 어떻게든 견딘다. 대부분은 언제 그 고통이 끝날지도 예측할 수 있다. 그러나 가자 총상 환자들의 고통은 언제 끝난다는 기약이 없다. 설령 끝나더라도 후유증이 얼마나 오래 남을지 알 수가 없다. 참으로 안타까운 일이다.

2018년 5월의 첫 가자 지구 파견은 긴급 파견이었고, 그나마 기간이 짧아서 나에게 확실한 역할이 주어지지 않았다. 첫 주말 알 아크샤 병원 응급팀에 자원하지 않았다면 정말 할 일이 없었을 것 같다. 가자 시티에 있는 작은 병원에서 피부이식 수술을 했던 기억은 난다. 정형외과 전문의 초기에 이것저것 다 하던 시절에는 피부이식 수술도 많이 했는데, 척추 전문이 되고 난 뒤로는 기회가 없었다. 무척 오랜만에 하는 피부이식 수술이었지만 다행히 잘 마무리가 되었다.

첫 파견은 활동 기간이 짧다 보니 특별히 기억나는 환자나 현지 직원과의 이야기가 없어 아쉬웠다. 하지만 함께 지냈던 유럽 활동가들과는 꽤 친밀한 관계를 맺었다. 그래서 돌아온 뒤로도 메신저로 서로 오래도록 소식을 주고받곤 하였다.

다시, 가자 지구로!

오기로 했던 어느 정형외과 의사에게 사정이 생겨 그의 대타로 2019년 2월에 두 번째 파견 활동을 가게 되었다. 두 번째이다 보니 아무래도 현지 상황에 대한 이해를 가지고 있던 터라 첫 파견보다는 훨씬 편안했다.

주로 일한 곳은 다르에스살람DaeEsSalaam 병원이었다. 아침 병동 회진에 이어 수술실에서 수술에 투입되었다. 이때는 갑자기 '골 채취Bone Sampling'라는 술식이 등장했다. 한국식 표현은 '감염 골 균 배양 검사Culture of Infected Bone'인 셈이다. 이곳 환자의 대부분이 총상 후 만성 골수염이 합병된 환자였다. 그러다 보니 환자에 딱 맞는 항생제를 찾기 위해 감염된 뼈의 조직 샘플을 채취하여 이를 이스라엘로 보내서 배양 및 감수성 검사Culture and Sensitivity를 먼저 하려는 것이었다. 그런 다음 배양 결과에 따라 항생제를 결정하는, 어찌 보면 기본 원칙에 가까운 방식이었다.

그런데, 유럽이나 미국, 한국의 도시에서라면 당연한 이 방식이 가자 지구에서도 통하는 원칙인지에 대해서는 상당한 회의가 들었다. 어쨌든 '샘플 배양 검사 결과에 따라 항생제가 결정된 뒤 주요 처치를 한다'라는 이상적인 원칙을 누군가 세워놓은 모양이었다. 영국의 내과의사 출신이라는 젊은 의료 코디네이터가 이 원칙을 고수하면서, 수술적 치료의 시행 여부에 일일이 관여하는 바람에 나를 포함한 외과 의사들이 환자를 치료하는 데에 어려움이 있었다. 그의 지침대로 주요 처치를 미루고 샘플 채취를 많이 했는데, 아쉽게도 내가 근무한 한 달 동안 단 한 건의 샘플도 이스라엘의 배양검사실로 가지 못하였으니 '이상과 현실의 괴리'는 뼈아팠다.

그렇긴 해도 나는 틈틈이 그곳 환자들의 고통을 끝내거나 줄이기 위해 노력했다. 상처 드레싱이 무한 반복되는 수술 스케줄이었지만, 염증이 잘 해결되었다고 판단되는 경우는 벌어져 있는 상처를 봉합해 주었다. 특히 다리에 구획절개술 후 남은 긴 상처가 벌어져 있는 상태인 사람들은 직접 봉합을 많이 하였다. 일반적으로 행해지는 피부이식보다는 직접 봉합이 훨씬 아무는 기간도 짧고 결과가 좋기 때문이다.

이스마일이라는 십 대 후반의 소년은 이러한 상처가 다섯 군데나 있었다. 제일 중요한 대퇴골 총상부는 세균 감염으로 고름이 나오는 상태였는데 구획절개술 이후 한 번도 봉합이 시도되지 않아 아주 크게 벌어져 있었다. 이런 상처 다섯 곳을 통해 손실되는 체액과 단백질만 해도 적지 않을 상황이라 다른 벌어진 상처들은 모두 일차적 봉합을 하였고, 가장 크게 벌어져 있는 대퇴부 상처는 강선 철사 봉합법을 이용하여 크기를 3분의 1로 줄여 주었다. 환자의 고통은 심했지만, 다섯 곳의 크게 벌어진 상처 중 네 곳은 닫았고 나머지 하나는 많이 줄여 놓았다. 이로 인해 이후의 치료 과정이 훨씬 더 편안해졌을 것이라고 본다. 그는 수술장에서 나올 때 매번 너무 아파했다. 그럴 때마다 나는 회복실에서 늘 그의 손을 잡고 힘내라고 응원을 해 주었다.

성형외과 의사인 이베트는 1년 전 첫 파견 때는 보지 못했던 국제 활동가로, 거의 두 달에 한 번씩 가자 지구에 와서 2주 정도 머물면서 밀린 상처 수술을 많이 하였다. 그녀는 나처럼 의료 담당 행정 직원들의 지시를 받는 게 아니라 오히려 최대한 그들의 지원을 받는 것으로 보였다. 수술실 내에서의 권위가 훨씬 센 그녀의 모습을 보면서 그만큼 헌신적으로 열심히 가자 환자를 돌봐 주고 있으니 그럴 만하다고 긍정적으로 생각하였다.

그래도 마지막 떠나는 날, 현지 직원들로부터 "우리 젊은이들의 상처를 이렇게 적극적으로 치료해 주려는 사람이 그리 많지 않은데, 닥터 김 당신이 애써 주어서 고맙다"라는 감사의 인사를 들을 수 있었다. 어차피 가자 지구의 수천 명을 다 치료할 수도 없고, 붙박이로 가자 지구에 있을 수도 없는 게 나의 현실이다. 하지만 있는 동안 그들에게 의사로, 그리고 이웃으로 조금이나마 도움이 되었다면 감사할 일이다.

총상의 3대 난제를 해결하기 위한 제언

무엇보다도 총상은 상처가 열려 있어 외부 공기와 연결된 골 결손부가 지속적으로 존재한다. 따라서 종국에는 감염으로 연결되기가 매우 쉽다. 초기에는 개방성 골절이지만 결국 나중에는 골 감염으로 진행된다는 뜻이다. 해결해야 할 3대 중요 난제難題가 '골절+결손+감염'이라 어느 하나에 집중하려 해도 다른 것들이 발목을 잡고 방해를 한다.

예를 들어 골절을 고정하려 해도 뼈에 결손이 있으니 골유합이 일어나기 어렵고, 피부 및 연부조직 결손으로 골절부가 노출되어 있어서 감염 치료도 어렵다. 피판술로 연부조직 결손을 덮는다 하더라도 골절부에서 불안정이 있거나 골 감염이 해결되지 않은 상태에서는 결국 실패하게 된다. 하나를 고치려 해도 나머지 두 개가 발목을 잡는 상황이니 참으로 치료가 어렵다.

이 3대 난제를 동시에 해결하기 위한 정형외과적 조치로는 다음 박스 안에 기술한 것 같은 여러 술식이 차례로, 혹은 동시에 동원되어야 한다. 그러나 가자 현장에서 가능한 것은 피판술뿐이었다. 2차 파견 시에 나는 처음으로 몇몇 환자에게 '항생제 함유 시멘트 염주법'을 시도한 바 있다. 국경없는의사회에서는 골수염을 해결하기 위하여 염증 부위에 항생제 시멘트를 채워 놓았다가 감염이 사라진 뒤 제거하여 골이식을 실시하는 '마스켈레 술식 Masquelet Technique'을 고려하고 있다고 들었다. 하지만 이 방법은 골절이 없는 안정된 골, 피부 봉합에 어려움이 없는 골수염 부위에서 적용되는 방법이라 총상에서는 적용에 한계가 있다.

2차 가자 파견 활동 중 이러한 총상 문제에 대한 근본적인 해법을 찾아보겠다는 마음으로 고민, 연구하여 돌아오는 길에 파리의 국경없는의사회 운영센터를 방문, 나름 열심히 제작한 총상 치료 프로토콜*을 제안하였다. 총상 이후 오랜 세월 끝나지 않는 가자 지구 젊은이들의 고통을 끝내 주고 싶었기 때문이다.

---

* 두 차례의 가자 지구 파견 활동을 통해 나름 연구, 제안했던 '총상 환자 해결을 위한 치료 프로토콜'을 귀국길에 파리 운영센터에 들러 브리핑도 하였지만, 아직 별다른 변화는 없는 것 같다.

총상Gunshot injury의 이해

먼 곳에서 빠른 속도로 날아온 총탄은 고속회전을 하며 조직의 손상을 일으킨다.

총탄의 종류

탄두가 합금으로 덮인 Full Metal Jacket: 거대한 출사구 결손

탄두가 납으로 된 Semi Metal Jacket: 분쇄 골절, 조직 내 이물

총상의 3대 난제

(개방성) 골절+(골 및 연부조직) 결손+감염

3대 난제 해결을 위한 프로토콜(동시에 또는 연속으로 시행)

1) 외고정에 이어 내고정(금속판이나 금속정 등)으로의 전환

2) 항생제가 혼합된 시멘트 사용(감염치료)

3) 골이식(결손부 채우기)

4) 연부조직 피판술(피부 및 연부조직 덮기)

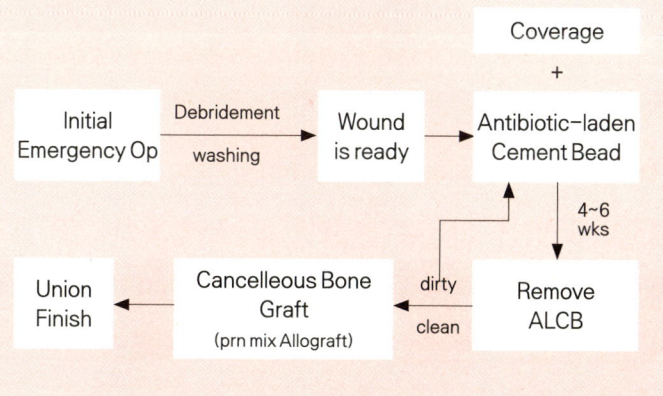

지난한 분쟁 안에서
희망을 꿈꾸는 사람들

김영휘 | 소아청소년과 전문의

남수단에 첫발을 내딛다

남수단, 국경없는의사회 파견지로 소개받기 전까지 나는 이 나라에 대해 전혀 몰랐다. 아프리카 어디쯤 있는지도 몰랐고, 수단과 남수단이 다른 나라인 것조차 몰랐다. 이곳이 파견지로 정해지고 나서 나는 나름대로 인터넷 검색을 해 보았다. 검색을 통해 내가 알아낸 것은 아프리카 내륙에 속한 나라라는 것과 이태석 신부님이 남수단 톤즈Tonj에서 의료 선교 활동을 했다는 것 정도였다.

남수단 파견을 떠나기에 앞서 스위스 제네바에 있는 국경없는의사회 운영센터에 들러 사흘간 다양한 분야에 대한 브리핑을 받았다. 그러면서 이 나라 사정을 하나하나 알게 되었다. 인터넷 검색으로는 알기 어려운 수많은 정보를 얻었다. 독립 이전에 수단에 속했으나, 이슬람교-기독교 종교 갈등이 있었다. 종교로 차별받던 남수단 지역은 어렵사리 독립전쟁을 통해 2011년 마침내 독립을 쟁취하였다.

내가 활동할 아곡Agok 지역은 석유가 매장된 곳이었다. 이를 두고 수단과 남수단이 국경 분쟁을 벌이는 곳이라 유엔평화군이 주둔하는 곳이었다. 알고 보니 내가 아는 한국 군인 한 분도 남수단 평화유지군으로 이 나라를 다녀오셨다. 독립전쟁 후에 남수단을 국가로 승인해 준 유엔사무총장이 반기문 씨였다. 그래서인지 남수단 사람들이 은근히 반기문 총장에게 호감을 가지고 있다. 독립한 지 십여 년밖에 안 된 신생국가이지만 반기문 총장, 이태석 신부님 등 여러모로 한국과 인연이 있는 나라였다. 남수단 아곡 지역은 국경 분쟁 지역이다 보니, 수단과 남수단 두 나라 정부 모두의 행정력이 제대로 미치지 않았다. 그래서 아곡 지역에는 의료시설이 부족했다. 이러한 공백을 메우고자 국경없는의사회는 남수단 아곡 지역에 2차 병원 의료서비스를 제공하였다.

남수단으로 입국하는 과정이 순탄치는 않았다. 다행히도 에티오피아에서 남수단의 수도 주바Juba로 가는 비행기에서 한국인 수녀님 두 분을 만났다. 이태석 신부님의 뜻을 이어 남수단에서 활동하고 계시는 분들이었다. 나에게 남수단 입국할 때 주의할 점도 알려 주시고, 입국에서 문제가 생기지 않게 도와주셨다. 수녀님들은 이전에 왔던 분들이라서 금방 입국심사를 마치고 입국하셨다. 하지만 나는 이곳에 처음 온 터라 여러 가지 서류를 제시하고, 많은 질문에 답해야 했다. 입국심사관이 나를 붙들고 있는 동안에 수녀님들이 내 짐도 미리 찾아서 지켜 주고 계셨다. 외국인 짐처럼 보이는 것이 덩그러니 있으면 짐을 열어 보라고 하고 물건을 압수하는 등 곤란한 일이 생길 수 있다며 수녀님들이 나를 배려해 주셔서 짐을 챙겨 두신 것이다. 정말로 감사했다.

어렵사리 입국심사를 마치고 나왔는데, 공항으로 마중 나오기로 한 국경없는의사회 운전사가 안 보여서 무척 난감했다. 주바 공항은 한국 시골에 있는 버스터미널과 비슷하였다. 그러니 유심USIM칩을 산다든지 할 수가 없었다. 휴대폰으로 연락해서 국경없는의사회 차량을 불러야 했는데 방법이 없었다. 그때 수녀님들 도움으로 현지인에게 전화를 빌려서 국경없는의사회 주바 사무소에 연락할 수 있었다. 하마터면 남수단 공항에서 미아가 될 뻔했는데 정말 감사하게도 수녀님들께 큰 도움을 받았다.

한참 만에 픽업 차량이 왔다. 같은 날 입국하는 국제 활동가가 한 명 더 있는데 그 사람만 온 줄 알았던 모양이다. 운전사는 아까 와서 그 사람만 싣고 갔다고 변명하였다. 내가 수녀님들을 만나지 못했다면 정말 위험할 뻔했다. 수녀님들께 크게 은혜를 입어서 주바에 있는 동안 수녀님들의 활동지도 방문하고 싶었다. 하지만 그 지역은 국경없는의사회의 안전 수칙에 따라 활동가 개인이 방문하는 것이 금지된 곳이었다. 그런 까닭에 다시 수녀님들을 뵙지는 못하였다. 남수단에 있는 동안 간간이 이메일로 서로의 안부를 주고받기만 했다.

주바에서 다시 또 며칠간 브리핑을 받았다. 주바에 위치한 총괄사무소는 예전 호텔로 쓰던 건물을 통째로 임대해서 상당히 지내기 좋았다. 에어컨도 쓸 수 있었고, 인터넷도 어느 정도 쓸 만한 속도였다. 조리 교육을 받은 요리사도 있어서 음식도 괜찮았다.

반면에 나의 파견지인 아곡은 달랐다. 에어컨이 가동되는 유일한 장소는 약국이다. 왜냐하면 40도를 웃도는 더운 기후에서 약을 상하지 않게 보관하기 위해서는 에어컨을 가동해야만 하기 때문이다. 그래서 약국에 잠깐 방문해서 에어컨의 찬 공기를 누릴 때 나는 행복했다. 근무시간 대부분 그곳에 있는 약사님이 부러울 정도였다. 인터넷은 위성통신으로 사용하는데 공용공간에서만 사용할 수 있었다. 그나마 너무나 느렸다. 한국에서 카카오톡으로 이모티콘을 보내면 몇 시간이 걸려야 다운로드가 되거나 아예 보지 못한다. 느리지만 한 달에 수백만 원씩 내고 쓰는 통신서비스였다. 위성전화도 비싸서 일주일에 한 번, 5분 이내로 쓰는 것이 전부였다. 가족들과 안부를 주고받는 것은 카카오톡 텍스트 메시지로 하거나 페이스북 메신저를 이용했다. 그나마 복잡한 이모티콘 없고 단순한 인터페이스인 페이스북 라이트가 좀 더 빨랐다. 1메가 PDF 파일도 다운로드하는 데만 몇 시간이 걸린다. 영상이나 음악파일 다운로드는 애초에 포기했다. 필요한 파일은 미리 인터넷이 빠른 곳에서 받아야 한다. 그로부터 4~5년 후에 파견 간 활동가의 이야기로는 그나마 인터넷은 카카오톡 이모티콘을 볼 정도로는 빨라졌다고 했다.

아곡에서 나의 숙소는 현지어로 '투쿨Tukul'이라고 부르는 흙집이었다. 방 하나 크기로 지은 원룸 투쿨이다. 지붕은 짚 같은 식물 줄기로 이어 덮었다. 어찌나 친환경적인지 우기 때에는 집안에서 버섯이 자랐다. 버섯이 커지면 나는 출근할 때 버섯을 떼다가 밖에 버리곤 했다. 하지만 아곡에서 투쿨은 꽤 훌륭한 숙소였다. 바람이 잘 통했기 때문이다. 아곡에는 콘크리트 벽으로 지은 숙소도 있고, 텐트 숙소도 있었다. 이들 숙소는 바람이 잘 안 통해서 무척 덥다고 했다. 특히 텐트 숙소에서 지내는 직원들은 너무 더워서 힘들다는 이야기를 많이 했다. 물류팀에서 더 많은 투쿨을 만들려고 계획은 하고 있었지만, 투쿨은 1인용 숙소라서 만드는 속도가 수요를 따라가지 못했다. 그나마 시원한 투쿨에서 지냈던 나도 건기의 한낮에는 더워서 정신을 못 차렸다.

무더위는 기운을 쭉 빠지게 했다. 게다가 말라리아 예방을 위해서 항말라리아제를 매일 먹고 있었는데 이 약 때문인지 더욱 기운이 빠지는 느낌이라서 잠깐 약 복용을 중단하기도 했다. 그랬다가 우기에 말라리아 대유행이 시작했다. 병원 직원들도 말라리아에 걸리고, 환자들이 열대열 말라리아로 심각하게 사경을 헤매는 모습을 수도 없이 보게 되었다. 너무나 심각한 상황에 놀란 나는 끊었던 말라리아 약을 다시 잘 챙겨 먹었다.

아곡의 요리사는 주변 지역에 사는 아주머니들이다. 염소 고기, 야채 조림과 길쭉한 흰쌀밥이 주메뉴였다. 염소 고기는 정말로 질겼다. 여기서는 말 그대로 생존하기 위해 먹었다. 그나마도 메뉴가 좋아진 것이라고 했다. 그 이전에는 식사가 너무 형편없어서 국제 활동가들의 불만이 많았다고 했다. 병원 주변 시장에서 구할 수 있는 야채는 당근과 감자뿐이다. 신선한 과일과 토마토, 오이 같은 다양한 식재료는 주변에서 구할 수가 없었다. 그래서 신선 식재료는 수도 주바에 있는 마트에서 구매해서 비행기로 실어 날랐다.

그나마 열대과일이 맛있었다. 특히 나는 패션프루트를 좋아했다. 그리고 병원 직원은 염소 고기 단백질을 꾸준히 먹었다. 비록 한국에서 먹던 마블링이 잘된 부드럽고 고소한 고기들과는 차원이 다르게 질기기는 해도, 단백질이었다. 나는 병원에서 환자들이 줄 서서 받는 식사를 본 적이 있다. 그들은 멀건 옥수수죽에 흰빵 두 개가 전부였다. 빵도 한국에서 흔하게 보는 버터를 잔뜩 발라 갈색빛이 도는 빵이 아니다. 희멀건 빵인데 맥도날드 아침 메뉴에 나오는 맥머핀처럼 생겼다. 이 빵도 바로 구워서 따뜻할 때 먹으면 바삭하고 정말 맛있다. 그래서 제빵사가 와서 흙으로 만든 화덕에 빵을 잔뜩 굽고 가는 날이면 따뜻한 빵을 바로 먹곤 했다. 그것이 이곳에서 누린 나의 작은 행복 중 하나였다.

아곡 병원은 치료비가 전액 무료였다. 그러다 보니 환자들에게 엄청난 식사를 줘야 할 의무가 있는 것은 아니었다. 하지만 한국의 병원 영양사가 본다면 놀라 기절할 환자 식단이었다. 그런데 이곳에는 이 멀건 옥수수죽조차 먹지 못하고 몇 달을 굶어서 영양실조가 되어 실려 오는 사람들이 한가득이다.

생명을 위협하는 영양실조

한참 가문 건기에는 한국의 보릿고개처럼 곡물량이 부족해진다. 그래서 많은 사람이 영양실조에 걸린다. 특히 어린아이는 더 취약하기 때문에 생명에 크게 위협을 받는다. 아곡 병원에는 어린이 영양실조 병동이 따로 있었다. 어른 일반 병동 크기였다. 그만큼 영양실조가 많았다. 그런데 더 놀라운 점은 단순 영양실조 병동이 아니다. 단순 영양실조는 외래진료를 통해 영양치료식인 플럼피넛을 제공한다. 단순히 영양만 부족하다면 플럼피넛만 제공받아도 영양상태가 좋아지기 때문이다.

그러면 영양실조 환자 병동에 누운 아이들은 어떤 아이들일까? 우리가 텔레비전 모금단체 광고 영상에서 흔히 만나는 깡마른 바로 그 아이들이다. 병원에 오지 않았다면 며칠 내로 사망하게 되는 아이들…. 이러한 아이들은 단순한 영양실조만 있는 것이 아니라 질병도 함께 가지고 있다. 그중에 흔한 것이 결핵이다. 이렇듯 질병을 가진 아이들은 질병균 때문에 섭취한 영양을 소진하여 체중이 늘지 않는다.

보통 일반적으로 건강한 사람이 결핵에 걸리면 기침을 한다. 그런데 결핵에 걸린 영양실조 아이들은 기침을 안 한다. 간혹 미열이 있을 수 있다. 일반적인 의학 교육을 받은 한국 의사라면 이 아이들이 결핵일 거라는 의심조차 못 할 것이다. 나도 그랬다. 하지만 나는 똑똑하고 실력 있는 국경없는의사회 동료가 있었다. 케냐에서 온 의료담당관Clinical Officer 마이클이다.

그는 아곡 병원에서 오랜 시간 일하고 임상 경험이 많은 의료담당관이었다. 다른 의료담당관이 제일 믿고 따르는 사람이다. 또한 제네바 운영센터에서 브리핑을 해 준 스페인인 소아과 의사도 모르는 것 있으면 마이클과 상의하라고 할 만큼 인정받는 의료담당관이었다. 실제로 나도 마이클에게 많이 배웠다. 영양실조 환자는 한국에서는 경험할 수 없는 환자이기 때문이었다. 의술에서 임상경험은 매우 중요하다. 책으로만 공부하는 것과 실제 환자를 경험하는 것은 하늘과 땅 차이다.

영양공급을 아무리 해도 체중이 도대체 늘지 않는 아이에게 결핵약을 먹이면 체중이 늘기 시작한다. 참으로 신기하다. 영양실조 아이는 온몸이 결핵에 지배당해 근육이 소모된다. 기침은 우리 몸이 결핵균을 밖으로 내보내려고 일어나는 작용이다. 우리 몸을 어떻게든 청소하려는 이 작용이 보통의 결핵환자에서 가장 확실히 나타나는 증상이다. 하지만 영양실조 아이는 기침을 일으키는 가슴 몸통의 근육조차 소진되어 기침을 하지 못한다. 그저 온몸이 결핵에 점령당하여 겨우 숨만 쉬며 버티는 것이다.

결핵은 6개월 이상 약을 먹어야 하는 장기전으로 유명한 질병이다. 게다가 결핵약은 대표적인 부작용이 울렁증과 구토이다. 기운이 없는 아이가 울렁증을 일으키는 결핵약을 참고 먹으면서 그래도 영양공급을 열심히 하면 서서히 좋아진다. 영양실조 병동 아이들은 대부분 3주 이상 입원하는 장기 입원자가 많다. 오랜 기간 병동 생활의 끝에 살이 올라서 웃는 얼굴로 퇴원하는 아이를 보면 기쁘다.

하지만 한편으로는 결핵에 지는 아이도 많았다. 균이 온몸에 퍼지는 패혈증에 빠지는 아이는 체온이 급격히 떨어진다. 그러면 우리는 은박지로 만든 커다란 싸개로 아이를 감싼다. 이것이 그나마 체온을 올리는 데 도움을 준다. 체온을 올리려는 온갖 노력을 해도 좀처럼 회복이 안 되면 결국 죽음에 이른다. 은박지 싸개를 두른 아이들의 대부분은 안타까운 이별을 하였다.

치료될 수 없는 아이들

병동에 몇 달을 살며 결핵약을 먹던 십 대 소년 환자가 한 명 있었다. 그는 목에 커다란 혹이 나 있었다. 마이클은 그가 림프절 결핵일 것으로 생각하고 결핵약을 투약하였다. 하지만 덩어리는 좀처럼 작아지지 않았다. 결핵이 아니었던 것이다. 아이는 열과 몸살로 힘들어했다. 얼마쯤 지나 마이클과 나는 그 덩어리가 림프종양일 것으로 추측하였다. 한눈에도 종양이라 보일 만큼 큰 덩어리였다.

그런데 너무나 안타깝게도 아곡 병원은 종양 치료가 불가능했다. 마이클은 종양 치료가 남수단의 수도 주바 병원에서도 불가능하다고 말했다. 적어도 비행기를 타고 케냐까지는 가야 가능할 것이라고 말했다. 우리가 해 줄 수 있는 것은 오직 진통제를 투약하여 아이의 고통을 줄여 주는 것뿐이었다. 의료선진국의 병원에서는 치료할 수 있는 병이지만, 아곡에서는 그저 하루 더 살기를 바라며 고통을 참아야 했다. 회진을 할 때면 항상 밝게 웃는 그 아이를 보며 내 마음 한구석에서는 너무나 미안한 마음이 들었다. 그 아이는 그저 병원에서 주는 약을 잘 먹으며 지내다 보면 자신의 병이 나을 것이라고 믿는 것 같았기 때문이다.

소아외과가 있는 의료선진국에서가 아니라 아곡에서 태어났기에 죽을 날을 기다려야 하는 또 한 아기가 있었다. 제류를 가지고 태어난 아기였다. 제류는 탯줄 위아래로 배의 피부가 여물지 못하고 장기가 탯줄을 둘러싼 막에 싸여 배 밖으로 빠져나와 있는 병이다. 이곳의 의료환경에서 이 아이를 수술할 방법은 없었다.

스위스인 외과의는 아이의 피부에 장력을 걸어서 천천히 늘린 후에 덮는 방법을 시도해 보면 어떨까 하는 소견을 냈지만, 상상의 방법일 뿐이다. 제류의 크기가 작으면 시도해 볼 수도 있겠다. 하지만 이 아이의 제류는 무척 커서 13센티미터에 달하는 크기라서 피부를 그만큼 늘리기는 어렵다. 의료선진국에서 수술할 때는 인공피부를 이용해서 덮는 수술을 한다. 우리가 할 수 있는 것은 젖은 거즈로 제류를 덮고 그저 아이의 운명을 기다리는 게 전부였다. 아이는 왕성한 식욕을 보이며 엄마의 젖을 빨았다. 엄마는 아이가 곧 죽을 운명이란 걸 알지만, 아이가 원하는 대로 모유를 먹이며 슬퍼할 뿐이었다. 엄마와 아이가 퇴원할 때, 젖은 천으로 항상 배를 잘 덮어 주라는 말밖에는 해 줄 게 없었다.

한편, 출생했을 때는 별다른 문제 없다가 시간이 지나면서 문제가 드러나는 병들도 많다. 그중 하나가 선천성 거대결장증이다. 이 병은 장의 일부분에 신경이 제대로 분포되지 않아 장운동에 문제가 생겨서 대변을 제대로 보지 못하는 질환이다. 대변이 고여 장이 늘어나고 배가 불러온다. 신경이 없는 부위가 주로 항문 바로 위인 직장이나 결장에 위치한다.

배가 임신부처럼 불러서 통증으로 괴로워하며 거의 죽어가던 다섯 살 아이를 국제 활동가 외과의가 수술하였다. 배 속에 가득 차 있던 똥을 다 빼내고, 신경이 없는 장은 잘라냈다. 하지만 그 의사는 소아외과 전문의가 아니라서 항문을 만드는 수술은 하지 못했다. 대신 대변이 나올 수 있는 장루를 만들어 주었다. 장에 가득 차 있던 대변을 빼낸 후 아이는 장난치기 좋아하는 활달한 아이의 모습으로 돌아왔다. 하지만 배에는 장루 주머니를 가진 채였다. 이 아이는 플럼피넛을 너무너무 좋아해서 별명이 '플럼피넛 보이'였다.

수술 후에 회복한 아이는 너무나 행복하게 플럼피넛을 먹었다. 아이의 엄마는 장루를 없애고 항문을 만드는 수술을 원했지만, 그것은 당시 아곡 병원 의료진이 할 수 없는 일이었다. 아곡 병원에서 할 수 있는 일이란 아이 엄마에게 장루 관리법을 가르치고, 주기적으로 장루 주머니를 교체하기 위해 병원을 방문하라고 당부하는 것이 전부였다. 아이 엄마는 엄청나게 불평했다. 하지만 소아외과 전문의사는 한국에서도 찾기 어려운 매우 귀한 전문인력이다. 언젠가는 제대로 기능하는 항문 재건 수술을 할 수 있는 소아외과 의사가 이곳에 와서 그 아이에게 항문을 선물해 주기를 바랄 뿐이었다.

한국에서도 조산아는 여러 어려움을 겪는다. 마찬가지로 아곡에서도 어려움을 겪는 조산아가 여럿 태어난다. 재태연령 31주로 추정되는 쌍둥이 조산아들이 태어났다. 그중 첫째는 출생체중 1.44킬로그램으로 분홍빛 피부로 태어났는데 둘째는 출생체중이 겨우 880그램으로 피부도 하얬다. 이런 경우는 쌍생아간 수혈증후군, 즉 첫째에게 둘째 혈액이 흘러들어서 첫째는 피가 많고 둘째는 빈혈이 되는 경우다. 게다가 둘째는 발달도 지연이 되었고 양쪽 소이증을 가지고 있었다.

둘 다 두 달 가량 빠른 조산아로 태어났기에 호흡곤란 증세를 보여 산소 치료가 필요했다. 특히 둘째는 빈혈수치 헤모글로빈이 8.2g/dl이어서 수혈이 필요했다. 아기에게 필요한 혈액은 단 13밀리리터였다. 문제는 여기 병원에 헌혈 혈액에 대해서 전염성질환 여부를 검사하는 진단키트가 바닥났다는 것이다. 아기의 혈액형은 A형 Rh+형이고 아기와 혈액형이 일치하여 헌혈하려는 사람도 있었다. 하지만 전염성질환 여부를 검사하는 진단키트가 없어서 수혈을 할 수 없었다.

출생하여 산소 흡입 치료를 하며 잘 버티던 둘째는 다음 날 새벽부터 안 좋아져서 심폐소생술을 하였다. 그 아기가 겨우 회복하고 나서 아기의 작은 손을 만져 보았다. 아기가 손가락에 힘을 주어 잡는 것이 느껴졌다. 파악반사가 아니라 정말로 손가락을 잡는 것 같은 느낌이었다. 이후에 또다시 둘째 상태가 안 좋아졌다. 그리고 정오가 되기 전에 엄마 손에 안겨서 마지막 숨을 거두었다. 엄마 뱃속에서도 제 것을 뺏기고 나왔는데, 나와서도 수혈을 못 받고 이틀을 살고 떠났다. 슬펐다. 이 아기가 다음 세상에서는 예쁜 귀도 가지고 힘차게 우는 분홍빛 아기로 건강하게 태어나기를 기도했다.

쌍둥이 엄마는 살아남은 첫째 아기를 돌보며 한 달가량을 병원에서 지냈다. 아기 엄마는 아곡 주변 지역에 거주하는 두 부족의 언어인 딩카어와 누에르어를 모두 할 수 있었다. 그래서 병원에서 지내는 동안 종종 의료진의 통역을 도와주기도 하는 매우 고마운 분이었다. 첫째 아기는 산소 치료 없이도 숨을 잘 쉬게 되었다. 체중도 착실히 잘 늘어서 이제 막 퇴원을 앞두고 있었다.

8월에 들어서면서 건기가 끝나고 우기가 시작되었다. 우기가 시작되면 환자는 더 많아진다. 물웅덩이가 생기면서 가장 위험한 것은 모기다. 모기는 말라리아, 뎅기열, 치쿤구니야 등 수많은 질환을 사람에게 퍼트린다. 또한 우기가 되면 기온이 내려가기 때문에 밤과 낮의 일교차가 커진다. 일교차가 벌어지는 시기에는 호흡기 감염이 늘어난다. 일교차에 적응하지 못하면서 몸의 면역력이 떨어지기 때문이다. 감기가 유행하는데 심해지면 폐렴으로 진행한다.

우기에 들어서면서 소아과 병동에는 폐렴에 걸린 아이들이 많아졌다. 특히 1세 이하의 영아들이 유독 많았다. 한국에서는 폐렴구균, 헤모필루스B균 예방접종을 해서 영아 폐렴이 줄었다. 하지만 이곳은 해당 예방접종을 하지 않는다. 폐렴으로 인한 호흡곤란을 보이는 아기들이 많았다. 항생제 치료와 산소 치료를 하면서 건강을 회복하고 집으로 돌아간 아기들이 다행히 더 많았다. 하지만 폐렴균의 공격을 견디지 못하고 숨을 거두는 영아도 꽤 많았다.

그런데 폐렴이 신생아실에 있는 조산아들에게도 퍼지기 시작했다. 당시의 아곡 병원 신생아실은 외부인 출입제한이 없었다. 한국의 신생아실은 외부인이 절대 들어갈 수 없다. 신생아들은 면역력이 약하기 때문에 전염 위험을 차단해야 하기 때문이다. 그러나 당시 아곡 병원은 그렇지 못했다. 우선 간호인력이 국경없는의사회 활동가인 스위스인 수간호사 플루리나 한 명과 현지인 간호사 서너 명뿐이라 절대 수가 부족해서, 아기를 먹이고 돌보는 일은 아기 엄마가 침대에 머물면서 했다. 그러다 보니 아기 엄마의 가족들이 필요한 물품을 가져다주러 방문하고는 했다. 그러니 아곡 병원 신생아실에 있는 아기들은 병에 전염될 위험이 커질 수밖에 없었다.

우기가 시작되면서 폐렴 환자가 늘던 때에, 신생아실에서 체중을 늘려가며 잘 크고 있던 조산아들에게 폐렴이 돌기 시작했다. 10명에 가까운 아기들이 폐렴에 걸려 항생제를 사용했다. 그중에는 홀로 남은 쌍둥이 첫째 아기도 있었다. 체중 증가 속도로 볼 때 한 주 정도 더 지내면 퇴원할 수 있는 상태였다. 그런데 폐렴에 걸려 버렸다. 이 아기를 치료하기 위해 항생제를 투여하며 노력하였다. 하지만 너무나도 안타깝게 아기는 폐렴을 이겨내지 못했다. 마지막 심폐소생술에도 살아나지 못하고 사망하였다.

첫째 아기마저 죽은 뒤 쌍둥이 엄마가 짐을 정리하고 병원 침대를 떠날 때 나와 플루리나 수간호사는 너무나 미안하다고 말했다. 쌍둥이 엄마는 어깨를 으쓱해 보였다. 그러면서 어쩔 수 없다는 표정을 짓고는 그동안 고마웠다는 말을 남기고 떠났다. 단단한 엄마였다. 첫째 아기와 건강하게 집에 돌아가리라고 기대하며 한 주를 더 지내려던 엄마에게 참으로 가혹한 일이었다.

폐렴이 번지던 때 신생아실 감염관리의 문제를 뼈저리게 인식했다. 때 늦은 감은 있지만 나는 신생아실을 의료진과 아기 엄마를 제외한 어떠한 외부인도 절대 드나들지 못하도록 출입 금지 구역으로 만들기 위해 노력했다. 아곡 병원 프로젝트 지휘부서는 이에 공감하여 신생아실을 외부인 출입 금지 구역으로 지정하고 아무나 드나들지 못하도록 발을 쳤다. 그나마 이런 조치를 하면서부터 신생아실 원내 폐렴 발병은 없어졌다.

세쌍둥이와 아기 염소

31주 조산아 쌍둥이는 모두 천사가 되었다. 하지만 아곡 병원에는 행복하게 집에 간 세쌍둥이도 있었다. 한국에서처럼 남수단에서도 세쌍둥이는 흔하지 않다. 하물며 남수단에서는 세쌍둥이들이 생존하기가 너무 어렵다. 엄마의 모유가 세 명을 배불리 먹을 만큼 나오지 않기 때문이다.

한국에는 아기들을 위한 분유가 많다. 분유회사도 여럿이 있고 개월 수에 따라 단계별 분유도 생산한다. 그것뿐 아니라 미국이나 유럽산 수입 분유는 물론 특수 분유도 살 수 있다. 너무나 다양하고 풍족하게 아이들에게 골라 먹일 수 있는 분유가 있다.

하지만 남수단은 그렇지 않다. 구할 수 있는 분유도 거의 없지만, 가격도 너무 비싸다. 한국에서도 분윳값이 싸다고는 할 수 없지만, 남수단에서도 시골인 아곡에서 분유는 사치품이나 다름없다. 아기의 성장 시기 첫 1년간 계속해서 분유를 먹이기 매우 어렵다.

게다가 이 지역은 건조하고 메마른 땅이다. 따라서 건기에는 곡물 수확이 없어 사람들이 끼니를 제대로 챙겨 먹지 못한다. 사람들은 대부분 마르고, 심하면 영양실조에 걸린다. 이런 와중에 아기 엄마가 첫째 아기를 출산한 지 1년도 안 되서 둘째를 낳으면, 첫째 아기가 둘째 아기가 먹어야 할 모유까지 먹어 치워서 둘째 아기가 굶어 죽는 경우도 생긴다. 그래서 국경없는의사회에서는 '먼저 낳은 아기가 만 2세가 될 때까지 피임을 하라'는 캠페인을 하며 콘돔을 나눠 주기도 하였다. 이 정도로 영양 문제가 심각한데, 세쌍둥이라니! 아이의 생존이 걱정되지 않을 수 없었다.

하지만 수년간의 경험을 통해 국경없는의사회는 이 문제에 대한 해결책을 갖고 있었다. 그것은 바로 염소 우유이다. 해외에서 수입해 와야 하는 분유는 비싸서 세쌍둥이에게 1년 동안 계속 지원할 수가 없다. 하지만 염소는 사 줄 수가 있었다. 염소가 준비될 때까지 세쌍둥이와 엄마는 병원에 계속 머물렀다. 병원에 있는 동안은 프랑스에서 온 분유를 먹으면서 지냈다. 셋째로 태어난 아기는 유독 더 체중이 작아서 더 신경 써서 먹여야 했다.

드디어 물자공급 담당자가 지역시장에 가서 엄마 염소와 아기 염소를 사 왔다. 하지만 처음에 사 온 엄마 염소는 젖 나오는 양이 신통치 않았다. 그래서 다음 장날에 염소를 바꿔 왔다. 염소를 사 왔다고 세쌍둥이 가족이 바로 집에 갈 수는 없었다. 염소 우유도 준비 기간이 필요하기 때문이다. 아기 염소가 젖을 물기 전에 염소 우유를 짜낼 수 있게 길들여야 했다. 그리고 염소 우유를 얻으면 쌍둥이 아기들이 먹을 수 있게 전처리 과정도 거쳐야 했다. 이러한 전처리 과정을 교육간호사 Teaching Nurse가 아기 엄마에게 가르쳤다. 염소 모자가 온 이후로 브라질인 신생아실 수간호사 소코로의 업무 중에 하나로 염소 돌보기가 추가되었다.

그렇게 염소 모자는 병원에서 열흘 남짓 지낸 이후에, 염소 우유 만들기 달인이 된 세쌍둥이 엄마와 출생 때보다는 체중이 좀 늘어 젖살이 오른 세 아기와 함께 퇴원을 했다. 퇴원하는 날 엄마의 얼굴에는 미소가 가득했다. 아빠의 얼굴에도 웃음이 가득했다. 남수단에서도 세쌍둥이는 드문 일이라 온 병원 사람들이 놀라워했는데, 게다가 세쌍둥이가 부모에게 염소 두 마리도 얻게 해 줘서 부모는 갑절로 행복해했다. 세쌍둥이에게 젖을 나누어 준 엄마 염소와 아기 염소에게 새삼 고마운 마음이 든다. 쌍둥이들은 지금쯤 활발하게 뛰어다니는 아홉 살 아이들로 잘 자랐을까?

아이를 업고 사흘을 걸어 목숨을 살린 부성애

우기가 되면서 모기가 정말 많아졌다. 아곡 지역에서 모기가 옮기는 가장 치명적인 병은 열대열 말라리아이다. 열대열 말라리아는 고열과 함께 소변량이 줄어들고, 뇌에 영향을 미쳐 발작 증세를 보인다. 뇌 발작 증세가 있는 정도면 정말 치료가 어려운 환자이다. 말라리아 감염으로 인한 저혈압 쇼크로 응급실에 와서 사망하는 말라리아 환자도 정말 많았다.

어느 날 한 아이를 업은 아버지가 아곡 병원에 쓰러질 듯 들어왔다. 아이의 아버지는 아이가 열이 나자 아이를 살리기 위해 아이를 업고 이곳까지 사흘을 걸어서 왔다고 했다. 국경없는의사회 아곡 병원에 가면 살릴 수 있다는 믿음 때문이었다. 실제로도 수많은 말라리아 환자들이 아곡 병원에서 치료받고 건강을 회복하여 집에 돌아갔다. 그런데 아이의 상태는 좋지 않았다. 아무래도 집이 멀다 보니 열이 시작되고 난 후에 병원에 도착하기까지 사흘이나 걸려 그동안 병이 심각하게 진행된 상태였다. 아이는 바로 중환자실에 입원했다. 그당시 아이는 의식이 없었다. 끙끙 앓는 소리만 내었다. 소변도 줄었다. 의료진들은 아이의 회생 가능성이 아무래도 낮다고 생각했다. 이 정도로 심각해지면 죽음에 이르는 환자가 많았기 때문이다.

아이는 혼미한 상태로 며칠을 중환자실에 있었다. 중환자실의 담당은 멕시코인 응급의학과 의사 시트랄리이다. 하지만 이 아이가 십 대이다 보니 내가 같이 협진을 하게 되었다. 우리는 우리가 할 수 있는 최선을 다하였다. 말라리아 약과 수액을 투여하였다. 또한 해열제를 투여하고 산소를 공급하였다. 중환자실에서 닷새를 지내고 나서 아이는 점차 의식을 되찾기 시작하였다. 놀라운 일이었다. 모두가 아이의 회생을 예상하지 못했다. 아이는 삶을 빼앗으려는 열대열 말라리아를 이겨낸 것이었다. 살아나겠다는 아이의 굳은 의지로 병의 공격을 버티며 치료제가 말라리아를 없앨 때까지 버틴 것이었다. 아마도 아이는 아버지 등에 업혀 오는 사흘 동안 아버지의 사랑을 느꼈으리라. 그리고 자신을 병원에 데려온 아버지를 위해서라도 살아나야겠다고 버텼을지 모른다. 아이는 침대에 앉아 있을 정도로 좋아져서 일반 병실로 옮겨졌다. 아이의 아버지는 무척 기뻐했다. 나는 일반 병실 회진을 하면서 너무나도 행복한 웃음을 짓는 가족을 만났다.

대피할 것인가 말 것인가

국경없는의사회 아곡 병원에서는 간혹 2차 병원이 없는 다른 지역 환자를 데리러 가기도 한다. 나도 지프차를 타고 떠난 적이 있다. 시골 도로는 모두 흙먼지가 풀풀 날리는 비포장도로인데 우기에는 비가 내려 물웅덩이가 깊게 파인 곳이 많았다. 한번은 이런 도로를 지나다 지프가 웅덩이에 빠져서 애먹은 적도 있다. 나는 광복 직후의 대한민국도 이런 모습이지 않았을까 생각했다. 한국은 독립의 기쁨을 잠시 누리고 다시 한국전쟁의 고난을 겪었다. 남수단 역시 독립 이후에 내전으로 몸살을 앓았다. 내가 활동하는 동안에도 2016년 7월에 남수단 내전 갈등 상황이 심각해졌다. 수도 주바에서 총격전이 벌어지고 와우Wau 지역에서도 교전이 있어 전면전 직전까지 가는 순간을 겪었다.

이러한 상황에서 국경없는의사회는 혹시라도 전면전으로 악화될 경우 활동가의 안전을 위해서 활동 지역을 대피하는 계획을 세운다. 아곡 지역에서도 마찬가지로 대피 계획을 세웠다. 그리고 매일 저녁 모두가 모여 전쟁 상황에 대한 소식을 공유했다. 주바에서는 어땠는지, 와우에서는 어땠는지, 또 어떤 지역에서 교전이 있었는지 정보를 나누었다.

당시에 주바 사무소에 있던 국경없는의사회 직원들은 케냐로 대피하였다. 그리고 입국 때 만난 수녀님들은 우간다로 대피하셨다. 아곡 지역에 있던 활동가들도 대피 계획을 세우고 매일매일 긴장 속에 신경을 곤두세우고 있었다. 아곡 지역은 그나마 유엔 평화유지군 주둔 지역이라서 주바만큼 심각해지지는 않았다. 주바 사무소가 케냐로 대피해 있다 보니, 주바에서 비행기로 실어 나르던 야채와 과일 공급이 뚝 끊겼다. 그래서 한동안은 살기 위해 당근을 열심히 먹어야 했다. 아곡 주변 시장에서 구할 수 있는 야채가 당근뿐이라서, 그거라도 안 먹으면 영양결핍이 될 것 같았다. 평소 당근을 좋아하지 않는 나에게도 선택지가 없었다.

다행히 당시 반기문 유엔 사무총장의 중재로 남수단 내에 전면전 돌입은 일단락되었다. 그러자 야채와 과일의 공급이 재개되었다. 캐나다인 역학조사관Epidemiologist 크리스티는 아곡에서 근무하다가 잠시 쉬러 주바에 갔는데 교전이 터지면서 케냐로 대피했다. 대피할 때 짐은 오직 1인당 5킬로그램 배낭만 허용된다. 크리스티는 배낭을 메고 케냐에 갔다가 상황이 완화되어서 다시 아곡으로 돌아왔다. 놓고 간 그녀의 짐을 다시 가져가기 위해서였다. 당시에 주바에서 대피 상황을 겪으면서 불안을 심하게 느낀 활동가들은 활동을 중단하기도 하였다.

남수단에 올 때는 이러한 대피 상황이 있으리라고는 전혀 생각지 못했다. 나는 수개월 지내야 하니까 정말 짐을 많이 싸 왔다. 심지어 취미로 연주하는 우쿨렐레도 들고 왔다. 전면전으로 악화되면 이 모든 것을 이 땅에 기부하고 달랑 5킬로그램짜리 배낭만 들고 떠나야 한다는 사실을 그때 처음 알았다. 이후에 아곡 병원으로 파견 갈 예정인 한국인 활동가들에게 내가 터득한 이 사실을 꼭 알렸다. 대피하게 되면 5킬로그램만큼의 짐만 들고 떠날 수 있으니 5킬로그램 용량의 배낭을 꼭 챙겨 가라고.

평화가 찾아오길 기원하며

나는 아곡 병원에서 활동하던 중에 스트레스 관리 수업에 참여한 적이 있다. 스발바르 출신의 임상심리사Psychologist 올라가 열었던 수업인데 남수단 현지 직원들도 같이 참여하였다. 그때 올라는 스트레스 해소를 위해 다음과 같은 상황을 상상해 보라고 했다.

'눈을 감고 햇볕이 따스하게 비치는 해변에 앉아 맛있는 과일이 가득 있는 것을 상상해 보라.'

그리고 나서 참가자들이 돌아가며 느낌을 이야기했다. 그때 남수단 현지인 의료담당관 저스틴이 했던 이야기가 잊히지 않는다.

"내가 어렸을 때 가족들과 전쟁을 피해 피난을 가고 있었다. 먹을 것이 하나도 없었고, 몸은 지치고 너무나 힘들었다. 그렇게 엄청 힘든 상황에서 눈을 감고 상상을 하는 것이 무슨 소용이 있는가. 눈을 뜨면 아무것도 없고 현실은 너무나 배고픈데…."

행복하게 염소와 함께 퇴원하였던 세쌍둥이는 저스틴과 같은 힘든 상황을 겪지 않고 자랄 수 있을까? 눈을 감고 해변을 상상하는 것이 마음의 위로가 되는 삶을 살 수 있을까? 이 세계에 너무나 힘든 상황에 있는 이들을 생각해 보면 내가 누리는 평화와 풍요가 너무나 감사하다. 그리고 그들에게도 평화가 찾아오기를 너무나도 기원한다.

나와 외과 의사 장예림 활동가, 마취과 의사 김지민 활동가, 흉부외과 의사 김영웅 활동가, 소아청소년과 의사 최용준 활동가, 내과 의사 박찬수 활동가가 활동하였던 국경없는의사회 남수단 아곡 병원은 지금 문을 닫았다. 2022년 2월에 아곡에서 집단 무력 충돌이 발생하였고, 아곡 병원 현지 직원 간호사 데이비드 뎅 알루가 자택에서 공격을 당해 숨졌다. 아곡 병원에 있던 환자 24명은 아비에이 병원으로 전원하였고, 아곡 병원은 운영을 중단하였다. 데이비드 뎅 알루의 안온한 평안을 빈다.

병원과 사람을 잇는 다리, 보건증진팀

유한나 | 보건증진 교육가

여긴 어디? 나는 누구?
미얀마 산골의 이동 진료 활동

태어나서 처음으로 오토바이를 타는데 하필 미얀마의 어느 산 중턱을 달렸다. 산길 한편으로는 깎아지른 낭떠러지가 이어졌다. 나는 꼼짝없이 오토바이 운전사의 허리를 붙잡고 두 시간 동안 뒷자리에 실려 있었다. 우리가 탄 오토바이는 총 네 대, 각각 의사, 간호사, 그리고 보건증진Health Promotion팀원이 한 명씩 타고 있다. 우리는 미얀마 북서쪽의 작은 마을, '라헤Lahe'에 있는 정부 운영 병원의 의료 활동을 지원하고 있었다. 하지만 깊은 산간 지역에 거주하는 주민들이 마을을 벗어나 라헤의 작은 병원에까지 오려면 적어도 네 시간에서 길게는 이틀 동안 걸어서 산을 넘어야 한다. 위험하고 오래 걸리는 데다가, 우기에는 그마저도 길이 끊기기 십상이다. 그런 까닭에 우리가 마을마다 찾아다니며 이동 진료를 했다.

라헤 마을을 떠나기 전 식료품점에서 사흘간 먹을 쌀과 식수, 생선이나 닭, 주방세제 등을 샀다. 짐을 실은 오토바이는 뒤뚱거렸지만, 베테랑 오토바이 운전사들은 아랑곳없이 내달렸다. 산을 살짝 내려가자 이번엔 작은 강이 앞을 가로막았다. 우리는 오토바이에서 내려 잠시 쉬었고, 오토바이 운전사들은 강 건너를 향해 큰 소리로 누군가를 불렀다. 아무도 없을 것 같은 산속에 작은 나룻배와 뱃사공이 나타났다. 그런 다음, 네 명의 동료들이 오토바이 앞뒤 바퀴를 들어 배에 실었다. 배가 앞뒤로 출렁거려 지켜보는 마음이 내내 불안했다.

"저러다 빠질 것 같은데?"

"응, 저번에 한 번 배가 뒤집혀서 오토바이도 빠졌어."

"나는 처음 듣는 이야기인데?"

"국제 활동가들한테는 비밀로 했거든. 하하"

심각한 이야기를 실없이 하는 와중에 오토바이 한 대가 강을 건넜다. 그렇게 여섯 번 정도를 반복해서 사람과 오토바이가 강을 모두 건넜다. 한 시간은 족히 걸린 듯했다. 산을 넘고 물을 건너 마침내 도착한 마을. 산동성이에 자리 잡은 100가구 남짓한 조용한 마을이었다.

마을에 도착하면 보건증진팀은 우선 마을 사람들에게 국경없는의사회 이동 진료팀이 왔다는 소식을 알려야 한다. 그런데

이 일이 생각보다 쉽지 않다. 외딴 산골 마을이라 당연히 인터넷과 전화는 없다. 우리가 정해진 날에 오면 기억하기 좋으련만, 안전 상황과 날씨에 따라 방문 일정이 유동적이다. 게다가 대부분 농사를 짓는 마을 주민들은 여기저기 멀리 흩어져 있는 밭에 나가 일을 하고 있다. 즉, 마을이 비어 있다.

이럴 때 우리는 가장 먼저 마을의 지도자인, 아마 이장님쯤 되시는 분을 만나러 간다. 다행히 우리의 협조 요청에 대답은 "노 프라블럼!" 이장님은 주민들이 농사일을 끝내고 돌아오는 오후에 직접 가정마다 들러서 소식을 알리겠노라 하셨다. 최고의 제안이다. 주민들에게는 외부인인 우리의 말보다 친숙하고 믿을 만한 이웃의 말이 더 받아들이기 쉬운 법이니까. 이장님은 안도하는 우리에게 최근에 갑작스레 건강이 악화된 한 주민의 이야기를 들려주셨다. 이동 진료팀은 그의 집을 방문하기로 했다. 학교에 가지 않은 어린아이들이 우리가 신기한지 졸졸 쫓아다녔다.

이장님이 알려 준 환자는 채광이 좋지 않은 어두운 집에 누워 있었다. 상태를 살피니 안타깝게도 뇌졸중이 의심되었다. 병원에 가서 검사를 받아야 하는 상황인데 그러려면 가족들과 의논이 필요하다고 했다. 우리도 혈압계, 체온계 등의 기초적인 진료 도구와 기본적인 약 말고는 가진 게 없었기 때문이다. 우리는 복귀 후에 지역 정부의 보건 담당 부처에 연락해서 이 환자를 병원으로 옮길 방법을 찾아 달라고 요청하기로 했다. 뚜렷한 해결책을 제시하지 못하고 떠나는 마음이 씁쓸하기만 했다.

그러고 나서 보건증진팀원과 나는 학교로 향했다. 교실 한 칸, 전교생이 스무 명 정도의 작은 학교인데, 아이들이 외국인인 나를 보고 신기해하면서도 꾸벅 고개 숙여 인사하는 걸 보고 사뭇 놀랐다. 기왕 온 김에 우리 팀원은 전교생을 모아서 짧은 손 씻기 수업을 즉석에서 열었다. 손 씻기 노래, "손등-손가락-왼쪽-오른쪽" 이런 가사를 따라 부르면서 아이들은 능숙하게 허공에서 손을 씻었다. 수업을 끝내며 부모님에게 이동 진료팀이 왔다는 걸 꼭 말씀드리라고 당부하는 것도 잊지 않았다.

학교 다음으로 찾은 곳은 교회였다. 미얀마의 국교는 불교지만, 우리가 활동한 지역은 인도 국경과 가까워 소수민족이 많아 불교 외에도 기독교, 힌두교, 토착 신앙 등을 믿는 이들이 많았다. 교회에 계신 목사님께 저녁 8시 예배 시작 전에 15분 동안 우리가 마이크를 잡을 수 있도록 허락받았다. 이처럼 보건증진 활동에서 종교지도자의 협력은 필수적이다. 한국에서는 무교인 사람은 물론 불자든 기독교인이든 아프면 병원에 간다. 하지만 세계의 많은 사회에서는 여전히 종교나 종교지도자가 사람들의 건강 행동과 믿음에 영향을 끼친다. 게다가 종교시설은 많은 사람이 한꺼번에 주기적으로 모이는 장소인 만큼 많은 사람을 비교적 쉽게 만날 수 있다.

날이 어둑해지자 교회는 어느새 사람으로 가득 찼다. 빔프로젝터도 스피커도 없기 때문에, 최대한 질문을 많이 던져서 주민들이 덜 지루하게 하고, 본인의 경험과 생각을 표현하도록 유도했다. 오늘의 주제는 임산부의 산전 검진이었다.

"임신 10개월 동안 병원에 최소한 몇 번 가야 한다고 생각하세요?"

주민들은 귀를 쫑긋하면서 집중한다. 아마 의료 정보를 접하는 기회가 흔하지 않기 때문이리라. 미얀마어로 이야기를 나누기 때문에 나는 전혀 이해하지 못하지만 내가 할 일은 분명히 있다. 보건증진팀원의 말하는 속도는 어떤지, 주민들과 눈을 맞추면서 상호작용을 하는지, 어떠한 설명에 고개를 끄덕이는지 관찰하면서 피드백 노트를 적었다. 산 넘고 물 건너 어렵게 만난 사람들에게 좋은 교육을 전하고 싶었다. 준비한 이야기를 끝내면서 "질문이 있으세요?" 하자 손이 많이 올라갔다.

"내가 지난달부터 무릎이 아픈데요."

주제와는 상관없이 아픈 데를 호소하기 시작한다. 보건증진팀원은 익숙하게 내일 오전까지 우리의 이동 진료가 있으니 잊지 말고 오라고 안내했다. 이렇게 하고 나면 첫날의 일정은 끝난다. 그런 다음 우리는 본부에 우리의 안녕을 전달해야 한다. 일반 휴대전화는 안 터지지만 위성통신은 가능하다. 위성통신은 통신료가 아주 비싸기 때문에 용건만 간단히 말해야 한다.

당연히 이 마을에는 숙소가 없다. 하지만 지역 주민 가운데 누군가는 기꺼이 본인의 집을 우리에게 무상으로 내어 준다. 머물 곳을 빌려주는 주민에게 금전적 보상을 해야 하지 않냐는 내부 논의도 있었다. 하지만 지역 주민들이 우리 이동 진료팀에게 자발적으로 공간을 내어 주는 그 책임감을 존중하기로 했다. 그렇게 머물 곳이 정해지면 오토바이 운전사들도, 간호사도, 의사도, 보건증진팀원도 다 같이 식재료를 다듬고 요리를 한다. 그러고는 각자 침낭에 들어가면 타닥타닥 모닥불 소리가 노곤한 우리를 금세 잠들게 한다.

산 넘고 물 건너 찾아온 보람

다음 날, 우리가 묵었던 집이 작은 병원으로 바뀌었다. 마루 한쪽 귀퉁이에서는 의사가 진료를 하고, 반대쪽에서는 간호사가 혈압을 재고 처방된 약을 내어 준다. 또 그 옆에는 보건증진팀원이 환자들에게 일대일 교육과 상담을 진행한다.

"약 먹는데 무엇이 가장 힘드세요?"

고혈압약을 자꾸만 깜빡하시는 나이 지긋한 어르신에게 하는 이야기가 들린다. 나는 "환자의 프라이버시 유지를 해야지" 하고 핀잔을 주었는데, "나도 알아, 한나. 그런데 어디서 하란 말이야?"라는 답변이 날아왔다. 하긴 남의 집에서 환자를 보는 마당에 단둘이 이야기할 장소가 마땅찮은 건 사실이었다. 머쓱해진 나는 집 밖 공터에 플라스틱 의자를 두 개 내다 두었다. 땡볕에 환자와 보건증진팀원이 땀을 줄줄 흘리며 15분가량 이야기를 나누었다.

고혈압에 대해 이야기를 하는데 왜 비밀유지가 필요한지 의아할까? 약을 복용하는 것과 같은 건강 습관에 관한 이야기는 단순히 의료 정보를 주는 것뿐 아니라 많은 경우에 환자의 가족 관계, 직업, 생활 습관, 지식이나 태도 등 개인적 이야기에 다다르곤 하기 때문이다. 고혈압약을 자꾸 깜빡하시는 어르신은 약을 먹어야 하는 걸 본인도 알지만, 자꾸 까먹는다고 했다. 새벽부터 밭에 가기 때문에 약을 깜빡한 걸 알아차렸을 때도 집에 돌아오기는 번거롭다고 했다. 우리는 그와 대화하며 환자의 딸이 식사를 밭으로 나른다는 이야기를 들었다. 그래서 딸에게 환자의 복약을 확인하도록 하는 방법을 시도하기로 했다. 다음 방문 때 이 시도가 효과가 있었는지 알 수 있을 것이다.

그렇게 스무 명 남짓의 환자들을 보고 다른 마을로 향하는 짐을 꾸렸다. 감기, 설사, 근육통 같은 증상이 대부분이었고, 고혈압, 당뇨 같은 생활 습관병 환자도 있었다. 미얀마 산골 마을에서의 활동은 흔히 생각하듯이 긴급하게 누군가의 생명을 살려내지는 않았다. 하지만 이들에게 가장 가깝고 거의 유일한 병원임에 틀림없다. 그렇게 허리와 다리가 아팠던 주민들이 조금 덜 아프게 하루를 보낸다면 우리의 산 넘고 물 건너는 여정은 의미가 있을 것이다.

하나의 기쁜 소식이 마을에 다녀간 지 한참 후에 전해졌다. 교회에서 열린 보건증진 활동에 참여했던 임부 한 명이 우리의 방문 이후에 산전 검진을 받았다고 한다. 그 덕에 쌍둥이를 임신 중이라는 걸 알게 되고, 병원에서 아이 둘을 무사히 출산했다는 소식이었다. 가정분만이 가진 위험성에 더해 쌍둥이는 더욱 위험했을 수 있었을 테다. 며칠 동안 기분이 좋았다. '우리의 말이 공중으로 흩어진 건 아니었구나, 그 엄마에게 닿았구나' 하는 안도였다.

나는 종종 보건증진을 '병원과 사람을 이어 주는 다리'라고 비유한다. 왜 그 둘 사이에 거리가 있는가? 병원이 지리적으로 멀어서 혹은 병원비가 없어서일 수 있다. 혹은 질병에 대해 알지 못하거나 병원을 왜 가야 하는지 필요성을 못 느껴서일 수도 있다. 불친절한 의료진이나 기대에 미치지 못하는 치료 경험 역시 사람들을 병원에서 멀어지게 만든다. 그래서 보건증진 활동이 필요하다. 환자와 소통하고, 환자들의 요구를 병원에 반영하고, 예방과 치료가 잘 이루어질 수 있는 환경을 만드는 것이 바로 우리가 놓는 '다리'이다. 그 다리를 통해 사람들이 필요한 의료서비스에 제때 닿을 수 있기를 바란다.

코로나19와 사회적 낙인, 방글라데시 로힝야 난민 캠프

2020년 초, 바이러스보다 빠르게 '코로나19'라는 새로운 질병에 대한 갖가지 소문이 방글라데시에 위치한 로힝야 난민 캠프에도 날아들었다. 그중에는 진실도 있고 거짓도 있었다. 하지만 이름도 생소하고, 당시에는 더욱 알려진 것이 거의 없는 이 질병은 난민들의 마음을 불안하게 하기에는 충분했다. 문제는 한번 퍼져나간 거짓 소문을 바로잡는 게 너무 어렵다는 것이다.

애초에 난민 캠프에는 방글라데시의 지역 라디오 방송 정도를 제외하고는 다른 미디어가 없고, 인터넷 연결도 제한되어 있었다. 그러다 보니 들은 이야기가 맞는지 사실 확인을 할 방법도

딱히 없었다. 결국 출처 모를 '카더라' 통신이 난무했다. 로힝야 난민들은 미얀마 공권력에 의해 가족이나 이웃이 죽임을 당하는 폭력을 목격했었다. 그런 까닭에 방글라데시 당국이 발표하는 정보를 곧이곧대로 믿어도 되는지, 혹은 자신들을 박해하기 위해 포석을 까는 건 아닌지 판단하기 어려워 보였다. 폭력은 사람들에게 '누구를 믿을 수 있는가'에 대한 깊은 불신을 남겼다고 나는 감히 추측한다.

내가 담당한 잠톨리 캠프의 보건증진팀에는 약 120명의 로힝야 난민들이 지역사회 보건인력 Community Health Worker으로 함께했다. 로힝야 난민 중에서 선발된 이들은 홍역이나 콜레라 같은 감염병을 감시하고, 아픈 사람들을 병원으로 안내하며, 건강 정보도 전달한다. 이웃을 위한 마을 의사, 마을 간호사가 되는 것이다. 코로나19가 방글라데시 주요 도시에서 확진자를 늘려갈 즈음, 우리 팀은 코로나19와 관련한 소문을 수집하고 있었다. 그렇게 수집된 거짓 정보 중에서 우리는 대응해야 할 우선순위를 정해야 했다. 그러기 위해 두 가지 기준, 즉 얼마나 위험한지, 얼마나 영향력이 있는지를 적용하였다.

예를 들어, '코로나19에 걸리면 잡혀서 이름 모를 섬으로 끌려간다'라는 소문이 있다고 치자. 이 소문은 사람들에게 증상을 숨기게 할 수 있어서 더 심각한 감염 확산으로 번질 수 있으므로 위험하다. 또한 많은 사람이 이 소문에 귀를 기울였기 때문에 영향력이 높아 보였다. 이런 경우 우선순위로 대응했다. 반면에, '코로나19에는 마늘이 특효약이다'라는 소문은 사실은 아니지만 건강에 큰 해가 없기에 후순위로 대응했다.

그렇게 캠프에 감염이 시작되기도 전, 우리는 거짓 정보와의 싸움에서 벌써 진 기분이었다. 당시 90만 명이 살고 있는 캠프에는 소문은 순식간에 퍼지는 데 반해, 우리가 가진 무기, 즉 사람들에게 이야기할 수 있는 채널은 120명 지역사회 보건인력의 발과 입뿐이니 거짓 정보를 진화하기에는 힘에 부쳤다.

이윽고 3월경, 나는 캠프 내에서 코로나19 첫 확진자가 발생해서 병원에 입원했다는 이야기를 들었다. 그날 밤에 당황스런 소식이 이어졌다.

"한나, 그 환자가 병원에서 사라졌대, 너 찾을 수 있겠어?"

"헐, 나는 흥신소 직원이 아닌데…."

90만 명의 난민 중에서 그 한 명을 어떻게 찾을 것이며, 환자를 마치 경찰처럼 쫓아다녀도 되는가, 그렇다고 전염력이 높다는 이 감염병 확진자를 그대로 방치하면 삼시간에 확산될 텐데 하는 걱정이 두서없이 떠올랐다. 다행히 그 확진자는 이틀 후에 제발로 병원에 돌아왔다. 허탈하게도 '집에 옷 가지러 다녀왔다'는 것이었다.

첫 확진자가 발생했으니 그다음은? 누가 환자와 접촉했는지 확인하고, 그 사람들에게 격리 의무를 전달해야 하는 게 보건증진팀의 일이었다. 당시 간호사였던 나조차도 '격리'를 경험해 본 적이 없었다. 식량과 물 그리고 화장실은 어떻게 할지 명확한 지침도, 지원체계도 없어서 마음이 더욱 불편했다. 그런 상황에서 확진자의 집에 가는데, 가뜩이나 떨리던 와중에 자꾸만 주민들이 우리 주위로 모여들었다. 난민 캠프는 허허벌판인 데다가 집들이 다닥다닥 붙어 있다. 규정대로 국경없는의사회 조끼를 입고 갔는데, 조끼 때문에 더욱 눈에 띄고, 외국인인 내가 있어서 그런 것 같기도 했다.

확진자의 집에 도착하여 가족들에게 이야기를 나누자고 청했는데 이미 온 동네 사람들이 우리를 둥그렇게 둘러싸고 듣는 형국이 되었다. 그렇다고 전염 가능성이 높은 실내로 들어갈 수도 없는 노릇이었다. 하는 수 없이 태연한 척하며 접촉 여부를 묻고, 격리 기간을 안내했다. 가족들은 놀랍도록 순순히 14일 동안 격리를 동의했다. 지금 돌이켜 보면, 그분들의 눈에 우리가 얼마나 무서웠을까. 자신들을 우려스럽게 지켜보는 수십 명의 이웃들과 도움을 주러 왔다는 구호팀 앞에서 어떤 질문도 항의도 하지 못했다.

며칠 뒤, 몇몇 주민들이 감염 위험성을 두려워한 나머지 격리 중인 가정의 문을 못으로 막아 버리려 했다는 이야기가 들려왔다. 코로나19로부터 보호하려고 했던 의도가 결과적으로 한 가족을 사회적으로 낙인찍은 건 아닌가 싶어 자괴감이 들었다. 코로나19를 지나온 지금, 다시 그때로 돌아간다면 그들에게 이렇게 말해 주고 싶다. "괜찮아요, 걱정하지 말아요."

초기 반응이 한차례 지나고 나자 코로나19의 존재 자체를 부정하거나 종교의 힘으로 이겨내려 하는 등 다양한 반응이 나타났다. 일부에서는 국경없는의사회와 같은 구호 활동가들을 코로나19 전파의 원인으로 지목하여 긴장감이 높아지기도 했다. 관계 당국도 시행착오를 거듭했다. 코로나19 검사를 안 하면 핸드폰을 뺏겠다고 난민들을 협박하는 경찰도 있었고, 캠프 입구에 효과가 전혀 없는 소독용 게이트를 설치하기도 했다. 부끄럽지만 국경없는의사회도 실수에서 예외가 아니었다. 병원에서 거리두기를 잘 지키지 않았다는 이유로 환자들을 윽박지르기도 하고, 코로나19 의심 환자를 꺼리는 의료진도 있었다. 의사도 간호사도 모르는 질병은 무섭다. 결국 동료들이 안심하고 일할 수 있도록 보호하지 못한 것이다.

보건증진팀에게 최악의 시나리오는 사회적 낙인이 두려워 증상을 숨기거나 치료를 회피하는 것이었다. 지역사회 보건인력들은 매일같이 집집마다 돌아다니며 '질병에 걸리는 것은 누구의 잘못도 아니다. 질병에 걸리는 것은 부끄러운 일이 아니다'라고 이야기했다. 공동체의 지도자를 초대하여 코로나19 상황을 공유하고, 소문에 대응하기 위해 과학적인 정보를 공유했다. 사람들이 병원을 무서워했기 때문에 코로나19 병동 내부를 촬영해서 보여주기도 했다.

우리는 여기서 한 가지 원칙을 세우기로 했다. 바로 공포를 이용하지 않는 것. '코로나19는 당신을 죽음에 이르게 할 수도 있어요. 그러니 거리두기를 하세요'와 같이 공포를 이용해 행동 변화를 이끌어내는 것이 흔히 사용되는 방식이었다. 하지만 우리는 이 방식이 사람들의 불안감을 자극하여 질병에 대한 사회적 낙인을 강화한다는 것을 인정해야 했다. 대신에 치료나 예방의 효과에 초점을 두었다. '코로나19는 거리두기와 백신으로 대부분 예방할 수 있어요'와 같은 식으로 말이다.

  덧붙이자면, 위에 말한 첫 번째 격리 가정은 결국에는 격리 지원체계를 만드는 데 큰 역할을 했다. 국경없는의사회는 그 경험을 바탕으로, 격리 시 필요한 주거와 식량 지원을 위해 다른 구호단체, 주민 지도자, 유엔난민기구, 방글라데시 정부 등과 협력했다. 더욱 중요하게는 해당 격리 가정의 이웃들도 점차 평정심을 회복하였다. 시간이 지날수록 이웃들은 오히려 그 가족을 위해 식량이나 물을 매일 전해 주고 역할을 분담하는 등 자발적인 협력체계를 찾아냈다.

  사실 사회적 낙인은 새로운 문제는 아니다. 많은 나라에서 에이즈나 정신건강 문제, 결핵 등의 질병을 가진 사람은 다른 사람들의 시선을 걱정하느라 병을 숨기기도 한다. 이러한 낙인은 질병을 가진 사람뿐만 아니라 간호사, 의사 등의 의료 종사자들에게도 위협이 된다. 한국에서도 코로나19 유행 시에 간호사의 자녀들이 유치원 등원을 거부당했다는 소식이 들려와서 사람들을 놀라게 했었다.

  순전히 내 생각이지만, 진화론적으로 생각한다면 우리의 원시 조상들이 수풀에서 부스럭거리는 동물이 사자인지 사슴인지 구별해야 생존할 수 있었다. 따라서 '알 수 없는 것'에 대한 두려움은 본능처럼 자리 잡았는지도 모른다. 그렇다면 우리가 할 일은 그 정체를 밝히는 것이다. 수풀 속 동물이 사자인지 사슴인지 아는 것처럼, 질병과 건강에 대해 정확한 정보를 알고 구별하는 일. 바로 그것이 두려움을 이겨내는 힘이 되어 줄 것이다.

대체의학과의 관계, 로힝야 캠프와 파키스탄

로힝야 난민들이 미얀마-방글라데시 국경을 넘자 국경없는 의사회는 발 빠르게 필수 의료서비스를 제공하는 병원을 열었다. 90만 명이 가진 의료 요구가 얼마나 많았겠는가. 하지만 예상외로 병원은 생각보다 한산했다. 국경없는의사회는 이럴 때 사람들의 생각과 행동을 이해하기 위해서 '인류학적 조사'를 진행한다. 예를 들어, 어떤 문화권에서는 '질병'을 과거에 행한 나쁜 행동에 따르는 벌이라고 생각할 수도 있다. 또 다른 문화권에서는 가난이나 사회적 약자라는 지위의 결과라고 생각할 수도 있다. 이처럼 사람들이 질병과 건강을 어떻게 이해하는지는 손 씻기나 예방접종 같은 예방 활동, 혹은 병원을 가거나 약국을 가는 등 의료시비스를 찾는 행동, 치료를 어떻게 따르는가까지도 결정한다.

이러한 조사 과정에 가장 중요한 것은 조사 대상에 대한 편견을 최소화하고 중립성을 유지하는 것이다. 하지만 아이러니하게도 편견이 있다는 것을 인정하는 것 역시 중립성의 한 원칙이다. 조사 가이드라인의 다음 문장은 그런 의미를 담고 있다.

"조사를 하기 전에 우리를 우주인이라고 생각하고 처음으로 지구인을 만나서 묻는다고 생각하세요. 그리고 조사가 끝나면 우리가 실은 우주인이 아니기 때문에 우리의 편견이 들어가 있다는 것 또한 알아차리세요."

몇 가지 주목할 조사 내용은 로힝야 사람들은 난민 위기 훨씬 전부터 미얀마의 의료시설에서 아주 차별적인 대우를 받았고, 이로 인해 현대적인 의료시설과 서비스에 대한 거부감이 높고, 그 대체재로서 산파, 종교지도자, 영적 치료자Spiritual Healer· Magician에 의존해 왔다. 병원에 가면 남들보다 서너 시간을 더 기다려야 하고, 의사나 간호사들이 적절히 치료해 주지도 않는다면 당연히 병원에 가길 꺼리게 될 것이다. 대신에 동네에 경험이나 지식이 많은 어른이나 아이를 여러 번 받아 본 이웃 할머니, 산파에 의지하게 되는 것이다. 대다수는 교육 과정이나 자격 검정을 거치지 않고 자연스럽게 지역 내에서 생겨나서 사람들의 필요에 의해 의료인의 역할을 수행하고 있었다.

우리가 가장 적극적으로 협력한 사람들은 바로 산파들이다. 대부분 예순 살 이상의 여성이지만 간혹 젊은 산파들도 있었다. 이들은 주로 본인의 엄마 혹은 친척 여성들이 다른 이웃의 출산을 돕는 것을 가까이서 관찰해 오면서 산파 일을 익혀 왔다고 한다. 그럼에도 불구하고 산파들에 의해 이루어지는 가정분만은 병원에서 이루어지는 분만에 비하여 응급에 대한 미흡한 대처나 합병증 및 감염 위험 등 신생아와 산모의 건강에 큰 위험이 되므로 반드시 대처해야 할 문제였다.

우리는 산파들을 병원으로 초대했다. 함께 분만실에 방문하여 분만 과정과 분만에 쓰이는 의료기구들을 보여주고 설명하면서 이야기의 운을 뗐다. 요약한다면, "우리는 여러분이 얼마나 중요한 일을 해 왔는지 잘 알고 있어요. 하지만 가정분만은 너무 위험합니다. 이제는 멈춰야 합니다. 직접 출산을 돕는 것이 아니라, 임산부들의 병원에서 분만할 수 있도록 도와주세요. 산전 검진을 받도록 독려하고 출산이 임박한 임산부와 병원에 동행해 주세요."

다행스럽게도 산파들은 이 같은 제안을 긍정적으로 받아들였다. 그들은 이제 국경없는의사회의 '인센티브제'로 참여하는 직원이 되었다. 산파들은 이미 임산부들에게 신뢰가 있었고, 또, 출산이 임박했는데 부득이하게 남편이 없는 경우에도 임산부들은 산파와 함께 늦지 않게 병원으로 향할 수 있었다. 몇 달이 지나지 않아서 분만 병동은 꽉 찼다. 또 의료서비스를 조금 더 친근한 형태로 변화하는 데도 역할을 해 주었다. 예를 들어, 산부인과에 가면 볼 수 있는 분만대는 사실 지역의 산모에게 친숙한 방식은 아니다. 산파들은 전통적인 방식인 침상에 줄을 매다는 등의 아이디어를 주기도 했다.

그 밖에도 이슬람교의 지도자인 '물라'와 '이맘' 혹은 영적 치료자들도 만나서 이야기를 나누었다. 이때 우리는 그들이 공동체에서 하는 역할을 훼손하지 않은 채 국경없는의사회의 의료 시스템과 연결하려고 애썼다. 즉, 당신은 당신의 치료를 제공하되 위급한 상황이거나 호전이 없을 경우는 국경없는의사회에 늦지 않게 보내 달라는 것이었다. 이는 일정 부분 성공을 거두어서 종교지도자들이나 영적 치료자들이 국경없는의사회에 환자를 보내는 일도 꾸준히 늘었다.

하지만 이러한 협력이 항상 성공적으로 이루어지진 않는다. 예를 들어 파키스탄의 제1 도시 카라치Karachi에는 이주민들이 자리 잡은 가난한 동네가 존재한다. 그중의 하나인 '마차 콜로니

Machar Colony'에서 국경없는의사회는 C형 간염을 억제하기 위한 활동을 하고 있었다. 나는 이 프로젝트에서 1년간(2021.3- 2022.3) 보건증진 관리자로 있었다. C형 간염의 원인은 주로 주삿바늘 등의 의료도구나 면도기 등을 통한 바이러스의 전파이다. 마차 콜로니에는 많은 가짜 의사들이 진료소를 개업하여 운영하고 있다. 이들은 과거 병원에서 청소나 약국의 조제원 등으로 일하면서 아주 약간의 의료지식을 얻게 되고, 이를 이용하여 진료소를 여는 것이다.

문제는 누가 진짜 의사이고 가짜 의사인지 알 수가 없을뿐더러 많은 가짜 의사들은 저렴한 치료비와 더 나은 접근성을 무기로 삼고 있다. 이를 어떻게 대응해야 할지 치열한 고민과 토론이 이어졌다. C형 간염의 주요 원인이었기 때문에 그들과 적극적으로 협력해서 일단 간염 전파를 막자는 의견과 가짜 의사와 협력하는 것은 그들의 비공식 의료행위를 승인하고 돕는 것이 될 수 있다는 의견이 내부에서 서로 엇갈렸다.

가짜 의사들은 무료로 지역민들에게 의료서비스를 제공하는 국경없는의사회를 경쟁의 대상으로 생각하고 있었다. 이러한 상황에서는 협력의 결과를 보장할 수 없었기 때문에 결국 우리는 이들과 전략적으로 거리를 두었다. 그리고 안타깝게도 많은 지역 주민들이 여전히 가짜 의사에게 의존하며 건강 위험에 노출되어 있다.

사람의 마음을 움직이는 것,
파푸아뉴기니 결핵환자 교육상담

이곳에 온 이후로 매주 수요일마다 파푸아뉴기니의 국경없는 의사회 결핵 병동에서는 보건증진 관리자, 간호사, 사회복지사, 의사가 모여 머리를 맞댔다. 나는 결핵 치료에 어려움을 겪는 환자들의 목록을 공유하며 이야기를 나눴다.

"34세. 어린아이를 둔 엄마인데 양육을 대신할 사람이 없어서 입원 치료를 거부한대. 남편은 관심이 없고 또 다른 자녀도 돌봐야 한대."

"17세. 학업 때문에 다른 지역으로 이동해야 한대. 몇 년을 준비한 거라서 포기하고 싶지 않대."

결핵환자들이 치료를 중단하는 이유는 다양하다. 경제적 어려움이나 물리적 거리도 있지만, 그 외에도 가족 부양, 실직, 학업 등 각자에게 주어진 인생 과업이 치료를 방해하기도 한다. 그중 우리가 도울 수 있는 게 많지 않다. 병원에 오는 교통비를 지원하거나 약간의 식량을 지원하는 게 전부이다. 예산은 한정적이지만 병원 운영과 약품 구입, 팀원 급여 지급 등 쓸 곳은 무수히 많기 때문이다. 뾰족한 수가 없는 우리 팀은 우리의 멋진 의사소통 기술을 적극 활용하여 설득해 보자는 결론에 다다랐다. 환자 교육상담을 책임지는 나의 어깨가 좀 더 무거워졌다.

부담으로 어깨가 무거워진 나는 꼰대가 되어갔다. "약만 잘 먹으면 95% 이상은 치료가 성공적인데 왜 약을 안 드시나요?"

하며 환자를 다그친다. 공감도 이해도 없는 대화가 그들의 마음을 움직일 리가 없었다. 그런 와중에 만난 한 청소년 결핵환자, 다제내성결핵을 가지고 있는 그는 매일 병원에 와서 주사를 맞고 가야 하는데 자주 주사를 빼먹었다. 이번 치료에 실패한다면 그의 결핵을 치료할 수 있는 다음 약제가 마땅치 않았다. 그래서 나는 절박했고, 그 절박함을 몰라주는 환자에게 속으로 약간 화가 나 있었다.

다음 날 꼭 오겠다는 약속을 또 어기고 그 환자가 병원에 나타나지 않은 어느 날, 이대론 안 되겠다 싶어 무작정 그의 집으로 향했다. 프로젝트 코디네이터Project Cordinator의 허락도 받고 외래를 담당하는 간호사 동료를 설득해서 가는 발걸음이 나름 비장했다. 예정되지 않은 방문이었는데 다행히 환자는 집에 있었다. 약간 당황한 듯이 보였지만 순순히 주사를 맞았다. 나는 환자 교육상담 가이드라인에 따라 그와 눈을 맞추고, "나도 당신이 치료 받느라 힘든 것은 이해한다. 하지만 이것은 당신의 인생을 위한 것이다. 꿈이 있느냐? 건강이 있어야 꿈도 있다" 하는 이야기를 했다. 그 환자는 우리의 방문에 감사하다며 매일 같은 시간에 집에 있기로 약속했다. 의기양양해진 나는 다음 내부회의에서 나의 전략이 성공했다며 "우리는 환자에게 더 가까이 가야 한다"고 이야기를 했다.

그렇게 순항할 듯이 보였지만, 일주일 정도 지나자 그는 약속된 시간에도 집을 비우기 시작했다. 나는 일부러 주말에 그의 집을 다시 방문했고, 어쩌면 가족들에게 해결책이 있기를 기대하며 아버지와 대화를 시작했다. 아버지는 자신의 집에 난데없이 찾아온 외국인을 따뜻하게 맞이해 주었다.

"찾아와 줘서 고마워요. 나도 그 아이(아들)가 치료를 잘 받았으면 좋겠어요."

여기까지는 좋았는데, 옆에서 이야기를 묵묵히 듣고 있던 아들을 거세게 비난하기 시작했다.

"너는 이 바쁜 사람들을 여기까지 오게 만드는구나. 그런데도 계속 치료를 피해서 사람들을 헛걸음하게 해! 네가 내 아들인 게 창피하다. 내가 얼굴을 못 들겠다."

아버지의 차가운 말에 아들은 눈물을 뚝뚝 흘리다가 결국 집을 휙 뛰쳐나갔다. 그날 이후 그는 완전히 치료를 그만뒀다. 그 이후에 만난 적이 없으니 다른 병원에서 치료를 받았는지조차 알 수 없었다. 이 환자와의 설득 과정에서 나는 완전히 실패했다. 환자가 치료를 받게 하고 싶은 내 욕심에 기본적인 원칙을 놓쳤던 탓이다. 가정 방문 시에는 당연히 환자에게 사전 동의를 받아야 했다. 그런 다음 날짜와 시간에 대해서도 협의를 해야 했다. 환자의 질병 상태에 대해 타인에게 공유할 때는 보호자라 할지라도 환자의 동의를 받았어야 했다. 그리고 가장 뼈아픈 실수는 '병원에 오는 것, 약을 먹는 것'이 절대선이라는 내 안의 가치를 환자에게 강요하고 환자를 자신에 대한 치료의 결정권자로 존중하지 않았다는 점이다.

아마 내 생각의 뿌리를 더듬어 보면 환자를 치료의 대상으로만 본 것일지도 모른다. 흔히 '질병 중심 의료Disease-Centered Care'라고 부르기도 하는 이러한 태도는 환자를 의사가 제시하는 치료 계획에 따르도록 강요하거나 환자의 문의나 상담을 귀찮아하는 등의 모습으로 나타난다. 아직도 많은 의료 현장에서 이러한 문화가 자리 잡고 있다. 국경없는의사회의 병원도 예외는 아니다. 하지만, 최근 들어 이와 반대되는 개념인 '인간 중심의 돌봄Person-Centered Care'을 주요 원칙으로 세우고 현장에 적용하기 위해 노력하고 있다. 환자의 권리를 보장하고, 개인의 특성과 선호도를 인정하며, 치료에 관한 의사결정을 할 때 환자를 참여시키는 것을 의미한다.

그런데 이 원칙을 현장에서 실천하기는 참으로 어렵다. 왜냐하면? 환자를 이해하기 위해서는 절대적인 시간이 필요한데 환자는 너무 많고 의료진은 제한적이다. 치료를 도와줄 가족이나 친구가 있는지, 치료받는 동안 다른 지역으로 이동 계획이 있는지, 어떠한 치료 방법을 선호하는지, 우울이나 불안 등의 다른 어려움이 있는지 등을 물어보려면 당연히 시간이 걸린다. 병원에 오기 위해서 수시간을 걸었을 수도 있고, 내일은 병원에 오기 어려울 수도 있는 환자들이 기다리고 있다는 것을 아는 의료인들은 빠르게 환자를 봐야 한다는 심리적인 압박을 느낄 수밖에 없다.

그럼에도 불구하고 우리는 조금씩 인간 중심의 돌봄을 추구하는 방향으로 나아가고 있다. 환자는 의료서비스를 받아들이는 수동적인 존재가 아니다. 나와 나의 동료들처럼 삶의 주체로서 자신의 인생을 살아내고 있는 존재이다. 다시 목소리를 낮추고 귀를 열어야 한다. 끊임없이 마음에 새긴다.

눈에 보이지 않는 것들, 보건증진의 어려움

누군가 나에게 보건증진 역할의 어려움을 묻는다면, 효과를 측정하기가 까다롭다는 점을 들겠다. 예를 들어, 손 씻기 캠페인 이후에 얼마나 많은 참석자가 손을 씻는지 알 수 있을까? 이를 확인하려면 참석자들의 집에 일일이 방문해 밥 먹기 전에 손을 씻는지 안 씻는지를 관찰을 해야 한다. 당연히 어마어마한 인력과 시간, 자원이 필요하다. 또 사람들은 새로 알게 된 정보를 시간이 지나면 시나브로 잊기 때문에 어느 정도의 시간이 흐른 후에도 여전히 기억하고 있는지를 확인해야 정확한 효과를 파악할 수 있다. 수업 직후에는 내용이 잘 기억나지만, 그 다음 날에는 반 정도만 남는 것과 같다. 학교처럼 일정한 기간과 한 장소에 모인다면 상대적으로 측정하기가 쉽겠지만, 국경없는의사회가 활동하는 지역은 자연재해나 내전 등의 위기 상황이기 때문에 사람들도 많고 이동 역시 잦다.

다른 한 가지는 우리가 가진 과도한 기대감이다. 사람들이 행동이나 생각을 변화시키는 것이 생각보다 훨씬 어렵다. 아마 우리 모두는 한평생 여러 번의 결심을 하지만 실천에 옮기는 데는 자주 실패한다. 다이어트 계획이나 금연, 외국어 공부처럼 말이다. 당신 앞에 있는 국경없는의사회 보건증진팀이 간염검사의 중요성을 설명해 설득했다고 가정하자. 하지만 실제로 시간을 내어 몸을 움직여서 병원으로 향하는 것은 다른 차원의 일이다. 하지만 긴급 구호나 인도주의 활동에는 제한된 기간이 있어, 보건증진 활동 역시 사람들과 깊이 소통하기보다는 우리가 원하는 행동 변화를 독촉하는 방식으로 이루어질 때가 많다. 내부적으로 이러한 요구를 마주칠 때마다 이렇게 말하곤 한다. "여기 있는 우리 모두 알코올이 건강에 안 좋다는 걸 알지만, 어제도 술을 마셨잖아. 그런데 왜 사람들이 우리 말에 따라 당장 움직일 거라고 기대해?"

마지막은 질병의 위험도나 심각성은 눈에 보이지 않는다는 것이다. 예를 들어, 간은 '침묵의 장기'라는 별명으로 불린다. 간의 상태가 심각하게 악화될 때까지는 증상이 보이지 않기 때문이다. 하지만 일단 증상이 나타나면 간경화나 간암으로 심각하게 발전한다. 앞서 언급했던 파키스탄 활동에서 지역 주민들은 "간염을 치료하는 병원보다는 아이를 낳을 수 있는 산부인과 병원이 필요해요"라고 이야기했다. 그도 그럴 것이 간염이 발병하기 전까지는 누구도 자신이 당사자가 될 거라고 예상하기 어렵기 때문이다. 게다가 심각해진 후에나 알아차리게 되니 그 중요성을 실감하기 힘든 탓일 것이다. 그런 까닭에 더 흔하게 만나는 임신과 분만에 대한 도움이 절실하게 느껴지는 건 어찌 보면 당연하다. 사람들의 요청을 무시할 수도 없고, 지원에서 소외된 질병을 방치할 수도 없기 때문에, 이 간극을 메우는 일이 때론 어렵다.

지역 주민들을 가까이 만나는 만큼 보건증진팀은 국경없는

의사회 활동에 대한 감사와 불평을 가장 많이 듣는다. "지난번에 국경없는의사회 병원 갔는데, 어떤 의사가 너무 불친절했어요"라고 하면 사과는 보건증진팀의 역할이다. 더 곤혹스러운 건 이걸 다시 내부에 전달해야 한다는 사실이다. 자꾸 동료가 불만을 가져오면 어느 누가 좋겠는가. "환자들의 목소리를 듣는 것은 누굴 비판하기 위해서가 아니라 더 발전하기 위한 거야"라며 긴 서문을 깔고서야 환자나 주민들의 불만이나 요구사항을 논의할 수밖에 없다.

 나의 첫 파견 활동은 '파푸아뉴기니'의 결핵 활동이었다. 나는 첫 석 달 동안 꽤 힘들었다. 많은 부분이 이해되지 않았다. 왜 환자들에게 더 많은 도움을 주지 않는지 투사같이 싸웠다. 그러나 다섯 번의 활동을 끝낸 지금, 나는 나의 동료들을 더 굳건히 믿게 되었다. 국경없는의사회 활동을 하면서 갈등도 있고, 무력감도 있었지만 그래도 우리의 노력이 환자를 위한다는 대전제는 흔들리지 않았다. 물론 그 방법이 서로 달라서 끝없는 회의를 하곤 하지만, 그래도 하루의 끝에는 서로를 다독였다.

 더욱 중요하게는 내가 도우려고 했던 사람들을 제대로 만날 수 있었다는 것이다. 로힝야 난민들은 가족이나 이웃이 군인에 의해 무고하게 죽거나 혹은 강간당하거나, 집이 불태워지는 경험을 겪은 피해자들이다. 하지만 피해자로만 남진 않았다. 두 명의 지역사회 보건인력 채용 공고에 일주일 동안 무려 100통이 넘는 이력서를 받았다. 평생 가사와 양육을 전담하던 엄마들이 인생 처음으로 생업 전선에 나섰다. 삐뚤빼뚤 손으로 써 내려간 이력서도 있었고, 뭘 보내야 할지 몰라 본인과 관련 서류를 모두 보낸 아주 투툼한 서류 뭉치들도 있었다. 내가 본 건 어떤 절실함과 용기였다.

아버지들도 가만히 있지 않았다. 평생 고위 공무원이던 오십 대 후반의 나의 동료는 경력도 전문성도 인정되지 않는 지역사회 보건인력이 된 것을 진심으로 감사해했다. 더 잘하기 위해 노력했다. 라마단 기간에는 하루 종일 공복을 지키면서도 땀을 뻘뻘 흘리며 가정 방문을 했다. 나는 관찰자로서 그들이 가진 생존의 힘을 목격했다.

우리는 불과 몇 년 전의 그날의 참상을 들을 기회가 있었다. 어느 날 갑작스레 수많은 군인이 자신들의 마을에 나타났고, 집집마다 불을 질렀다고 한다. 저항하는 이웃들을 폭행하고 붙잡아 갔으며, 친척들을 살해했다고. 우리는 한동안 다 같이 울 수밖에 없었지만, 이후에는 농담도 나누며 함께 웃었다.

내가 하는 일을 사랑한다. 가까이에서 그들의 슬픔과 기쁨에 함께할 수 있음에 감사한다.

3부

구 호 현 장 에 서 도 삶 은 계 속 된 다

도전해 보세요,
국경없는의사회

박선영 | 수술실 간호사

국경없는의사회 활동은 동료와의 협업

국경없는의사회. "국경의 제한을 넘어 어디든 생명을 살리기 위해 간다"라는 우리의 비전을 표현하기에 군더더기 없는 좋은 이름이다. 하지만 의료인 외 다른 직종의 동료 활동가의 역할을 잘 표현하지 못하는 점은 아쉽다. 나 또한 활동가로 일하기 전까지 국경없는의사회에서는 의료인인 의사와 간호사만 해외 긴급구호 활동을 하는 단체라고 생각했다.

나는 2015년부터 남수단과 요르단 그리고 팔레스타인 가자지구에서 수술실 간호사OT Nurse로 활동했다. 국경없는의사회에 합류하기 전에도 수술실 간호사로 근무했는데, 수많은 분야의 동료들이 병원이라는 공간에 함께 있긴 했지만 다양하게 협업하는 일이 많지는 않았다. 하지만 국경없는의사회에 소속된 수술실 간호사는 군중 속의 일원이 아닌 협업자이자 대표자다. 국경없는의사회는 비의료인 활동가 비중이 절반 가까이 된다. 다양한 응급 상황과 비상 상황이 발생할 수 있는 지역에서 활동하기 때문에 모든 동료와 긴밀한 연락체계를 갖추어야 하고, 함께 일하는 동료를 신뢰하며 의사소통하는 것이 무엇보다 중요하다.

6개월 장기 활동이자 첫 활동지였던 남수단에서는 언어장벽으로 인해 동료들과 친밀감을 형성하기 어려웠다. 그래서 문화가 전혀 다른 동료와의 첫 협업에 대해 깊이 고민했던 시간이었다. 두 번째 활동지인 요르단에서는 새로운 수술실을 만드는 업무를 맡았기에 건축가나 물류를 담당하는 기술직 활동가Logistician와 다양하게 협업하는 경험을 했다. 세 번째 활동지인 가자 지구에서는 함께 어려움을 이겨내는 동료의 힘을 여실히 깨달았다.

협업은 친밀감과 서로에 대한 존중에서 싹 터

파견 현장에 도착하면 우선 같은 공간에서 생활하는 국제 활동가들과 먼저 친밀감이 형성된다. 수술실 간호사의 특성상 내전이나 전쟁 지역에 주로 파견되어 외과 환자를 돌보는데, 이러한 활동지에서는 긴장 상태를 완화하고 친밀함을 바탕으로 한 협업이 중요하다. 이 때문에 국제 활동가끼리 다양한 활동을 통해 친해진다(물론 다른 활동지에서도 친교의 활동은 다양하게 일어난다).

친밀감을 형성하는 가장 일반적인 수단은 자기 나라 음식 선

보이기다. 주방장이 없는 주말에는 모든 국제 활동가들이 돌아가면서 자기 나라의 음식을 만들어 함께 나누어 먹는다. 종종 주말 저녁에 댄스파티를 열거나 공용 텔레비전으로 함께 영화를 보기도 한다. 남수단에서는 이동 진료를 나가지 않고서는 외출할 장소가 마땅치 않았지만, 요르단과 가자 지구의 경우 당시에는 국경없는의사회 티셔츠나 조끼를 입고 안전 수칙을 준수하며 파견지 근처 시내에 나들이를 함께 갈 수도 있었다.

협업의 기초는 무엇보다 친밀감과 서로에 대한 존중이다. 그래서 나는 비록 서툰 영어에도 불구하고 팀원들과 함께하는 모든 시간에 최대한 참여했다. 그 덕분에 나이와 성별과 나라에 상관없이 서로 존중하고 존중받는 좋은 동료관계를 만들 수 있었다고 생각한다. 이렇게 만들어진 친밀감은 내가 활동했던 분쟁지역인 남수단과 가자 지구에서의 절체절명의 위기 상황에서도 동료를 의지하며 계속 활동해 나아가는 힘이 되었다.

절체절명의 위기에서도
활동을 이어가게 하는 힘, 동료애

남수단 활동 중 병원 인근에서 빚어진 갈등으로 인한 안전 문제로 급히 팀 전체가 대피하는 일이 있었다. 다음 날 케냐에서 경비행기가 오기로 되어 있었고, 프로젝트 코디네이터는 안전 회의에서 스켈레톤팀(응급 시 끝까지 현장에 남아있는 최소 인원의 구호팀)만 남기고 모두 케냐로 대피하기로 결정하였다. 그런 다음 누가 스켈레톤팀에 남을 것인지 물었다. 이러한 상황이 발생할 경우, 국경없는의사회는 활동가의 안전이 최우선이기에 활동가 각자의 자율적인 결정을 존중한다. 나는 응급 환자들이 들어올 것에 대비해서 스켈레톤팀에 남기로 했다. 스켈레톤팀 8명을 제외한 15명 남짓한 인원이 다음 날 케냐로 대피했다. 이에 더해 병원 내 응급 상황에 대비해 병동의 환자들도 대부분 퇴원시켰다. 그런 까닭에 스켈레톤팀만 남아 약 일주일간 중환자와 병원을 돌보게 되었다.

북적이던 병원과 국제 활동가 숙소가 평소와 다르게 휑하게 비었다. 그 시간 동안 응급 환자가 발생하면 응급수술을 진행했고, 병동에 도움이 필요하면 두 팔 걷고 도왔다. 밤에 총소리가 들리면 무전기로 상황을 보고받고 다 같이 벙커에 모여 상황이 안정될 때까지 기다리기도 했다. 약 일주일 뒤, 주변 상황이 안정되어 대피했던 팀원들이 모두 돌아왔다. 그 후 총상으로 인한 응급 환자가 물밀듯이 들어와 한동안 밤 10시를 넘어서까지 수술을 이어갔던 기억이 있다.

가자 지구에서의 동료애도 잊을 수 없다. 2018년 시위로 인한 부상자 치료에 대비하여 세 곳의 국경없는의사회 운영센터가 활동가를 파견해서 한 건물 안에 40명이 넘는 활동가들이 함께 생활했다. 잊을 수 없는 날짜인 5월 14일, 시위 후 장벽 근처에서 부상당한 총상 환자들이 밀려 들어오기 시작했다. 수술실이 모자라 한 수술실에서 두 명의 환자를 수술하거나 응급실에서 처치하기도 했다. 아침에 차 한잔을 마신 이후 식사 시간 없이 밤새도록 수술이 진행되기도 했다. 그런데도 크게 배고프거나 힘든 줄 모르고 일했는데 그건 아마도 함께 격려하고 토닥여 준 미국에서 온 수술실 간호사 앨리와 이탈리아에서 온 유쾌한 마취과 의사 알렉산드로, 그리고 영국과 스웨덴에서 온 열정적인 외과 의사 에드워드와 시몬 덕분이라고 생각한다.

협업을 위한 또 하나의 조건 의사소통

동료와의 협업에 있어 현지 직원과의 친밀감과 원활한 의사소통 또한 매우 중요한 부분이다. 보건의료 시스템이 단단하지 않은 곳에 국경없는의사회가 의료서비스를 제공하는 것은 일차적으로는 생명을 살리기 위해서이다. 하지만 최종적으로는 해당 국가의 의료 시스템을 견고하게 하기 위한 힘을 길러 주기 위해서이다. 그렇기에 국제 활동가의 다양한 업무 중 현지 직원을 교육시키는 일은 가장 중요한 업무의 하나다.

생활 패턴도, 가치관도, 문화도 다른 그들과 협업하는 일은 생각보다 쉽지 않다. 몇몇 직원은 젊은 여성 관리자를 쉽게 보고 불친절하게 대하거나 지시에 따르지 않기도 했다. 거짓말을 하거나 지각을 하기도 하며, 급기야 술을 마신 채 출근하기도 했다. 더러는 약물이나 물품을 빼돌리는 일도 발생했다. 분명히 이런 일들이 일어나기도 하지만, 장담할 수 있는 것은 성실하고 호의적이며 정직하고 따뜻한 동료들이 더 많다는 것이다.

남수단에서 식중독으로 정말 고생했던 적이 있다. 몸을 가눌

힘도 없이 화장실만 들락거리며 며칠간 출근도 못 했다. 남수단 현지 직원 중에는 나이 지긋한 이모 같은 직원이 둘 있었다. 이들은 수술실의 위생을 담당했는데, 영어로는 소통이 불가하여 보디랭귀지와 다른 현지 직원의 도움을 받아 의사소통을 했다. 아프기 시작한 다음 날, 한 분이 국제 활동가 숙소에 허가를 받고 들어와서 내 가슴에 손을 얹고 기도하며 초록색 목걸이를 걸어 주고 나갔다. 8년이 지난 지금도 나는 그 목걸이를 가지고 있다. 그리고 그분의 눈빛과 따뜻한 손은 아직도 생생하다.

    요르단과 가자 지구에서는 수준 높은 현지 직원들이 많았다. 현지 간호사들은 간호학을 공부했고 수술실 내에서의 무균술과 감염예방의 규칙도 비교적 명확하게 지키고 있었다. 지식과 기술이 체계적이었을 뿐 아니라 이방인에게도 다정하고 호의적이었다. 특히 요르단의 경우, 젊은 외국인 여성이 수술실 리모델링의 조언을 위한 간사로 간 상황이었는데도 환대와 호의를 베풀어 주었다. 이뿐만 아니라 더 좋은 수술실을 만들기 위해 주변 병원 견학을 주선해 주기도 했다.

    가자 지구의 알 아크샤 병원의 수술실에서 일할 때도 현지 직원들은 병원이 보유한 수술기구와 소독 시스템을 잘 알고 빠르게 협업했다. 환자가 계속해서 들어오는 바쁜 상황에서 그들과 함께 일했기에 수월하게 일할 수 있었다. 분명히 그들의 도움 없이는 원활한 수술 진행이 어려웠을 것이다.

국경없는의사회 활동의 또 하나의 중심, 비의료인 동료들

국경없는의사회의 활동을 건강하게 지속하기 위해서는 다양한 비의료인 동료들도 필요하다. 물류, 수송을 담당하는 동료, 건축과 설비를 담당하는 동료, 인력관리를 담당하는 동료, 물과 위생을 책임지는 동료들이 그들이다. 물론 활동지의 성격과 특성에 따라 매우 다양한 분야의 비의료인 동료들이 함께한다. 이 동료들은 안전한 병원을 만들거나 유지해 주었다. 이들은 필요한 약과 물품과 기구를 가장 효율적으로 제공해 주며, 인력 채용 및 관리 등 쉽지 않은 업무를 담당해 준다. 더러는 깨끗한 물과 주변 환경을 조성해 준다.

국제 직원과 현지 직원 모두 다른 문화 속에서 다른 삶을 살아온 사람들이다. 하지만 우리는 국경없는의사회라는 긴급 구호단체에 보통은 같은 마음으로 지원해서 왔고, 모두가 뜨거운 마음으로 함께해 주기에 국경없는의사회는 국경을 넘어 생명을 살리는 보람된 일을 지속할 수 있다.

국제 활동가가 넘어야 할 장벽, 언어

"미안하지만 영어 실력이 조금 부족하니 더 준비하고 다음에 다시 지원해 주세요."

2013년 봄과 여름 사이 어느 땐가 나는 국경없는의사회 채용

심사에서 위와 같은 코멘트를 받았다. 그때에는 국경없는의사회 한국 사무소에 채용담당자가 없었다. 당시 인력관리는 일본 사무소가 맡아 했던 시기였다. 위 코멘트처럼 나는 국경없는의사회 활동가가 되기 위한 절차에서 한 번 떨어진 재수생이다. 낙방 후 열심히 영어 공부를 했고, 2014년 가을 국경없는의사회와 인연을 맺게 되었다.

국경없는의사회라는 긴급 구호단체를 알게 된 것은 간호학을 전공하던 학생 때였다. 하얀 조끼를 입고 하얀 지프차를 타며 전 세계 어디든 도움이 필요한 곳이면 빠르게 달려가는 긴급 구호단체. 전 세계적으로 알려진 국제 긴급 구호단체로 월급과 체류비를 지원해 주는 이 단체의 정식 직원이 되는 것은 세계를 누비는 헌신적 간호사의 모습이었다.

처음 국경없는의사회에 지원할 때는 공인된 외국어 점수를 요구하지는 않는다. 하지만 채용담당자와 영어면접을 시행하고, 이력서와 자기소개서 등의 지원서를 제출한다. 이때 지원서와 자기소개서 모두 영문으로 작성한다. 이에 더해 필요한 경력 및 졸업증명서와 함께 서류를 제출하면 심사 후 면접 여부가 결정된다. 첫 지원 당시의 나에게는 자기소개서를 영문으로 작성하는 것부터 난제였다.

이후에 알게 된 사실이지만 국경없는의사회의 활동가가 된다면 현지에서 예상보다 많은 행정업무를 해내야 한다. 그런 까닭에 문장구조가 완벽하지 않더라도 정확한 상황을 작성한 보고서를 영문으로 작성할 수 있을 정도의 작문 실력은 필요하다. 첫 번째 지원에서 떨어진 이후 병원 근처에 있는 회화 학원 1년치를 12개월 할부로 등록했다. 낮 근무 때는 퇴근 후 수업을 듣고, 저녁 근무 때는 출근 전에 학원에 들러 공부했다. 주말에는 영어 회화 스터디 참여. 일하면서 공부하기가 정말 쉽지 않았다. 하지만 한 번 낙방하고 나니 다음 지원할 때는 언어 때문에 떨어지지 않게 열심히 연습해야겠다고 생각했던 것 같다.

약 1년 후에 국경없는의사회에 지원서를 다시 접수했다. 드디어 서류심사 후 면접 날짜가 잡혔다. 면접관은 일본 수술실 간호사로 활동했던 유코였고, 그녀와 나는 세 차례에 걸친 면접을 진행했다. 첫 번째 면접은 일본과 한국이라는 거리를 고려한 비대면 화상 면접이었다. 면접을 마칠 때쯤 곧 채용설명회를 위해 한국에 오니 그때 한 번 더 만나기로 했다. 채용설명회 후 대면 면접은 한 시간이 넘게 진행되었다. 면접 후 나는 이런 코멘트를 받았다. "영어 실력이 걱정되나 국경없는의사회에 참여하고자 하는 활동가로서의 열정은 충분히 이해할 수 있다."

유코는 국경없는의사회 사무실에서 마지막 면접을 진행하기를 원했다. 며칠 후 한국 사무소에서 유코와 약 한 시간에 걸친 마지막 면접이 진행되었다. 그녀와 같은 포지션이어서였는지, 아니면 수많은 활동 경험으로 그녀에게 관용이 허락되었는지는 알 수 없으나 유코는 결국 나에게 기회를 주었다. 그렇게 나는 국경없는의사회 수술실 간호사로 등록이 되었다.

유코는 부족한 나의 회화 능력에 도움을 주기 위해 언어교육 커리큘럼을 활동 전 등록해 주었고, 파견 전 사전 준비모임 Pre-

Departure Preparation(첫 번째 활동을 앞둔 활동가들이 모여 약 일주일간 다양한 강의와 사례 연구, 조별 과제를 시행하는 합숙 훈련)의 기회도 받았다.

국경없는의사회에 지원하여 채용되는 모든 과정은 쉽지만은 않다. 이곳에서 다른 활동가들과 함께 일하기 위해서는 기본적으로 듣고 말하는 것과 보고서를 읽고 쓸 만큼 익숙하게 영어를 사용할 수 있어야 한다. 영어 외에 프랑스어나 아랍어를 할 수 있다면 파견범위가 넓어질 수 있다. 이러한 요구사항이 있기에 국경없는의사회를 가슴에 품고 외국에서 어학연수를 마친 후 지원하거나 외국에서 근무하다가 지원하는 분도 많다.

이렇듯 언어 실력은 분명히 중요하다. 하지만 내가 이야기하고 싶은 것은 언어 실력이 채용 조건의 전부는 아니라는 것이다. 국경없는의사회 조직은 팀으로 활동한다. 따라서 팀워크와 소통이 정말 중요하다. 그렇기에 내 면접관이었던 유코처럼, 팀 관리자는 영어가 조금 부족해도 열정을 갖고 따뜻한 마음으로 성실하게 팀워크를 이뤄갈 사람에게 많은 점수를 준다.

어렵게 활동가가 되었기에 언어장벽에 관한 이야기를 하지 않을 수 없다. 나름대로 학원과 스터디를 통해 열심히 공부했지만, 전 세계에서 파견을 온 동료들의 다양한 말의 속도와 억양에 적응하기는 쉽지 않았다. 특히 매일 아침에 시행되는 안전 회의에서의 익숙하지 않은 표현과 단어 이해하기와 무전기 사용은 나에게 최고 난도였다. 국경없는의사회 활동가들은 보통 파견지에 도착하면 휴대폰을 받는다. 이 휴대폰은 당직 콜과 응급 상황에서 소통을 위해 항상 지니고 다녀야 한다. 이와 비슷하게 남수단에서는 무전기를 받았고 용도는 휴대폰과 유사했다.

팔뚝만 한 무전기는 항상 가지고 다니거나 머리맡에 놓고 자야 하고, 응급 환자가 오면 무전기를 통해 상황 보고를 받은 후 수술 일정을 잡아야 했다. 동료와 얼굴을 맞대고 이야기해도 완전히 알아듣기 어려웠던 나에게 무전기를 통한 상황 보고는 처음엔 악몽과도 같았다. 지지직거리는 소리 때문에 통화 음질이 좋지 않은데다가, 빠르고 불분명하게 말을 하는 사람들도 더러 있었기 때문이다. 무전기와 다양한 억양의 애로사항은 시간의 도움이 가장 크긴 했지만, 동료들 덕분에 조금 더 빨리 극복할 수 있었다.

내가 첫 활동가라는 이유로 무조건적인 호의를 베풀어 준 사랑스런 동료들은 안전 회의 후 중요한 내용을 짧게 브리핑하여 다시 말해 주곤 했다. 또한 알쏭달쏭한 무전기 통화의 중간다리 역할을 해 주기도 했다. 또박또박 천천히 이야기해 주고 알아듣지 못했다면 웃는 낯으로 다시 반복해서 이야기해 주기도 했다. 물론 모든 동료가 이렇게 사랑스럽지는 않다. 어디 억양인지 알아들을 수가 없다고 비웃거나 내 말을 장난스럽게 따라하기도 하고, 아무 말도 없이 키득거리며 눈빛을 교환하는 동료도 없진 않았다. 한숨 쉬는 것은 예사고 말이다.

내가 첫 파견을 나갔던 남수단에서는 처음 파견을 나온 활동가가 절반을 넘었다. 그리고 그중 몇몇은 다양한 이유로 활동을 중도에 포기하고 돌아갔다. 나와 함께 같은 날 도착했던 동료는 아파서 케냐에서 치료받다가 집으로 돌아갔고, 다른 동료는 일이 힘들어 중간에 포기하고 돌아갔다. 다시는 국경없는의사회와 일하지 않겠다고 선언하면서 말이다. 나의 가장 큰 고민은 업무량도, 건강도 아닌 언어장벽이었는데 이로 인한 절망감과 외로움에 포기하고 돌아가야 하나 정말 진지하게 고민하기도 했다.

하지만 국경없는의사회의 수술실 간호사는 내가 꿈꾸던 일이었다. 더구나 지원과 채용 과정을 생각하니 그냥 포기하기에는 너무 아깝다고 생각했다. 그래서 할 수 있는 한 애써 보자 결심했던 것 같다. 많이 알아듣지 못해도 모든 미팅, 모임과 저녁 식사 시간에 참여하고, 라포 형성을 위한 다양한 게임과 파티, 영화 감상, 요리에 모조리 참여했다. 한국에 있는 가족들과는 거의 3개월간은 문자로만 생존을 알리고 모국어를 쓰지 않으려 노력했다. 할 수 있는 한 성실하게 애를 쓴 결과 나는 6개월 활동 기간을 채웠다. 그 과정에서 무전기를 자유롭게 사용할 수 있었으며 안전회의의 중요한 내용을 바로 알아들을 수 있을 정도로 성장했다.

국경없는의사회에 지원하고 채용되기 위해서는 언어는 중요하다. 하지만 내가 그랬듯이 높게만 보이는 언어장벽은 성실함과 꾸준함과 열정으로 뛰어넘을 수 있다고 믿는다. 언어장벽으로 지원을 망설이는 분들이 적지 않은 것으로 안다. 하지만 긍정적이고 열정적인 국경없는의사회 한국인 동료가 더 많아졌으면 좋겠다. 부족한 나도 이렇게 하얀 조끼를 입고 국경없는의사회의 일원으로 일하고 있으니 말이다.

조금씩
익숙해지기 위하여

임희정 | 약사

엉겁결에 떠난 첫 파견, 방글라데시

나의 첫 파견지는 방글라데시였다. 첫 파견을 제안받은 시점이 너무 절묘했다. 나는 2017년 봄에 국경없는의사회에 지원해서 서류심사와 면접을 통과했다. 그해 여름에 도쿄에서 열린 웰컴 데이즈라 불리는 오리엔테이션에 참석하고, 역시 그해 가을에 스페인에 가서 파견 전 사전 준비모임까지 마쳤다. 그리고 겨울이 되었는데도 활동을 시작하지 못하고 있었다.

내내 파견 제안을 기다리다가 막 겨울 단기 아르바이트를 시작했는데, 그것도 하필 일을 시작한 첫날, 마치 기다렸다는 듯이 파견 제안을 받게 되었다. 그것도 월요일에 전화를 걸어서 '바로 준비해서 수요일까지 프로젝트에 와 줄 수 있겠느냐'고 하는 게 아닌가. 간절히 기다리던 제안이어서 일단 주말까지 준비할 시간을 달라고 하고 전화를 끊었다. 그런 다음 약국장님께 자초지종을 말씀드렸다. "정말 죄송하지만, 이번 금요일까지만 일할 수 있을 것 같습니다. 그러니 그사이에 다음 사람을 구하셔야 할 것 같습니다." 다행히 약국장님은 선선히 좋은 일 한다며 이해해 주셨다.

한시름을 덜고 최대한 시간을 아껴 파견 준비를 했다. 어쨌거나 월요일에 제안을 받아서 그 주 토요일에 출국하는 일정이었고, 그나마 일주일간 풀타임으로 일을 하고 있었다. 일하는 도중에 시간을 내서 A형 간염, B형 간염, 말라리아, 황열 등 여러 가지 백신을 맞았다. 점심시간마다 식사를 건너뛰거나 간단히 먹고 구청, 보건소, 병원 등을 들러 일을 처리했다. 한편으로 가지고 갈 약들을 준비했고 저녁에는 짐을 쌌다.

평소에 계획형인 내게는 상당히 무모한 일정이었다. 시간이 얼마나 없었는지 황열 백신은 떠나는 날 공항에서 맞을 수 있는지를 알아볼 정도였다. 결론적으로는 떠나는 날이 주말이라 공항에서 맞는 것이 불가능했다. 당시에는 활동을 너무나 가고 싶었다. 함께 파견 전 사전 준비모임에 참여했던 네 명의 약사 중에 그나마 제일 처음 파견 제안을 받았던 터라 이번에 못 가면 또 언제 갈지 모른다고 생각했던 것 같다. 지금 생각해 보면 첫 파견 활동은 '몰라서 용감했다'는 표현이 딱 맞을 것이다.

국경없는의사회 약사로 참여하는 일

준비하는 과정에서 당시 방글라데시 수도 다카에서 약국 코디네이터로 일하시던 한국인 약사님을 통해 미리 정보와 도움을 받을 수 있어서 그나마 다행이었다. 약국 코디네이터는 프로젝트에 참여하는 약사들의 책임자 역할을 말한다. 여기서 국경없는의사회의 보고체계를 설명하자면, 국경없는의사회에서 약사는 의료팀에 속하지 않고 약국만의 고유의 라인을 갖는다. '프로젝트 약사Project Pharmacist'는 말 그대로 한 프로젝트에서 근무하는 약사이고, 몇 개의 프로젝트를 왔다 갔다 하며 일을 보는 '플라잉 파마Flying pharmacist'가 있다. 몇 명의 프로젝트 약사, 혹은 플라잉 파마의 책임자 역할이 '약국 코디네이터'이다.

프로젝트 약사와 약국 코디네이터는 약국 소속으로 의료 코디네이터의 지휘를 받는다. 반면 의사와 간호사들은 의료팀 소속으로 의료 코디네이터의 지휘를 받는다. 모두 의료 코디네이터의 지휘 아래 있지만 약국과 의료팀은 서로 소속이 다른 셈이다. 약사가 의사와 간호사에게 약을 지원하는 일을 하고는 있지만, 일의 성격이 약간 다르다. 따라서 약국의 보고체계는 의료팀과 별개로 존재할 수밖에 없다.

예를 들자면 약사가 없을 경우, 간호사가 약국 일을 대신할 때도 있다. 그런데 내가 만난 간호사는 대부분 약국 일을 싫어했다. 간호사들은 병동에서 매일 주사를 사용하고 의약품을 정리하지만, 약국 일은 간호사로서 약에 대한 지식을 갖는 것과는 성격이 조금 다른 일이다. 간단히 말하자면 국경없는의사회에서 약사의 위치는 의료팀과 물류팀의 중간 그 사이에 있다.

잊을 수 없는 첫 파견의 황망함

월요일에 제인해서 수요일까지 와 줄 수 없냐고 할 만큼 다급했던 것은 현장의 상황 때문이었다. 내가 갈 곳은 방글라데시의 프로젝트 중 한 곳이었는데, 당시 로힝야 캠프에서 발생한 디프테리아 때문에 응급 활동이 열렸던 상황이었다. 응급 활동의 경우 대부분 3개월의 단기 근무 계약을 맺는다. 그만큼 상황이 안정되지 않아서 3개월 이상 근무하는 것은 근무자에게 무리가 간다고 판단해서이다.

내가 파견 나갈 현장은 응급 활동인 만큼 정신없이 바빴다. 병원과 약국은 아직 준비단계였으며 일할 사람은 부족한 상황이었다. 한시라도 급히 약국에 가서 콜드체인을 받아 디프테리아 치료를 시작하고, 백신 캠페인도 진행하고, 환자와 밀접접촉한 사람을 찾아 약을 준비해야 했다. 약국 현지 직원도 더 뽑아서 함께 병원을 열기 위한 준비도 하고, 환자들에게 필요한 약과 실험실에 필요한 기기와 키트를 선정하고, 국제주문도 해야 했다. 디프테리아가 더 심각해지기 전에 빠른 조치가 필요한 일이 산더미였다.

그사이 주말이 되어 나는 방글라데시를 향해 출발했다. 나를 실은 비행기는 한국에서 출발해서 말레이시아에서 한 번 환승한 뒤 방글라데시로 들어가게 되어 있었다. 그런데 말레이시아를 향해 출발한 비행기가 연착되었다. 도착하고 보니 방글라데시 비행기 출발 시간까지 남은 시간이 얼마 없었다. 가끔 공항에서 뛰는 사람을 볼 수 있는데, 내 일이 아닐 때는 '저 사람 왜 저럴까?' 싶지만 뛰는 사람 속은 오죽하겠는가. 정말 입이 마르고 피가 말랐다. 백 미터를 20초대에 뛰던 실력으로(없던 실력도 생길 만큼 급박했다) 입국, 출국 스탬프를 찍고 몸 수색, 짐 수색을 마친 후 내 몸 하나는 겨우 비행기에 무사히 실었다. 그런데 문제는 내 짐은 그 속도를 따라오지 못했다는 것이다. 방글라데시에 내려서 짐 찾는 곳에서 아무리 기다려도 내 짐은 나오지 않았다.

이미 자정이 넘은 시간이어서 일단 다음 날 오는 비행기로 받기로 하고 숙소로 향했다. 찝찝했지만 수도에 있는 직원들을 믿고 나는 다음 날부터 다카의 중앙 약국에서 교육 및 근무를 시작했다. 그날 근무를 마치고 돌아오면 있을 줄 알았던 짐은 저녁이 되어도 오지 않길래 전화를 했더니, 공항에서 내 짐을 찾을 수 없다는 말을 듣게 되었다. 내 짐의 색깔과 크기를 자세히 설명하고 말레이시아에서 방글라데시로 오는 항공편에서 찾을 수 있을 거라고 나름 잘 설명했는데도 며칠이 지나도 감감무소식이었다.

짐이 도착하지 않는 동안 내가 가진 것은 몸에 걸친 것과 기내에 들고 탄 배낭 하나뿐이었다. 거기에는 노트북을 비롯해 간단한 기내용 물품이 전부여서 정작 생활에 도움이 될 만한 것은 없었다. 샴푸, 세면도구, 옷 모두 짐으로 보낸 가방에 들어 있었다. 급한 대로 숙소 근처에서 세안제, 샴푸, 옷 등을 사서 매일 손빨래하고 밤사이 말려서 다음 날 입었다. 며칠이 지나자 뭔가 불안하고 거지꼴을 한 내가 처량해졌다. 좋은 일을 하려고 근무하기로 한 약국에 폐를 끼쳐가면서 출발했는데 시작부터 왜 삐딱선인가 하는 생각마저 들었다.

며칠 후 나는 비행기를 한 번 더 탔다. 지방 공항에 내려 차로 세 시간 정도를 더 가서 내가 앞으로 3개월 동안 일할 현장에 도착했다. 주중에는 여전히 하루 빨아 하루 입는 생활을 하고, 주말에는 지방 공항에 나가서 오지 않는 짐을 기다려도 보았다. 하지만 수도에 있는 직원들도, 공항 직원들도 누구 하나 내 짐이 어디 있는지 아는 사람조차 없었다. 결국에는 착해 보이는 공항 직원 한 사람을 붙잡고 간곡히 부탁했다. 말을 하다 보니 어느새 눈물이 나서 선 자리에서 정신없이 울었던 것 같다.

짐 때문에 울고 서 있던 내가 불쌍해 보여서였을까. 그다음 날 기적처럼, '공항에 짐이 도착했으니 가져가라'라는 연락을 받았다. 가 보니 정말 거기에 그렇게 찾아도 찾지 못했던 반가운 내 짐이 있었다. 어제 부탁한 그 직원이 "이거 네 짐 맞지?" 하면서 내 짐을 내주었다. 그 순간 그분이 얼마나 고마웠는지 모른다. 나중에 듣자 하니 약국 코디네이터였던 한국 약사님이 잘 아는 일본인 직원에게 메일로 이 사실을 알리고, 그분의 도움으로 공항에서 내 짐을 찾을 수 있었다고 한다. 나의 국경없는의사회 첫 활동은 이렇게 시작되었다.

늘 새롭고 의미 있는 일

이제 나는 기내용 가방에 일주일 정도 입을 옷과 속옷, 세면도구, 컴퓨터, 충전기 등을 꼭 챙긴다. 또 부치는 짐은 수화물 태그까지 단 상태로 사진을 찍어 남기고, 비행기 환승 대기 시간은 꼭 네 시간 이상으로 해달라고 티켓팅 시점부터 말한다. 알고 보면 비행기 연착은 흔한 일이고, 국경없는의사회 기준에서 보면 그리 심란할 것도 없는 일이었다. 다만 이때는 처음 나간 활동이어서 의욕과 기대감이 실망과 버무려져 더 불안해졌던 것 같다.

처음 걷는 길은 유난히 길고 지루한데 길을 알고 나면 처음과는 달리 그다지 멀지 않게 느껴지는 것처럼, 그때는 그랬고 지금은 아니다. 지금은 오히려 그때의 흔들림이 그립다. 일상이 잔잔해지면 삶은 지루해지고, 사람은 곧 새로운 자극을 원하게 된다. 여행이나 이직, 이사, 새로운 친구, 새로운 취미 등 사람들이 변화를 추구하는 방법은 많이 있을 것이다. 하지만 변화가 모두 자극이 되지는 않고, 또 모든 자극이 좋은 것이라고 확언할 수도 없다. 우리는 결국 우리 삶에 의미를 만들고 싶은 것일지도 모른다. 그저 하루하루 사는 것이 아닌, 죽는 날에 떠올릴 수 있는 의미 있는 어떤 일을 내 손으로 만들어 보고 싶은 것이 아닐까. 그 일은 작아도 되고 가까운 곳이어도 좋겠지만, 어느 정도의 희생을 감수하면서 이루어내는 것이어도 괜찮다.

내게는 그런 일이 국경없는의사회이고, 이제 국경없는의사회 일에 조금씩 익숙해지려고 한다. 조금씩이라는 말을 붙이는 이유는 너무 빨리 전력 질주하고 끝내 버리기에 이 일은 조금 아깝기 때문이다. 아직까지 내게 국경없는의사회는 늘 새롭고, 늘 의미 있기 때문이다.

아곡 파라다이스의
일상

김영휘 | 소아청소년과 전문의

파티타임, 다 함께 잘 먹고 잘 놀자!

바쁘게 돌아가는 병원에서의 삶 옆에는 또 다른 일상이 있다. 아곡 병원 옆에 조성된 국제 활동가들의 거주 구역에서는 여러 가지 이벤트가 열렸다. 활동가들은 주말마다 파티를 열었다. 때로 그 파티에서 새로 참여하는 국제 활동가를 환영하고, 함께 땀 흘렸던 정든 동료를 떠나보내는 시간을 갖곤 했다.

파티 날에는 음식도 넉넉했다. 한 마리의 염소와 여러 마리의 닭 구이가 파티를 파티답게 만들어 준 음식이었다. 케냐 출신 의료담당관 마이클은 염소 구이의 달인이어서 종종 메인 셰프 역할을 맡았다. 우리는 화덕에 커다란 피자도 여러 개 만들었다. 피자 위에 올리는 토핑은 주로 토마토, 피망, 양파와 참치 그리고 닭

고기 등이었다. 피자에 토핑을 올리는 일은 나도 자주 거들었다. 화덕에서 구운 피자는 정말 맛났다.

어떤 날에는 한 국제 활동가가 메인 요리를 도맡기도 했다. 캐나다에서 온 오십 대 중년 역학자 크리스티는 요리를 엄청 잘해서 파스타를 비롯해서 납작한 모양의 빵인 차파티도 구워 주며 다양한 요리를 종종 선보였다. 그녀의 요리 실력이 얼마나 출중했던지 멕시코인에서 온 의사 알퐁소가 '크리스티가 요리를 너무 잘해서 청혼하고 싶을 정도'라고 칭찬할 정도였다. 그런 알퐁소도 '초콜릿치킨Chocolate Chicken'이라는 별명으로 불리는 멕시코 전통 닭요리 '몰레 꼰 뽀요Mole Con Pollo'를 만들어 줬다. 너무너무 맛있어서 나는 양념까지 싹싹 긁어먹었다. 나중에 멕시코를 여행할 때 몰레 꼰 뽀요를 다시 먹었는데, 한 조각 입에 넣자마자 남수단에서의 추억이 떠올랐다.

파티가 열리는 날에는 모두가 모여 맛있는 음식을 먹고 나면, 춤판을 벌였다. 아프리카 출신 활동가와 현지 직원들은 몸짓이 남달랐다. 엉덩이를 들썩이는 리듬으로 정말로 춤을 즐겼다. 물류 총책임자였던 콩고민주공화국 출신인 톰바는 전통춤 공연을 보여주기도 했다. 병원에서의 힘든 일을 잊고 새로운 힘을 얻을 만큼 정말로 재미나고 흥겨웠다.

모국의 음식이 주는 위안

나는 평소에 해외여행을 다닐 때 한식에 대한 그리움이 없는

편이다. 다양한 음식에 대한 적응력이 좋다. 오히려 해외를 나가면 그 나라의 음식 문화를 더 경험하려고 애쓰는 편이라 한식당을 찾는 일은 거의 없다. 그래서 남수단으로 떠날 때 별걱정 없이 달랑 라면 몇 개와 튜브에 든 200그램짜리 고추장 하나만 들고 갔다.

공용 냉장고에는 각국 활동가가 들고 온 소울 푸드가 들어 있다. 나의 고추장도 공용 냉장고에 고이 모셔져 있었다. 어느 날 케냐 출신 활동가가 고추장을 궁금해하여 나누어 주었다. 맛을 보더니 달고 맛있다며 좋아했다. 그러더니 나에게 본인의 소울푸드 케냐산 고추 소스 Pili Pili를 권했다. 엄청나게 매운 맛에 눈물이 찔끔 날 만큼 혀가 얼얼해졌다. 아곡을 떠날 때쯤 라면이 두 봉지 남았다. 이전에 한국 라면을 한번 먹어봤는데 너무 맛있었다는 이야기를 했던 남수단 현지 직원에게 선물했더니 무척 좋아했다.

이렇게 음식 적응력이 좋지만, 몸이 힘들 때는 뜨끈한 국물이 있는 한국 음식이 간절해진다. 다행히도 이전에 아곡 병원에서 활동했던 일본인 활동가가 일본산 인스턴트 국물 요리 제품을 몇 개 남겨 두고 갔다. 그중에는 한국식 삼계탕도 있었다. 몸이 너무 피곤하고 좋지 않던 어느 날에 나는 보물처럼 소중하게 가지고 있던 삼계탕을 끓였다. 삼계탕 국물을 숟가락으로 떠서 한입 넣는 순간, 정말로 너무나 안심되고 행복해지며 온몸의 피로가 풀리는 기분이었다. 힘들 때는 모국 음식이 정말 큰 위로가 된다. 삼계탕 국물에 눈시울이 차올랐다.

그해 추석에는 남수단의 수도인 주바에 있었다. 해외에 있지만 나름 한국인으로서 큰 명절을 맞이하게 되니 추석 음식이 그리워졌다. 주바 사무소에는 한국인 김태영 활동가도 일하고 있었다. 무려 한국인이 두 명이나 있는데 얼렁뚱땅 넘어갈 수 없다는 생각이 들었다. 주바는 그나마 식재료를 구할 수 있는 대형마트가 있었다. 송편과 전을 만들어 보려는 생각으로 대형마트에 갔다. 송편을 만들기 위한 쌀가루를 찾았는데, 길쭉한 인디카 쌀로 만든 쌀가루가 있었다. 호박전과 버섯전을 하려고 재료를 구하는데 호박은 있었지만, 싱싱한 버섯은 없었다. 대신 말린 버섯이 있어서 일단 샀다. 알고 보니 주로 이탈리아 요리에 쓰는 말린 버섯이라 버섯전 재료로 쓰기에는 부적합했다.

추석 당일, 명절 요리에 돌입하였다. 스위스인 간호사 플루리나가 요리를 도와주었다. 호박전 조리법을 알려 주니 너무나 멋진 채식 요리라며 좋아했다. 플루리나가 호박전을 부치는 동안, 나는 송편을 빚었다. 그리고 추석날 저녁 주바에서 일하는 국제활동가들은 한국 추석 명절 음식인 호박전과 송편을 먹었다. 모두가 맛있다며 엄청 잘 먹었다. 주바 사무소 요리사는 송편에 푹 빠져서 나에게 만드는 법을 알려 달라고도 했다. 인디카 쌀가루라 쫀득함이 많이 덜해서 한국인 입맛에는 퍼석한 송편이었는데도, 대호평을 받아서 뿌듯했다. 그날 밤 남수단 주바에도 한가위 보름달이 휘영청 떴다.

생명을 돌보는 일은 모두가 귀하다

나에게 위로를 주었던 또 다른 존재가 있다. 새끼 고양이 날라와 심바이다. 거주 구역 주변에는 고양이가 여럿 살았다. 뎅이라는 이름을 가진 고양이는 마치 집고양이처럼 모두가 사랑하는 고양이였다. 이 고양이는 당당하게 공용공간 거실 소파에 다리를 쭉 펴고 드러누워 낮잠을 자곤 했다. 낮잠 자는 뎅을 볼 때마다 진심으로 부러웠다. 수차례 아곡 병원에서 활동한 미국인 외과 의사 데이브는 이전에 왔을 때도 뎅을 봤다며 뎅을 무척 반기고 귀여워했다.

뎅을 빼고는 모두 들고양이였다. 이 중 한 마리가 알퐁소의 투쿨 안에 새끼 세 마리를 낳았다. 그곳이 가장 안전하다고 느껴서였을까. 어느 날 그 방에서 새끼를 낳았던 것이다. 알퐁소는 새끼 고양이를 발견하고 두 마리를 만졌다고 한다. 그런데 어미 고양이는 알퐁소의 손이 닿지 않은 새끼 고양이 한 마리만 데리고 그곳을 떠났다고 한다.

알퐁소는 버려진 새끼 고양이 두 마리를 데리고 활동가들의 공용공간 거실로 찾아왔다. 뭐든 키우기를 좋아해서 집에서도 반려동물을 여럿 키운다는 크리스티가 새끼 고양이 돌보미를 자처했다. 그리고 애니메이션 〈라이온 킹〉의 주인공 이름인 날라와 심바를 그들에게 각각 붙여 주었다. 크리스티는 새끼 고양이들을 정성으로 돌보았다. 그러던 중에 크리스티의 파견 기간이 종료되어 귀국하게 되었다. 크리스티는 떠나면서 날라와 심바를 나에게 부탁하였다. 그때부터 나의 고양이 육아가 시작되었다.

유효기간이 지나서 신생아에게 쓸 수 없는 분유 한 통을 약국에서 얻어 와서 날라와 심바에게 먹였다. 고형식을 시작해도 되겠다 싶은 때부터는 참치캔을 얻어 와서 분유와 섞어서 먹였다. 날라와 심바는 내 몸에 기어 올라 돌아다니기도 하고, 낑낑 소리를 내며 나를 반겼다. 어떨 때는 심바가 골골 소리를 많이 냈다. 그때까지 고양이를 키워 본 적이 없어서 이 소리가 어떤 의미인지 몰라 걱정이 되었다. 결국 청진기를 가져 와 진찰까지 했다. 다행히 폐의 숨소리는 문제가 없었다. 하지만 한동안 이유를 알수 없어 걱정을 했었다. 나중에 가서 골골 소리가 고양이가 기분 좋을 때 내는 소리라는 것을 알게 되었다. 얼마나 다행이던지….

날라와 심바가 조금 자랐을 때부터 애들을 데리고 거주 구역을 산책 다니기도 했다. 내가 앞장서면 날라와 심바가 졸졸졸 쫓아왔다. 그걸 본 멕시코인 응급의학과 의사 시트랄리는 새끼 고양이들이 소아과 의사를 따라다니는 것이 흐뭇하다고 이야기하며 웃었다. 그러던 어느 날 나는 날라와 심바의 어미 고양이가 그들의 형제 고양이에게 개구리 잡는 법을 가르치는 것을 보았다. 날라와 심바는 아직도 성인 남자 손바닥보다 조금 큰 정도밖에 안 되는데, 형제 고양이는 혼자 어미 고양이 젖을 독차지해서 그런지 그들 몸집의 두 배쯤 되어 보였다. 몸집 차이가 이렇게나 크게 나다니! 순간, 나는 슬펐다. 날라와 심바도 어미 고양이 젖을 먹고 자랐다면 더 잘 자랐을 텐데…, 어쩌다 사람 손을 타서 힘겨운 생존을 하는 게 안타까웠다.

쏜살같이 시간이 흘러 나도 아곡을 떠날 때가 다가왔다. 다행히 필리핀인 행정 담당 멜빈이 이전에 고양이를 키워 본 적이 있다고 했다. 그래서 그에게 날라와 심바를 돌보아 달라고 부탁하고, 내게 위안이 되었던 날라와 심바 두 새끼 고양이와 이별을 하였다.

활동가에게 활력을 주는 취미활동

쉬는 날이면 활동가들은 여러 가지 취미활동을 한다. 프랑스인 행정 담당자 라파엘과 물류 담당자 시릴은 프랑스 쇠공 던지기 놀이인 '뻬땅끄'를 자주 했다. 나도 한 번 정도 해 봤다. 요가를 하는 날도 있었다. 아곡 병원 프로젝트 총책임자 오스트리아인 베르나데트가 주도하여 나와 사라, 시트랄리가 주로 참여하였다. 나도 한국에서 요가를 즐겨 했었던 터라 요가 시간이 매우 반가웠다. 어떤 날에는 미국인 물류 담당자 웨인이 수영장을 만들었다. 파란색 비닐 천막을 가지고 간이 수영장을 만든 것이다. 덕분에 그곳에 물을 채워 더운 몸을 식히는 호사를 누리기도 했다. 웨인은 또 활동가들이 물탱크 위에 설치된 구조물 위에 올라가게 허락해 주었다. 그곳에 올라가서 보는 해질녘의 풍경은 너무나도 아름다웠다.

나는 쉬는 날에 우쿨렐레를 연습하고는 했다. 내 투쿨 방 안에서 연습하기도 하고, 공용공간 거실에서 연습하기도 하였다. 스발바르 출신 심리상담사 올라는 내 투쿨 앞을 오고 갈 때 들리는 우쿨렐레 소리가 너무 아름답다고 이야기해 주었다. 공용공간에서 연습할 때는 함께 노래를 부르기도 했다. 주바에서 교전이 격화되어 불안하던 때에 나는 미국 출신 간호사 사라와 존 레논의 노래 "이매진"을 우쿨렐레 반주에 맞추어 노래했다. 그러면서 이 세상에서 모든 전쟁이 없어지기를 진심으로 바랐다.

국경없는의사회 프로젝트 현장은 늘 생사가 오가는 치열한 곳이 대부분이다. 비록 그러할지라도 하나의 생명이라도 더 살리려고 애쓰는 활동가들에게, 한편으로는 숨 돌리고 쉬어 갈 시간도 필요하다. 파티도, 음식도, 생명에 대한 사랑도, 지친 이들에게 활력을 주는 취미도 절대적으로 필요하다. 이러한 여가생활로 지쳐가던 마음을 채우고, 환자 곁에서 힘이 되어 줄 수 있다.

카멜레온 활동가의
설거지, 맥주 그리고 라면

김용민 | 정형외과 전문의

현지 변식주에 카멜레온식 적응

낯선 땅에서 파견 활동을 할 때 활동 못지않게 중요한 요소는 생활, 즉 의식주衣食住이다. 주중에는 내내 유니폼(흰 티셔츠, 간혹 조끼)을 입고 활동하고, 주 활동무대가 열대지방이라 옷에 신경 쓸 일이 없다. 그런 점에서 '의'는 별 의미가 없지만, 나머지 '식'과 '주'는 중요하다.

해외 여러 곳을 다니며 활동한 경험에 비추어 볼 때 활동가의 생활에서 중요한 것은 '의식주'보다는 '변식주便食住'라고 하는 편이 더 맞을 듯하다. 다시 풀어서 이야기하면, 음식과 음료, 잠자리 그리고 화장실인 셈이다. '나는 술 없으면 잠을 못 자'라거나, 한국 음식을 매끼 혹은 적어도 며칠에 한 번은 꼭 먹어야 하는 사람은 현장 활동에 적합하지 않을 수 있다. 마찬가지로 침대를 비롯한 잠자리나 생활공간, 소·대변 문제, 씻는 문제의 불편을 극복할 수 없으면 역시 파견 생활이 곤란하다.

국경없는의사회의 운영센터는 모두 유럽에 있고 활동가의 다수가 유럽 출신이다. 이 때문인지 사실 생활 문제가 아주 열악하지는 않은 것 같다(다른 활동지를 안 가 봐서 모르겠지만). 예를 들면 숙소 화장실의 기본이 좌변기였다(물론 아프리카의 어떤 곳은 좌변기는 고사하고 문도 벽도 없는, 그냥 노천이었다고 들은 적도 있다). 유럽으로부터의 거리(접근성)의 영향도 있는 것일까. 단순 비교하자면, 생활상의 편의가 유럽에서 훨씬 가까운 팔레스타인 지역은 적도 아프리카보다 훨씬 양호하다. 숙소도 깨끗하고, 층마다 화장실이 따로 있어서 소·대변을 보거나 씻기가 그리 불편하지는 않았다. 이슬람 국가라서 알코올 섭취가 불가능했다는 것을 빼고는….

어쨌든 나는 자칭 '카멜레온'답게 현지에 도착하는 순간부터 곧바로 현지의 생활에 순응, 변식주 문제에 빠르게 적응한다. 처음 며칠간은 시차 때문에 잠을 자야 하는 시간에 자는 것도, 일정한 시간에 볼일을 보는 것便通도 쉽지 않다. 하지만 남들보다 빨리 적응하는 편이다. 내가 스스로 정한 '현지 적응'의 가장 중요한 단서 내지 증거는 대장활동 bowel activity이다.

음식과 음료는 거의 제한이 없다고 할 수 있다. 한국 음식에 대한 미련은 전혀 없다. 오히려 낯선 현지 음식에 호기심이 많다. 활동가가 되기 전 짧은 학회 여행 때에도 일행이 한국음식점을 찾을 때 나는 현지 음식을 찾아다녔다. 한국에서 지내는 동안은 술자리가 많은 편이지만, 이슬람 지역에 가면 술 생각이 싹 사라진다. 어떤 이들은 한국 소주를 몇 병씩 갖고 가야 한다고 하는데, 카멜레온 체질이라 그런지 나는 그럴 필요가 없다. 혹시 현지에서 만나는 사람에게 한국 술을 맛보이고 싶다면 모를까…. 그러나 알코올 반입이 금지된 이슬람 국가에 굳이 소주를 들고 가야 할 이유가 있을지…. 갖고 간들 몇 번 마시고 나면 사라질 것인데…. 여하튼 현지에 빠르게 적응하는 자신이 종종 대견하기도 하다.

설거지는 누구 몫?

국제 활동가 숙소에는 대부분 현지인 주방장이 있다. 평일에는 근무를 마치고 숙소로 돌아오면 식사가 차려져 있다. 식사 후에는 사용한 식기를 싱크대에 갖다 놓으면 그들이 설거지도 한다. 그런데 주말에는 현지인 주방장이 출근하지 않는 곳이 많다. 그럼 어떤 상황이 벌어질까?

첫 파견을 나간 팔레스타인 가자 지구에서 맞은 첫 주말, 싱크대에는 식사를 마친 뒤 갖다 놓은 접시와 포크, 숟가락 등이 쌓이고 있었다. 그걸 보니 다음 식사를 위해 누군가는 설거지를 해야 할 것 같았다. 그래서 팔을 걷어붙이고 설거지를 하기 시작하였다. 그러자 한 활동가가 다가오더니 그러지 말라고 하는 게 아닌가. 이곳 주방장이 하는 일이니 우리는 하지 않는 일이라는 뜻이었다. 그때 나는 '어차피 누군가 해야 할 거면 내가 하는 게 왜 안되는 거지Why not?'라는 생각이 들었다. 다만 그 활동가가 불편해하지 않도록 "내 취미가 설거지야 Dish washing is my Hobby"라고 하면서 흔쾌히 설거지를 마무리하였다.

나중에 들으니 주방 일을 맡은 현지 직원들이 주말에는 쉰다는 것이다. 음식은 주말을 지낼 만큼 충분히 마련해 두지만, 접시를 비롯한 식기는 당연히 여러 번의 식사가 가능할 정도로 구비되어 있지는 않았다. 결국 설거지는 매 식사 후 이뤄져야 하는 것이었다.

두 번째 활동지인 에티오피아에서도 상황은 마찬가지였다. 그곳은 커다란 고무 대야에 사용한 식기를 모두 담아 놓으면 나중에 현지 직원들이 한 번에 씻곤 하였다. 하지만 주말에는 그들이 없으니 식사 후에 설거지짓거리가 수북이 쌓였다. 그렇게 쌓인 식기를 (가자 지구 파견에서 이미 경험하였으므로) 남들 몰래 내가 닦곤 했다.

내가 활동한 지역은 단수가 자주 일어났기에 어떤 날은 식사 후 한참 지나야 물이 나올 때도 있었다. 다른 활동가들의 눈에 안 띄게 그들이 외출하거나 쉬는 시간에 설거지를 하려고 나름 애를 썼는데 결국 누군가의 눈에 띄었던 모양이다. 어느 주말 설거지를 하려고 주방(마당을 건너야 하는 별개의 공간)으로 가 보니 이미 누군가 설거지를 다 해 놓은 게 아닌가. 이후로도 이따금 누군가에 의해 설거지가 다 되어 있는 장면을 목격하면서 남의 눈에 안 띄게 설거지를 하는 것을 따르는 자가 생겼다는 걸 알게 되었다.

세 번째 파견이자 가자 지구로 떠난 두 번째 파견 때였다. 주방 싱크대 위에 이런 글이 붙어 있었다.

"자기가 먹은 그릇과 도구는 자신이 닦자."

1년 전 동료들 눈치를 살피며 내 소신껏 했던 행위가 이제는 모든 활동가가 지켜야 할 생활 규범이 되어 있었던 것이었다.

비어코사마라 불린 사연

에티오피아에서는 약 8종의 현지 맥주를 사서 마실 수가 있었다. 적도 지역의 날씨, 더구나 에어컨 등 냉방기라고는 전혀 없고, 간혹 있는 선풍기마저도 잦은 정전 탓에 큰 도움이 안 되는 곳에서 차가운 맥주는 큰 위로가 아닐 수 없었다. 정전이 되었다 해도 냉장고 문을 열지만 않으면 찬 온도가 상당히 오래 유지되므로 에티오피아에서 지낸 3개월간 저녁 시간의 맥주는 큰 도움이 되었다. 낮 최고기온이 40도를 오르내리는 곳에서의 하루의 일과로부터 퇴근과 동시에 샤워를 마치고(매일 저녁 땀과 먼지에 절어 돌아오므로) 나서 식탁에 앉아 마시는 차가운 맥주! 생각만 해도 상쾌하지 않은가.

도착 후 활동 첫 주에 냉장고에서 서너 병의 맥주를 발견했다. 그중 하나를 감사한 마음으로 마셨다. 그런데 어느 순간부터 냉장고 안에 맥주가 한 병도 없는 상황이 이어졌다. 알고 보니 그 전 주말에 다른 NGO에서 초대한 파티에 갔다가 남은 맥주를 들고 와서 냉장고에 넣어 놓은 것이 다 떨어진 것이었다. 다음 파티에서 또 남은 맥주를 얻어올 수 있을지도 불확실하다 보니 일부 활동가는 맥주가 생각나면 어디선가 한 병씩 사다가 혼자서 마시는 모양이었다.

파견지에서는 현지 화폐로 일비Per Diem를 받는데, 나는 한국에서와 마찬가지로 소비를 최소화, 다른 활동가들이 종종 즐기는 외식이나 주스 모임에 가지 않아서 현지 화폐를 쓸 일이 거의 없었다. 그러던 차에 숙소 바로 앞 식당에서 맥주를 살 수 있다는 이야기를 숙소를 관리하는 직원에게서 듣게 되었다. 그 뒤로, 맥주가 떨어질 기미가 보이면 나가서 한 박스씩(에디오피아 맥주는 기본이 330cc로, 한 박스에 24병이 들어간다) 사 들고 들어왔다. 어떨 때는 경비 담당 직원의 도움을 받기도 하고, 또 어떨 때는 혼자서 사서 들고 오기도 했다. 그 뒤로는 냉장고에 맥주가 늘 가득하였다. 적어도 맥주가 없는 날은 없었다.

동료 활동가들은 처음에는 무슨 영문인지 모른 채 신나게 따서 마셨다. 그러다 그 맥주들이 내가 틈틈이 사다가 채워 넣은 맥주라는 걸 알게 되자 서서히 다른 반응이 나타났다. 스페인령 카나리아제도 출신의 얌전한 활동가인 아이람이 어느 날 갑자기 나에게 찾아와서는 '돈을 내겠다'는 것이다. 처음엔 모르고 신나게 마셨는데, 그게 당신이 사비로 사 왔다는 것을 알게 되었으니 자기 몫의 돈을 내겠다고 했다. 나는 "그 어떤 대가도 전혀 바라지 않는다. 내가 맥주를 마시고 싶어서 사 오는 것뿐이다. 당신이 돈을 낸다면 다른 이들이 불편해지므로 그들처럼 그냥 즐겁게 마시면 된다"라고 말하고 돌려보냈다. 이후로도 한동안 냉장고에 맥주 채우는 일은 나의 몫이었다.

그렇게 몇 주가 지난 어느 날 아이람이 맥주 한 박스를 사다가 냉장고에 쟁여 넣었다. 그런 일이 있은 이후 다른 활동가들도 이따금 그런 모습을 따라했다. 여전히 마시는 것만 잘하는 사람들도 있었지만, 개의치 않고 맥주 채워 넣기가 이어졌다. 사실 그곳 맥주는 병이 작은 만큼 값이 쌌다. 게다가 에티오피아의 정책상 현지 화폐를 국외로 반출할 수도 없었다. 그러니 일비로 받은 현지 화폐를 달리 쓸 곳도 없던 나에게는 이렇게 맥주를 채워 넣는 일이 전혀 아깝지 않았다. 사실 유럽인들을 포함하여 활동가 대부분은 '자신의 돈이나 물건은 당연히 자신을 위해 쓰는 것이다'라는 분위기로, 남을 위해 자기 것을 내놓는다는 것이 그리 흔한 일은 아니었다.

활동가 그룹의 리더를 '코디네이터Coordinator'라 부르는데 줄여서 '코Co'라 부르기도 한다. 예를 들면 프로젝트 운영을 총괄하는 '현장 코디네이터Field Coordinator'를 줄여서 '필드코Field Co'라고 부르는 식이다. 독일에서 온 내 또래의 산부인과 의사 아민이 냉장고에 가득 찬 맥주의 유래를 알게 된 어느 날인가부터 나를 '비어코Beer Co'라 부르기 시작하였다. 비슷한 시점에 일본에서 한 활동가가 합류하였다. 나는 서투른 일본 말로 그녀와 대화를 나누곤 했다. 그렇게 대화를 할 때 그녀의 이름 뒤에 '~상さん'이라고 붙여 부르자 그녀도 나를 '키무상金さん'이라 불렀다. 그것을 옆에서 지켜보던 아민은 나를 '비어코상'이라고 부르기 시작했다. 장난기가 발동한 나는 그에게 일본어 존칭 어미 가운데 '사마様'가 제일 높은 것이라고 알려 주었고, 그 뒤로 그는 나를 '비어코사마'라고 부르게 되었다. 내 이름에 '용'자가 있으니, '욘사마YonSama'로 불러 주면 더 좋았을 텐데….

그곳을 떠나는 날 남은 일비 중 절반 정도를 현장 코디네이터

세바스티앙에게 기부하였다. 어차피 이름도 비어코사마가 되었으니 한국에 갖고 가지도 못하는 이곳 돈을 활동가들의 노고를 달래 줄 맥주 조달에 활용해 달라면서….

생명의 은인, 라면

에티오피아 파견은 3개월로 내가 그간 다녀온 활동 혹은 여행들에 비하면 매우 긴 기간이었다. 혹시나 필요할지도 모를 것 같아 짐을 싸는 날 한국 라면 몇 개를 챙겨 넣었다. 하지만 자칭 카멜레온답게 현지 음식에 일찍 적응한 덕에 라면을 끓일 일이 거의 없었다.

'물갈이'라는 이름의 배탈은 누구도 피해갈 수가 없는 일인지, 나 역시 어느 주말 파티에 다녀온 뒤 배탈이 나고 말았다. 일요일 하루를 거의 화장실을 들락거리며 지냈고, 근무를 해야 하는 월요일이 되자 설사는 멎었다. 하지만 전혀 입맛이 없었다. '이때가 라면을 먹을 때인 것 아냐?'라는 마음으로 라면을 끓여 먹었다. 그랬더니 거짓말처럼 입맛과 함께 컨디션이 정상으로 돌아오는 신통함을 경험하였다. 전해질 균형을 회복해서일지도 모르겠지만….

나보다 한 달 늦게 도착한 독일 출신 산부인과 의사 아민 역시 신고식을 치러야 했다. 어느 날 수술장에서 들려온 얘기가 아민이 수술장에서 제왕절개를 마친 뒤 졸도했다는 것이다. 달려가 보니 완전 탈진 상태로 마취과 당직 침대에 널브러진 그를 발견했다. 우선 급한 대로 링거를 달아서 탈수를 해결해 주었다. 나는 예전부터 가족 등 주위 사람들이 탈진하면 링거를 달아 주곤 했어서 지극히 자연스러운 조치였다. 그랬건만 의료진 포함 주위 사람들은 정형외과 의사가 별로 헤매지도 않고 쉽게 정맥에 바늘을 찌르고 링거를 매달아 주는 모습이 매우 의아했던 것 같다. 아민 역시 수액 놓아 준 것을 매우 감사하게 여기는 눈치였다.

이틀간 화장실을 들락거리던 그는 다음 날에도 여전히 음식을 입에 대지 않고 있었다. 나 자신의 경험을 토대로 아직 입맛이 돌아오지 않은 아민을 위해 라면을 끓여 주었다. 처음 그는 '낯선 아시안 누들noodle을 이렇게 속도 안 좋은데 먹어도 되나' 하며 의아해하는 눈치였다. 곁에서 지켜보던 내가 "날 믿어 봐. 이 음식이 당신을 위한 특별한 치유식이 될 거야Trust me. This thing will be excellent medicine for you"라고 안심을 시켜 주었다. 내가 끓여 준 라면을 한 젓갈, 아니 한 포크 맛을 본 그는 그다음부터 허겁지겁 마지막 국물까지 싹 비웠다. 그리고 얼마 뒤 그는 자기 몸이 완전히 회복되었다고 말하며 나에게 "내 목숨을 두 번씩 살려 주다니You saved my life twice!"라고 인사를 하는데, 표정이 엄청 진지했다.

이후로도 '물갈이'하는 활동가에게 (물론 설사는 일단 멎은 뒤야 한다) 라면을 끓여 주면 영락없이 장운동, 입맛이 돌아오면서 컨디션이 좋아지는 것을 볼 수 있었다.

한국으로부터의 선물, 복주머니와 바람개비

3개월간의 긴 파견을 앞두고 떠날 준비를 하던 어느 날, 누군가로부터 '한국적인 소품을 준비해 그곳 사람들에게 선물로 주면 좋다'는 이야기를 들었다. 남대문시장에 나가서 정말 소품(복주머니 하나에 1,500원 정도)을 장만하였다. 때마침 내 책을 함께 준비 중이던 출판사에서 아주 쉽게 조립해서 만들 수 있는 판촉용 바람개비도 선물로 주었다.

바람개비는 조립이 쉬워서 현지에서 만난 아이 엄마에게 선물로 주었더니 무척 좋아했다. 복주머니 역시 생일이거나 임기를 마치고 떠나는 사람들에게 선물로 주니 매우 행복해했다. 의외로 이런 곳에서는 생일이나 떠나갈 때 등 공식적 선물 이외에는 대가 없이 물건을 주고받는 경우가 그리 많지 않다. 그래서 이런 선물을 주면 훨씬 놀라고 더욱 고마워한다. 1만 원 남짓의 돈으로 복주머니를 사 가서 현지에서 만난 이들(국제 활동가 포함) 열 명 정도를 아주 기쁘게 해 줄 수 있었다.

해외 파견 활동이라 하면 온종일 구호 활동만 하는 것으로 보일 수도 있지만, 사실 활동가들도 일정 기간 낯선 곳에서 지내다 와야 하므로, 스스로도 잘 적응하고 여러 나라에서 온 다양한 활동가들, 그리고 현지인들과도 잘 어울려야 한다. 나를 중심으로 모든 게 마련되어 있거나 돌아가야 한다고 생각하면 매우 힘든 시간이 될 것이다. 자신을 낮추고 주위 사람들을 배려하다 보면 따스하고 아름다운 관계가 형성되어 더욱 보람찬 활동 기간을 보낼 수 있다.

내 선택의 무게,
두려움의 순간

송경아 | 간호사

파견 활동 전
국경없는의사회 헌장에 사인을 하는 일

국경없는의사회 활동가가 파견 전 반드시 해야 할 일 중 하나는 '헌장'에 사인을 하는 것이다. 이는 국경없는의사회 활동가로서 국경없는의사회의 원칙(공정성, 독립성, 중립성)을 지키며 인도주의 행동 원칙을 준수하며 일하겠다는 서약이다. 또한 헌장에는 '활동가는 자발적으로 활동에 참여하고, 안전하지 않은 지역으로 파견될 수도 있으며, 일이 발생할 수도 있음을 이해한다'라는 내용도 포함되어 있다. 처음 헌장에 사인을 할 때는 덜컥 겁이 나기도 했고, 내가 처음 구호 활동을 하려고 했던 초심을 돌아보는 순간이기도 했다. 하지만 마음 한구석에서는 '그저 형식상 작성하는 거겠지, 설마 그런 일이 일어나겠어?' 하는 생각이 자리 잡고 있었던 것 같다. 그렇게 매번 활동 현장에 나갈 때 하나의 의례처럼 별생각 없이 헌장에 서명하고 나갔다. 이와 함께 현장에서 국경없는의사회의 보안 정책은 워낙 엄격하기도 하고 잘 행해지고 있는 것으로 평판이 자자해서 안심이 되기도 했다.

그러던 중 현재 무력 충돌이 발생한 곳으로 긴급 파견 활동을 나갈 수 있겠냐는 연락이 왔다. 그때까지 나는 무력 분쟁이 '있었던' 곳으로 파견을 나가 보기는 했지만, 보통은 충돌이 발생한 지 오래되었고 국경없는의사회가 오랫동안 활동한, 비교적 안전한 지역으로 정규 파견 활동을 갔다. 긴급 파견 활동에 참여해 보고 싶은 마음이 항상 있었던 터에 제안이 왔고, 마침 시간도 맞아 '3개월 동안 나가 봐야겠다'라는 마음을 먹었다. 그러고는 급히 헌장에 서명을 하고, 비자를 발급 받아 출국하였다.

무력 충돌의 한가운데로, 긴급 파견 활동

막상 공항에 도착하니 하늘은 맑고, 현지 사람들도 여유로워 보였다. 분쟁이 있는 나라라고는 전혀 생각할 수 없을 만큼 평화로워 보였다. 그것도 그럴 것이 분쟁이 있다고 해서 그 나라 전체가 영향을 받는 것이 아니고 국지적으로 영향을 받기 때문이다. 수도에 도착한 뒤 다음 날 분쟁 지역으로 가기 전, 마지막 만찬을 위해 레스토랑에서 저녁을 먹고 있었다. 그때 공항에서 나를 데리러 온 국경없는의사회 운전사가 전해 준 전화기가 요란하게 울렸다. 다음 날 이동하는 동안 필요한 보안 브리핑을 해 주려고 울린 전화였다. 황급히 먹던 것을 내려놓고 바로 집중하기 시작했다(보통 수도에 국경없는의사회 사무소가 있지만, 응급으로 진행되는 프로젝트여서 수도에는 아무도 없어 전화로 브리핑을 받았다).

보안 책임자는 나에게 먼저 "안 좋은 상황에 도착했다"라는 말로 시작했다. 지금 현지는 며칠 후 있을 대통령 선거에 맞춰 분쟁 지역에 2주간 봉쇄령을 선포하였고, 이동이 자유롭지 않으니 여권과 국경없는의사회 출입증을 반드시 소지하여 이동하고, 검문소에서는 부드러운 태도로 임하라고 당부했다. 이어서 분쟁 지역에 들어오게 되면, 언제 교전 상황에 휩싸이거나 무장단체를 만날지 모르니 이때 취해야 할 행동 요령을 알려 주었다. 브리핑을 받고 나니 '아, 내가 정말 분쟁 지역으로 가는구나' 하는 실감이 나며 정신이 번쩍 들었다.

긴장된 밤을 보내고 새벽 일찍 출발했다. 그 지역까지 차로 열 시간 정도 걸리기 때문에 서둘지 않을 수 없었다. 예닐곱 시간 이동하자 드디어 분쟁 지역으로 들어가는 검문소에 당도하였다. 무장한 군인들이 내 여권을 검사하고 낯선 땅에서 한국인이 항상 듣는 질문인 "남한에서 왔니? 북한에서 왔니?"에 대한 답변을 간략하게 하니, 이어서 트렁크에 실린 내 짐들을 열어 검사한다. 아무 일 없이 무사히 통과하여 지역으로 들어오니, 정말 딴 세상이 펼쳐졌다. 돌아다니는 차와 사람은 볼 수 없었고, 곳곳에 불에 탄 차량들, 바리케이드들이 우리를 맞이할 뿐이었다. 내가 맞이한 이 세상은 그야말로 삼엄한 기운이 감도는 유령도시, 그 자체였다. 처음 겪어 보는 그 날의 기억을 지금도 잊을 수가 없다.

무장하지 않았다는 표식을 크게 한 우리 차량은 조용히 움직였고, 이동하는 내내 보안 책임자와 실시간으로 소통을 하였기 때문에 우리는 무사히 숙소에 도착하였다. 안도의 한숨을 채 내쉬기도 전, 나의 상사가 될 의료 코디네이터 카르멘이 내일이 되면 대통령 선거로 전혀 움직일 수 없고, 큰 무력 충돌 가능성이 있으니 한 시간 뒤 바로 병원으로 가서 교전 대비 사전배치 preposition를 해야 한다고 알려 주었다. 'preposition'이란 영어는 '전치사'로만 알고 있는 내가 어안이 벙벙해 있자니, 사흘 동안 병원에서 지낼 짐을 챙겨 한 시간 안으로 나오라고 설명해 준다. 그렇게 나의 첫 긴급 활동이 시작되었다.

분쟁 중에도 아픈 사람은 치료받아야

사흘 동안 대량 사상자 발생에 대비해 계획을 세우고, 약품을 보충하는 등의 준비를 하였다. 총소리는 제법 가까이에서 들려와서 깜짝 놀랄 때가 한두 번이 아니었다. 하지만, 한두 명의 총상자 외에 다행히 대량 사상자는 발생하지 않았다. 숙소로 복귀한 후에도 곳곳에서 들리는 총소리로 긴장된 상태로 지내기 일쑤였다. 비상 상황에 대비해 바로 탈출할 수 있도록 가방도 준비해 놓고, 항시 핸드폰은 늘 가까이에 두고 혹시라도 있을 응급 상황 연락에 대비하였다. 다행히도 대통령 선거가 끝난 후 한동안은 큰 교전 소식이 들리지 않고 조용히 흘러갔다.

우리 팀도 봉쇄령과 곳곳의 교전으로 깊은 숲속에 숨어 지내는 지역 주민을 대상으로 의료를 제공하기 위해 지역사회 보건인력을 훈련시키는 작업에 본격 돌입했다. 병원이나 보건소에 갈 수가 없으니 마을 사람들에게 직접 찾아가서 말라리아나 설사, 가벼운 상처를 치료할 수 있는 약품을 제공하는 일이었다. 지역사회 보건인력을 교육하기 위한 거점 장소는 각 지역 보건소였다. 매번 그곳으로 갈 때마다 그들에게 나눠 줄 약품과 진료에 필요한 위생용품 등을 잔뜩 챙겨서 이동하였는데, 보안 책임자가 그날의 보안 상황을 체크하여 그날그날 우리에게 그린 라이트(허락 신호)를 주면 나갈 수 있었다.

국경없는의사회는 활동을 시작할 때 해당 지역의 모든 분쟁 당사자들과 긴밀히 소통하고 협상한 후 활동을 시작한다. 하루는 우리가 다른 지역에 있는 병원 상황을 알아보기 위해 탐색 활동을 가기로 한 날이었다. 준비를 마치고 나가려는 찰나에 보안 책임자의 레드 라이트(금지 신호)로 사무실에 발이 묶이고 말았다. 우리가 가는 지역에 교전이 있을 것이라는 정보 때문이었다. 우리는 일정을 바꿔 가까운 보건소에 점검을 나갔는데, 일을 마치고 돌아오는 길이 시끌벅적했다. 숙소 앞에 사람들이 모여 있었다. 무슨 일인지 싶어 궁금해하는 찰나 의료 코디네이터가 나를 불러 '놀라지 말라'고 귀띔해 준다. 우리가 아침에 원래 가려고 했던 지역에서 교전이 발생했고, 마침 거기를 가족과 함께 차로 그곳을 지나던 외국인이 총에 맞아 사망했다는 소식이었다. 함께 차에 있던 가족들은 충격이 심해 우리 숙소에서 안정을 취하고 있다고 했다. 마침, 정신건강 활동 책임자가 있어 심리적 안정을 제공하려고 노력하였지만, 옆에서 가족이 죽는 모습을 보았는 데 쉽게 진정될 리 만무했다. 그러면서 드는 생각은 우리가 아침에 그곳을 갔다면, 그 아찔한 상황이 우리한테도 일어날 수 있었겠다는 생각이 들어 가슴을 쓸어내렸다.

중립성은 국경없는의사회의 큰 원칙 가운데 하나다. 분쟁 상황에서 우리는 '어느 한 편에 서지 않고 아픈 사람을 치료하겠다'라는 헌장에 서명하고 온다. 간단히 서명하는 것에 그치는 것이 아니라 우리 활동의 근간이 되는 원칙을 확인하는 것이다. 그렇다 보니 우리가 활동 방향을 결정하거나, 현장에서 딜레마 상황에 놓일 때마다 중심을 잡아 주었다. 의료구호단체로 우리는 서로 대립되는 양측이라도 인종, 종교, 정치적 성향과 관계없이 오직 의료적 필요에만 근거하여 치료해야 할 의무가 있다.

몇 주 후, 다른 지역의 의료상황을 점검하기 위해 탐색을 가도 좋다는 그린 라이트가 드디어 떨어졌다. 프로토콜에 따라 안전을 위해 서로 거리를 확보한 차량 두 대가 국경없는의사회 표지와 무장하지 않았다는 표지를 크게 붙이고 출발했다. 첫 번째 차량과 두 번째 차량 앞 좌석에는 이동 중에 만날 검문소를 대비해 현장 책임자와 보안 책임자가 각각 타고 있었다. 약품을 담당하고 있던 나는 혹시 모를 상황에 대비하여 필요할 경우 기부할 약품들과 응급 식량들을 챙겨 두 번째 차량에 탑승하고 있었다.

두 시간 정도의 거리를 이동했을 때 갑자기 무장한 무리가 숲 속에서 나타났다. 그들은 선두에 있는 차를 세우고 삽시간에 둘러쌌다. 간격을 두고 따라가던 우리는 그 광경을 그대로 보았고, 당황하여 그 자리에 멈췄다. 하지만 우리 차를 본 무장단체의 지시에 따라 첫 번째 차 곁으로 서서히 다가갔다. 결국 두 차량 모두를 에워싸자 덜컥 겁이 나서 '어떻게 해야 하나' 하고 혼자 되뇌이고만 있었다.

같이 있던 보안 책임자가 자신이 그들과 소통할 테니 우리는 일단 아무 말 하지 말고 그들이 요구하는 대로 움직이라고 차 안에서 일러 주었다. 무장하고 있었기에 우리는 저항 없이 그들의 지시에 따라 손을 위로 올리고(투항하는 자세를 취한 채) 차에서 모두 내렸다. 선두 차에 현장 책임자가 타고 있었기에 무장단체와 현장 책임자가 이야기 중이었다. 우리는 긴장의 숨소리만 가득한 채 앞 차가 있는 쪽으로 시선을 고정하고 있을 뿐이었다.

얼마간의 시간이 흘렀을까, 이야기가 끝났는지 현장 책임자가 차에 타라고 표시를 했다. 그런데 그 순간 그 단체 소속의 무장한 남성 두 명도 같이 타는 것이었다. 두 눈이 동그래져서 '무슨 일이지?' 하며 다른 동료에게 눈빛으로 신호를 보내고 있었으나, 그도 영문을 모르긴 마찬가지였다. 차에 탄 상대는 가슴속에 있는 총을 감추며 '두려워 말라'고 말했다. 그렇게 무슨 일이 벌어지고 있는지도 모른 채 숨 쉴 수 없는 상황으로 불편한 동행을 계속하게 되었다. 속으로 '우리 지금 납치되고 있는 건가?' 별생각이 다 들었지만, 겉으로는 평온을 유지하였다.

이삼십 분 정도 비포장길을 달려 어느 외딴 마을에 도착하였다. 다시 현장 책임자와 무장단체가 이야기를 나누었고, 그동안 우리는 차에 머물러 있었다. 알고 보니, 무장단체 내에 부상자나 병원 치료가 필요한 사람이 많은데 병원 접근이 쉽지 않아 우리에게 약품과 치료를 요청하려고 하는 것이었다. 하지만 무장단체 수장을 만나려면 좀 더 깊은 지역으로 가야 해서, 위험에 대비하여 현장 책임자와 보안 책임자 둘만 이동하는 것으로 결정하였다. 우리는 조금 떨어진 안전한 교회에 머물며 기다리기로 결론이 나서, 두 동료를 남겨 두고 되돌아왔다.

우리는 무장단체 수장을 만나러 간 동료들 때문에 불안한 마음이었지만, 지시에 따라 교회로 돌아와서 기다리는 수밖에 없었다. 교회로 돌아가는 길에 본 의료시설의 창문이 총격을 받아 깨진 모습들을 보며, 교전 중에 의료진과 의료시설이 안전을 보장받지 못한다는 생각에 더욱더 불안해질 수밖에 없었다. 그들을 기다리는 시간이 정말 억만 년의 시간이 되는 것 같았다.

계획에 없던 응급 상황이었기에 우리는 운영센터와 삼십 분 단위로 계속 상황을 보고하였다. 한 시간 반 정도 지나자 현장 책임자로부터 연락이 왔다. 이야기를 마치고 무사히 돌아가고 있다는 소식이었다. 다시 한번 가슴을 쓸어내렸다. 떨리던 손과 발이 이제야 진정이 되었다. 하지만 그 후 길을 가다가 어디서 날아올지 모르는 총알에 '내가 정말 죽을 수도 있겠구나'라는 불안감이 엄습해 와 한동안 그 충격에서 벗어나지 못했다. 실제로 같이 갔던 동료는 그 후 일주일간 잠을 이루지 못하는 불안감을 호소하더니 결국 현장 책임자와 상의 끝에 집으로 돌아갔다.

며칠 후, 우리는 예상치 못한 상황에서 잘 대응하지 못한 점을 되새기고, 문제점을 파악하여 그런 상황에 대비하는 모의 훈련을 하기도 했다. 그 과정에서 나의 힘들었던 점과 그 상황에서 소통이 잘 이루어지지 않아 두려웠던 순간을 솔직하게 이야기하는 시간을 가지기도 하였다. 하지만 이 일로 한국에 돌아가야 하나 고민하지는 않았다. 물론 그 전보다 더 보안 상황에 귀 기울이고 총소리에 민감하게 반응하였지만, 내가 맡은 책임을 저버리고 싶지 않은 마음과 이 힘든 상황에서 서로 의지하는 동료들이 있었기에 믿고 버틸 수 있었던 것 같다.

분쟁이 있어도 아픈 사람은 치료받아야 했기에 우리는 더욱더 활동에 박차를 가했다. 베이스캠프에서 떨어진 다른 지역에는 도움이 필요한 병원이랑 협력을 맺어 약품과 의료진들을 제공하기 시작했다. 우리 숙소와 가까이 있는 지역은 근처 병원과 협력을 맺어 본격적으로 국경없는의사회가 의료 활동에 나섰다. 나의 일도 더불어 바빠졌다. 지역 병원 간호사들을 교육하고 병동을 재배치하고, 효과적인 병원시스템을 만들기 위한 일들로 남은 날들이 훌쩍 지나갔다. 간간이 작은 이벤트들은 계속 지나갔지만, 동료들의 헌신과 주민들이 의료 혜택을 받아 기뻐하는 모습을 보면서 잘 버틸 수 있었다.

국경없는의사회 활동은
온전히 자신의 결정에 따라

3개월 뒤 나는 한국으로 돌아왔다. 한국에 도착해서도, 간간이 들려오는 폭죽 소리나 여러 큰 소리에 과하게 깜짝 놀라고 심장이 두근거리기는 하였지만, 활동을 마치고 귀국하는 모든 활동가에게 제공되는 국경없는의사회의 정신건강 지원을 받으면서 나의 반응들이 자연스러운 반응이라는 것을 받아들이게 되었다. 그러면서 점점 안정을 되찾을 수 있었다. 다시 나에게 분쟁 지역으로 긴급 파견을 나가겠냐고 제안이 온다면 다시 나갈 용기가 아직 나에게 있는지 모르겠다. 하지만 다시 국경없는의사회로 다음 파견을 나가기까지 나름의 두려움을 극복하는 시기가 한동안 필요했던 건 분명했다.

국경없는의사회 활동가는 누구나, 온전히 자신의 결정에 따라 파견 여부를 결정할 수 있다. 안전하지 않은 지역이라면 국경없는의사회가 제안해도 당연히 활동가가 거부할 권리가 있다. 앞으로 활동을 하고 싶은 사람이 있다면 자신이 왜 구호 활동가로 이 지역에 파견을 나가려고 하는지, 마음의 준비는 되어 있는지 자신의 상태를 돌아보고 결정하면 어떤 상황에도 유연하게 대처하는 데 도움이 될 것이다.

부록

부록 1 국경없는의사회
부록 2 국경없는의사회 활동에 참여하는 방법

부록 1
국경없는의사회

국경없는의사회 Médecins Sans Frontières는 국제 인도주의 의료 구호 단체로, 전 세계 분쟁, 전염병, 자연재해, 의료 소외의 영향을 받는 환자를 위해 의료 지원을 제공한다.

1971년 프랑스에서 설립된 이래, 인종, 종교, 정치적 입장과 관계없이 의료서비스가 가장 절실히 필요한 환자를 우선으로 지원하는 활동을 이어오고 있다. 국경없는의사회는 의료 윤리를 준수하며, 공정성, 독립성, 중립성의 원칙에 따라 활동한다. 공정성의 원칙에 따라 환자가 어느 나라 출신이든, 어떤 종교를 믿든, 정치적 성향이 무엇이든 상관없이, 오직 환자의 필요에 따라 지원을 제공하며 가장 심각하고 긴급한 위험에 처한 사람들을 우선적으로 돕는다. 우리는 의료적 필요에 따라 정치·경제·종교적 이해와 무관하게 독립적으로 지원한다. 수익의 98%가 개인과 민간기업 후원으로 유지되며, 독립적으로 수요를 평가해 제한 없이 직접 의료서비스를 제공한다. 또한 분쟁 상황에서 어느 한 편에 서지 않으며 철저한 중립을 유지한다.

국경없는의사회 한국 사무소는 2012년 설립되어 한국에서 모금과 활동가 채용, 커뮤니케이션 및 옹호 활동을 통해 현장 활동 운영을 지원하고 있다. 개인과 기업, 고액 후원자 등 다양한 후원자를 모집하고, 한국의 활동가를 채용하고 파견하며, 더 많은 사람들이 인도적 위기에 관심을 가지고 참여할 수 있도록 다양한 채널을 통해 대중과 소통하고 여러 이해관계자와 협력하는 역할을 하고 있다.

현재 국경없는의사회는 전 세계 70여 개국에서 긴급 의료 지원을 제공하고 있다. 이 일을 가능한 것은 현장에서 직접 활동하는 구호 활동가뿐 아니라 각국 사무소 직원과 파트너, 수많은 후원자와 지지자가 함께하기 때문이다.

국경없는의사회 한국 사무소 누리집
msf.or.kr

부록 2
국경없는의사회 활동에 참여하는 방법

현장 활동가로 참여하기

전 세계 4만 명이 넘는 활동가가 70여 나라에서 활동하고 있다. 의사와 간호사, 약사와 같은 의료 분야 활동가뿐만 아니라, 행정이나 물류 등 다양한 비의료 분야 전문가가 함께 한다. 실제로 현장에서의 인력 구성은 비의료 인력과 의료 인력이 각각 절반씩을 차지하며, 각 분야의 활동가가 힘을 모아 인도적 위기에 대응하고 있다.

국경없는의사회는 이렇게 전 세계 인도적 위기 현장에서 활동할 수 있는 현장 활동가를 상시 모집하고 있다. 의료 분야로는 의사, 간호사, 약사, 수술실 간호사, 정신건강 전문가 등을 채용하며, 비의료 분야로는 인력관리, 예산 운영, 회계 등을 담당하는 행정 전문가, 의료 물품과 장비를 조달·수송하고 현장에 필요한 기반 시설(전기, 수도, 통신 등)을 관리하는 물류 전문가, 의료시설과 난민 캠프 등의 물 공급과 수질 관리, 감염 예방 및 통제를 담당하는 식수·위생 전문가 등 다양한 분야의 전무가를 채용하고 있다.

지원하고자 하는 분야에 맞춰 지원서를 제출하면 이를 바탕으로 자격요건 충족 여부와 해당 분야의 전문성, 활동 적합성 등을 평가하여 면접을 진행하고, 언어 능력과 팀워크, 적응력 등을 검토해 채용 여부가 결정된다. 채용이 결정되면 국경없는의사회 활동가풀에 등록되며, 전 세계에서 이루어지고 있는 프로젝트의 필요에 따라 파견이 이루어진다.

현장에서는 여러 국가에서 온 활동가들과 함께 협력하며 국경없는의사회의 '헌장'에 따라 사람들의 생명을 구하고 고통을 덜어 주는 일에 동참하게 된다. 국경없는의사회는 전문성과 인도주의에 대한 열정을 가진 구호 활동가의 참여를 기다리고 있다.

활동가 채용 문의 02-3703-3585
tothefield@seoul.msf.org

독립적인 활동을 지켜 주는 힘, 후원하기

국경없는의사회는 어떠한 정치적, 경제적, 종교적 영향에도 흔들리지 않기 위해 정부나 국제기구로부터 받는 지원금을 최소화하고 전 세계 수많은 개인과 민간단체의 자발적인 후원에 의지해 활동을 이어가고 있다.

이러한 후원은 국경없는의사회가 가장 도움이 필요한 사람에게 가장 신속하고 효과적으로 도움을 줄 수 있도록 하는 데 가장 중요한 기반이 된다. 예기치 못한 전염병이 발생했을 때, 갑작스러운 분쟁이 일어났을 때, 빠르게 현장에 도착해 필요한 의료 지원을 제공할 수 있는 것도 모두 후원자의 도움 덕분이다.

후원금은 전 세계 가장 긴급하고 심각한 인도적 위기에 대응하는 데 사용된다. 후원금의 83%이상을 현장 활동비로 사용해 가장 도움이 절실한 환자에게 의료 지원을 제공한다. 또한 국경없는의사회는 후원금을 효율적으로 사용하고 사용내역을 투명하게 공개하고 있다.

후원을 통해 국경없는의사회가 긴급한 순간에 생명을 구하기 위해 빠르게 대응하고 외부의 영향력에 좌우되지 않고 독립적인 활동을 유지할 수 있도록 하는 데 동참할 수 있다.

후원 문의 02-3703-3555
support@seoul.msf.org
후원계좌 신한 140-009-508856 (예금주 : 사단법인 국경없는의사회 한국)

인도적 위기를 알리는 일, 증언 활동에 참여하기

세계 곳곳에는 세상의 관심에서 멀어진 채 고통받고 있는 사람들이 많이 있다. 의료 지원뿐 아니라, 현장에서 직접 보고 들은 인도적 위기의 현실을 세상에 알리는 일 또한 국경없는의사회의 중요한 역할이다. 사람들의 관심이 모일 때, 더 많은 생명을 살릴 수 있기 때문이다.

국경없는의사회가 전하는 전 세계 인도적 위기와 국경없는의사회의 활동 소식에 관심을 가지고 이 이야기를 확산하는 것만으로도 국경없는의사회 활동에 동참하게 되는 것이다. 작은 관심이 큰 변화를 만들 수 있다.

국경없는의사회 소식을 만나는 곳, 공식 소셜미디어

- 인스타그램 @msfkorea
- 페이스북 facebook.com/msfkorea
- X @msfkorea
- 유튜브 youtube.com/msfkorea
- 카카오톡 @국경없는의사회
- 네이버 블로그 blog.naver.com/msfkr

국경을 넘은 사람들

초판 1쇄 2025년 6월 20일 발행

지은이 김용민, 김영휘, 문소연, 박선영, 박지혜,
   송경아, 신경수, 유한나, 임희정, 정상훈, 홍기배
펴낸이 김현종
기획총괄 배소라 **출판본부장** 안형태 **책임편집** 에디터스랩
디자인 푸른나무디자인 **마케팅** 김예리 김인영
미디어·경영지원본부 신혜선 백범선 박윤수 이주리 문상철 신잉걸

펴낸곳 (주)메디치미디어
출판등록 2008년 8월 20일 제300-2008-76호
주소 서울특별시 중구 중림로7길 4
전화 02-735-3308 **팩스** 02-735-3309
이메일 medici@medicimedia.co.kr **홈페이지** medicimedia.co.kr
페이스북 medicimedia **인스타그램** medicimedia
유튜브 medici_media

ⓒ 국경없는의사회, 2025
ISBN 979-11-5706-443-4 (03810)

이 책에 실린 글과 이미지의 무단 전재·복제를 금합니다.
이 책 내용의 전부 또는 일부를 재사용하려면 반드시 출판사의 동의를 받아야 합니다.
파본은 구입처에서 교환해드립니다.

* 이 책의 판매 수익금 일부는 국경없는의사회에 기부됩니다.